ADAPTE-SE

Tim Harford

POR QUE TODO SUCESSO COMEÇA COM FRACASSO

Tradução de
ANA MARIA MANDIM

1ª edição

2015

CIP-BRASIL. CATALOGAÇÃO NA FONTE
SINDICATO NACIONAL DOS EDITORES DE LIVROS, RJ

H241a Harford, Tim, 1973
       Adapte-se: por que todo sucesso começa com fracasso / Tim Harford; tradução Ana Maria Mandim. – 1. ed. – Rio de Janeiro: Record, 2015.
       378 p.

       Tradução de: Adapt: why success always starts with failure
       ISBN 978-85-01-09960-0

       1. Economia – Aspectos psicológicos. 2. Negócios. 3. Sucesso.
       I. Título.

14-17388   CDD: 330
                               CDU: 330

Título original em inglês:
ADAPT: WHY SUCCESS ALWAYS STARTS WITH FAILURE

Copyright © Tim Harford, 2011

Todos os direitos reservados. Proibida a reprodução, armazenamento ou transmissão de partes deste livro através de quaisquer meios, sem prévia autorização por escrito. Proibida a venda desta edição em Portugal e resto da Europa.

Texto revisado segundo o novo Acordo Ortográfico da Língua Portuguesa.

Direitos exclusivos de publicação em língua portuguesa para o Brasil adquiridos pela
EDITORA RECORD LTDA.
Rua Argentina 171 – 20921-380 – Rio de Janeiro, RJ – Tel.: 2585-2000
que se reserva a propriedade literária desta tradução

Impresso no Brasil

ISBN 978-85-01-09960-0

Seja um leitor preferencial Record.
Cadastre-se e receba informações sobre nossos lançamentos e nossas promoções.

EDITORA AFILIADA

Atendimento direto ao leitor:
mdireto@record.com.br ou (21) 2585-2002.

Para Jess, Sophy e Emily, com amor

Sumário

1 Adaptando   9
2 Conflito ou: como as organizações aprendem   53
3 Criando novas ideias que importam ou: variação   105
4 Descobrindo o que funciona para os pobres ou:
    seleção   147
5 Mudança climática ou: mudando as regras para
    o sucesso   193
6 Prevenindo colapsos financeiros ou: separando   225
7 A organização adaptável   273
8 Adaptação e você   305

    Agradecimentos   325
    Notas   329
    Índice   359

1
Adaptando

"A curiosa tarefa da economia é demonstrar aos homens como eles realmente sabem pouco sobre o que pensam que podem planejar."

— Friedrich von Hayek[1]

"Atravesse o rio sentindo as pedras."

— Atribuído a Deng Xiaoping

1 "Você poderia facilmente passar toda a vida fazendo uma torradeira elétrica"

A torradeira elétrica parece uma coisa simples.[2] Foi inventada em 1893 e sua aparência ficava a meio caminho entre uma lâmpada elétrica e um aeroplano. Essa tecnologia que tem um século de antiguidade é agora um dos mais importantes artigos domésticos. Confiáveis, as boas torradeiras elétricas estão disponíveis por um preço menor do que o pagamento por uma hora de trabalho.

Apesar disso, quando embarcou no que chamou de "Projeto da Torradeira", Thomas Thwaites, estudante de pós-graduação de desenho do Royal College of Art, em Londres, descobriu exatamente o quanto é espantoso o empreendimento da torradeira. Thwaites queria, muito simplesmente, fazer uma torradeira a partir do zero. Começou por desmontar uma torradeira barata e descobriu que ela possuía mais de quatrocentos componentes e subcomponentes. Até o modelo mais simples exigia:

cobre, para fazer os pinos da tomada elétrica, o fio elétrico e a fiação interna; ferro, para fazer a grelha de aço e a mola para empurrar a torrada para cima; níquel, para fazer o dispositivo de aquecimento; mica (mineral próximo à ardósia), em torno do qual o dispositivo de aquecimento é enrolado; e, naturalmente, plástico para o plugue, o isolamento do fio e o importantíssimo aspecto polido do estojo.

A escala da incumbência logo se tornou clara. Para conseguir minério de ferro, Thwaites teve de viajar para uma velha mina no País de Gales que agora é um museu. Tentou fundir o ferro usando tecnologia do século XV e fracassou tristemente. Não se saiu melhor quando substituiu os foles por secadores de cabelo e um soprador de folhas. Sua tentativa seguinte foi uma trapaça maior ainda: usou um método de fundição recentemente patenteado e dois fornos de micro-ondas, um dos quais pereceu durante a tentativa, para produzir um caroço de ferro do tamanho de uma moeda.

Com o plástico não foi mais fácil. Thwaites tentou, mas fracassou em persuadir a BP (British Petroleum) a levá-lo a uma plataforma costeira de extração de petróleo para que ele pudesse obter um pouco de petróleo cru. Suas tentativas de fazer plástico de amido de batata foram destroçadas pelo mofo e por lesmas famintas. Finalmente, partiu para buscar plástico revirando um depósito local de lixo, derreteu-o e modelou-o como um estojo de torradeira. Outros "jeitinhos" se seguiram. Thwaites usou eletrólise para obter cobre da água poluída de uma velha mina em Anglesey e, simplesmente, fundiu algumas moedas comemorativas para conseguir níquel, do qual fez fios usando uma máquina especializada do departamento de joias da RCA.

Esses comprometimentos eram inevitáveis. "Percebi que se começasse do zero absoluto, poderia gastar a vida fazendo uma torradeira", admitiu. A despeito dos esforços hercúleos para duplicar a tecnologia, a torradeira de Thwaites parecia mais um bolo de aniversário em forma de torradeira do que uma torradeira de verdade, o revestimento pingando e escorrendo como uma cobertura de glacê que deu errado. "Ela aquece o pão quando a conecto a uma bateria",[3] ele me disse alegremente. "Mas não estou certo do que acontecerá se eu a ligar na tomada." Finalmente, reuniu coragem para fazer isso. Dois segundos depois, a torradeira estava torrada.

2 Solução de problemas num mundo complicado

O mundo moderno é surpreendentemente complicado. Objetos muito mais simples do que uma torradeira envolvem redes mundiais de suprimento e esforços coordenados de muitos indivíduos espalhados pelo mundo. Muitos sequer sabem o destino final de seus esforços. Quando um lenhador derruba um gigante da floresta canadense, ele não sabe se a árvore que derruba irá fazer estrados de cama ou lápis. Na vasta mina de Chuquicamata no Chile, um caminhão amarelo do tamanho de uma casa sobe rosnando uma inclinação na paisagem feita por explosivos; o motorista não se preocupa em perguntar se o minério de cobre que carrega se destina a fazer os fios de uma torradeira ou a cápsula de um projétil.

A variedade de produtos também é assombrosa.[4] Existem mais de 100 mil itens ou aproximadamente isso numa loja de departamentos Wal-Mart comum. Eric Beinhocker, um pesquisador de complexidades do MacKinsey Global Institute, calcula que, se fossem somados todos os diferentes tipos e tamanhos de sapatos, camisas e meias, as diferentes marcas, sabores e tamanhos de geleias e molhos, os milhões de livros diferentes, DVDs e *downloads* musicais em oferta, seria possível descobrir que uma grande economia como Nova York ou Londres oferece mais de 10 bilhões de produtos distintos. Muitos desses produtos nem eram sonhados quando a torradeira foi inventada, e milhões de produtos novos aparecem a cada mês. A complexidade da sociedade que criamos para nós mesmos nos envolve tão completamente que, em vez de ficarmos atordoados, achamos que isso é natural, óbvio.

Eu costumava ver essa sofisticação como um motivo para comemorar. Agora tenho menos certeza. Sem dúvida, essa economia complexa produz uma vasta riqueza material. Nem todos recebem uma parte disso, mas hoje, mais do que em qualquer outra época da história, muito mais pessoas desfrutam de um padrão de vida alto; e, apesar da ocasional recessão, a riqueza continua a aumentar com grande rapidez. O processo que produz essa riqueza é quase miraculoso, e a empreitada é muito mais difícil do que nos inclinamos a reconhecer. Sistemas alternativos, do feudalismo ao planejamento central, tentaram a mesma tarefa e foram despachados para os livros de história.

Ainda assim, o Projeto da Torradeira deveria nos dar motivo para reflexão. Por ser um símbolo da sofisticação do nosso mundo, a torradeira é também um símbolo dos obstáculos que estão no caminho daqueles que querem mudá-lo. Da mudança climática ao terrorismo, ou à fixação dos bancos para acabar com a pobreza global, não há escassez de grandes problemas políticos por aí. Eles são sempre causas de debate, embora pareça que não estejamos nem um pouco mais próximos de uma solução. Problemas mais modestos no trabalho e no dia a dia também tendem a ocultar a mesma inesperada complexidade de um Projeto de Torradeira.

Este é, em parte, um livro sobre esses problemas. Mais fundamentalmente, é um livro que tem por objetivo compreender como qualquer problema — grande ou pequeno — realmente se resolve num mundo onde até uma torradeira está além da compreensão de um homem.

O problema da torradeira não é difícil: não queime a torrada; não eletrocute o usuário; não comece um incêndio. O próprio pão dificilmente é um protagonista ativo. Ela não tenta deliberadamente levar a melhor sobre você, como uma equipe de banqueiros de investimentos poderia tentar; ela não tenta assassiná-lo, aterrorizar seu país e desonrar tudo em que você acredita, como uma célula terrorista ou um grupo de insurgentes no Iraque faria. A torradeira é meramente um meio melhor de solucionar um velho problema — a apreciada torrada dos romanos —, à diferença da internet ou do computador pessoal, que provê soluções para problemas que nunca percebemos que tínhamos. O problema de torrar é ridiculamente simples comparado ao problema de transformar um país pobre como Bangladesh num tipo de economia em que torradeiras são manufaturadas com facilidade e todos os lares podem ter uma, junto com o pão para pôr dentro dela. Isso parece coisa pequena em comparação com a mudança climática — cuja resposta vai requerer muito mais do que modificar um bilhão de torradeiras.

Tais problemas são o assunto deste livro: como lutar com insurgentes que, naturalmente, vão reagir; como cultivar ideias que importam quando tantas ideias são difíceis até de imaginar; como reestruturar uma economia para responder à mudança climática, ou transformar países pobres em ricos; como impedir que banqueiros de investimentos velhacos destruam o sistema bancário novamente. Esses são problemas complexos, que mudam rápida e continuamente num mundo complexo, que se transforma rapidamente. Vou argumentar que eles têm muito mais em comum uns com os outros do que percebemos. Curiosamente, eles também têm algo em comum com os problemas mais modestos que enfrentamos em nossas próprias vidas.

Sempre que tais problemas são resolvidos, isso é pouco menos que um milagre. Este livro é sobre como tais milagres acontecem, por que são tão importantes, e se poderíamos fazer com que acontecessem com mais frequência.

3 Os especialistas são humilhados

Estamos orgulhosos da mudança que fizemos em Washington nesses primeiros cem dias, mas temos um bocado de trabalho por fazer, como todos vocês sabem.[5] Então, eu gostaria de falar um pouco sobre o que a minha administração planeja conseguir nos próximos cem dias. Durante a segunda centena de dias, nós planejaremos, construiremos e abriremos uma biblioteca destinada aos meus primeiros cem dias... Acredito que meus próximos cem dias serão tão bem-sucedidos que serei capaz de completá-los em 72 dias. E no 73° dia, descansarei

Este foi o discurso do presidente Obama no jantar dos correspondentes da Casa Branca, tradicionalmente uma ocasião para uma ou duas piadas, poucos meses depois de uma maré montante de esperança e grandes expectativas o impelir ao poder em novembro de 2008. Agora parece que faz muito tempo, mas a piada de Obama é tão acurada que incomoda até mesmo hoje: as pessoas esperavam demais de um só homem.

Precisamos muito acreditar no poder dos líderes. Nossa resposta instintiva, quando diante de um problema complicado, é procurar um líder para resolvê-lo. Não foi apenas com Obama: todo presidente é eleito depois de prometer mudar o jeito como a política funciona; e quase todo presidente depois cai nas pesquisas

ADAPTANDO

quando a realidade começa a se fazer sentir. Isso não acontece porque estamos continuamente elegendo líderes errados. É porque temos um senso exagerado do que a liderança pode conseguir no mundo moderno.

Talvez tenhamos esse instinto porque evoluímos para funcionar em pequenos grupos de caçadores-coletores, solucionando problemas pequenos de caçadores-coletores.[6] As sociedades nas quais nossos cérebros modernos se desenvolveram não eram modernas: elas continham algumas centenas de produtos, em lugar de 10 bilhões. Os desafios que tais sociedades enfrentavam, por mais formidáveis que fossem, eram simples o bastante para serem resolvidos por um líder inteligente, sábio, valente. Eles teriam sido imensamente mais simples do que os desafios ante um novo presidente eleito dos Estados Unidos.

Seja qual for a razão, a tentação de confiar num líder para resolver nossos problemas é grande. Naturalmente, um líder não tem que resolver sozinho todos os problemas. Bons líderes se cercam de conselheiros peritos, buscam os melhores especialistas, os que têm as visões mais perspicazes dos problemas da atualidade. Mas nem mesmo a profunda perícia é suficiente para resolver os problemas complexos de hoje em dia.

Talvez a melhor ilustração disso venha de uma extraordinária investigação de duas décadas sobre os limites da especialidade, iniciada em 1984 por um jovem psicólogo chamado Philip Tetlock.[7] Ele era o membro mais jovem de uma comissão da National Academy of Sciences encarregada de calcular qual poderia ser a resposta soviética à postura enérgica da administração Reagan na Guerra Fria. Reagan iria instigar uma ameaça que seria um blefe ou provocaria uma reação mortal? Tetlock indagou minuciosamente cada especialista que conseguiu encontrar. Ficou perplexo com o fato de, com frequência, os mais influentes pensadores da Guerra Fria contradizerem redondamente um ao outro. Estamos tão acostumados a ver na tevê especialistas pretensiosos discordarem uns dos outros, que isso não surpreende. Mas, quando percebemos que os maiores especialistas não concordam no nível mais básico sobre o problema-chave da época, começamos a compreender que esse tipo de especialidade é muito menos útil do que poderíamos esperar.

Tetlock não ficou só nisso. Ele se preocupou com a questão do julgamento do especialista durante vinte anos. Arrebanhou três centenas de especialistas — que, para ele, eram pessoas cujo trabalho era comentar ou aconselhar sobre as tendências políticas e econômicas. Um bando notável: cientistas políticos, economistas, advogados e diplomatas. Eram espiões e membros de grupos de especialistas, jornalistas e acadêmicos. Mais da metade deles tinha doutorado; quase todos tinham diplomas de pós-graduação. E o método de Tetlock para avaliar a qualidade de seu julgamento de especialistas era cercá-los: ele lhes pedia para fazer previsões específicas, quantificáveis — respondendo, entre eles, 27.450 de suas perguntas —, e depois esperar para ver se as previsões deles se realizavam. Isso raramente acontecia. Os especialistas falharam, e seu fracasso em prever o futuro é um sintoma de seu fracasso em compreender plenamente as complexidades do presente.

Não é que a perícia tenha sido inteiramente inútil. Tetlock comparou as respostas dos especialistas com as do grupo de controle de estudantes, e os especialistas se saíram melhor. Mas não foram bem por qualquer critério objetivo. E a compensação por uma maior especialização foi claramente limitada. Uma vez que especialistas tenham adquirido conhecimento amplo do mundo político, a especialização maior num campo específico não parece ajudar muito. As predições sobre a Rússia de especialistas em Rússia não foram mais acuradas do que as predições sobre a Rússia de especialistas em Canadá.

ADAPTANDO 17

A maioria dos relatos da pesquisa de Tetlock saboreia a humilhação de eruditos profissionais. E por que não? Uma das mais deliciosas descobertas de Tetlock foi que os especialistas mais famosos — aqueles que gastam muito tempo como comentaristas de tevê — eram especialmente incompetentes. Louis Menand, escrevendo no *New Yorker*, deleitou-se com a ideia de profetas desastrados e concluiu: "a melhor lição do livro de Tetlock pode ser aquela que ele parece mais relutante em extrair: Pense por você mesmo".[8]

Mas parece que existe uma razão para o próprio Tetlock hesitar em tirar essa conclusão: seus resultados mostram claramente que os especialistas de fato se saem melhor do que os não especialistas. Esses profissionais inteligentes, educados e experientes têm discernimentos com os quais contribuir — é que, simplesmente, esses discernimentos só funcionam até este ponto. O problema não são os especialistas; o mundo em que eles habitam — o mundo que todos habitamos — é simplesmente complicado demais para qualquer um analisá-lo com muito sucesso. Então, se a especialização é ajuda tão limitada diante da sociedade humana complexa e sempre em mudança, o que podemos fazer para resolver os problemas que enfrentamos? Talvez devêssemos procurar pistas na história de sucesso que já encontramos: a surpreendente riqueza material dos modernos países desenvolvidos.

4 A longa e confusa história do fracasso

Em 1982, apenas dois anos antes que Philip Tetlock começasse seu minucioso exame da especialidade, dois consultores de administração, Tom Peters e Robert Waterman, concluíram seu próprio estudo detalhado sobre a excelência nos negócios. *In Search of Excellence* [*Vencendo a crise*] foi muito elogiado e lançou a carreira de Peters como um dos gurus de negócios mais eminentes. Os dois autores, trabalhando com seus colegas na McKinsey, usaram uma mistura de dados e julgamento subjetivo para estabelecer uma lista de 43 companhias "excelentes", que depois estudaram intensivamente numa aposta para desvendar seus segredos.

Apenas dois anos depois, a *Business Week* publicava matéria de capa intitulada "Ops! Quem é excelente agora?". Quatorze das 43 companhias, cerca de um terço, estavam em sérios problemas financeiros.[9] Excelência — se foi o que Peters e Waterman realmente descobriram quando estudaram empresas como Atari e Wang Laboratories — parece ser uma qualidade transitória.

É estranho que muitas companhias aparentemente excelentes pudessem se encontrar em apuros com tanta rapidez. Talvez existisse algo especialmente tolo no projeto de Peters e Waterman. Ou talvez existisse algo especialmente turbulento no início dos anos 1980 — *In Search of Excellence* foi publicado durante uma severa recessão, afinal de contas.

Mas talvez não. A experiência "quem é excelente agora?" é reforçada por um cuidadoso estudo do historiador econômico Leslie Hannah, que, no fim dos anos 1990, decidiu seguir o destino de cada uma das maiores companhias do mundo em 1912. Eram gigantes corporativos que haviam sobrevivido a uma turbulência de fusões poucos anos antes e tipicamente empregavam, no mínimo, 10 mil trabalhadores cada um.[10]

No topo da lista estava a US Steel, uma corporação gigantesca até pelos padrões de hoje, empregando 221 mil trabalhadores. Era uma companhia com tudo a favor: líder de mercado da maior e mais dinâmica economia do mundo e uma indústria que tem sido de tremenda importância desde então. Mas a US Steel desaparecera da lista das cem maiores companhias do mundo em 1995; quando este livro estava sendo escrito, não figurava nem entre as quinhentas maiores.[11]

ADAPTANDO

A segunda da lista era a Jersey Standard, que nos dias de hoje continua a prosperar sob o nome de Exxon. A General Electric e a Shell estavam na lista das dez mais do mundo tanto em 1912 quanto em 1995. Mas nenhum dos outros dez maiores titãs continuava na lista em 1995. Mais notavelmente, nenhum deles estava sequer entre as cem maiores do mundo. Nomes como Pullman e Singer evocam uma época passada. Outros, como J&P Coats, Anaconda e International Harvester, mal são reconhecíveis. É difícil imaginar o quanto essas companhias foram uma vez grandes e poderosas — os paralelos mais próximos hoje seriam empresas como Microsoft e Wal-Mart — e o quanto seu sucesso devia parecer permanente na época. E, embora se pudesse dizer que Pullman e Singer sofreram por ser indústrias líderes de mercados em declínio, seu destino não era inevitável. A Singer fazia máquinas de costura, mas as origens da Toyota como fabricante de teares não eram mais promissoras do que isso. Outros titãs de antigamente, como Westinghouse Electric, Cudahy Packing e American Brands, estavam nas mesmas indústrias dinâmicas em que se incluíam a General Electric e a Procter & Gamble, raras histórias de sucesso. Mas fracassaram.

Assim como os especialistas de Philip Tetlock se mostraram menos capazes diante de um mundo complexo do que nos inclinávamos a pensar, essas grandes companhias são mais transitórias do que percebemos. Dez das cem maiores da relação de Hannah desapareceram em uma década; mais da metade desapareceu nos 83 anos seguintes.[12] A lição parece ser que o fracasso é fundamental na forma como o mercado cria economias sofisticadas e ricas. Mas, talvez, o que Peters, Waterman e Hannah tenham descoberto meramente reflita o fato de que, se você começa no topo, o único caminho é para baixo. O que acontece quando olhamos para as taxas de sobrevivência das indústrias jovens, dinâmicas?

A resposta é que as taxas de fracasso são mais altas ainda. Considere a indústria gráfica em seu início.[13] A máquina de impressão foi inventada por Johannes Gutenberg, um homem que mudou profundamente o mundo, e produziu a celebrada Bíblia de Gutenberg, em 1455. Mas a Bíblia de Gutenberg foi um projeto ruinoso que o levou a fechar as portas. O centro da indústria de impressão rapidamente se mudou para Veneza, onde doze companhias estavam estabelecidas em 1469. Nove delas se foram em apenas três anos, quando a indústria procurava um modelo mais lucrativo de negócio. (Finalmente encontrou um: imprimir socorro pré-empacotado contra o castigo divino na forma de indulgências religiosas.)[14]

Na aurora da indústria automobilística, 2 mil firmas operavam nos Estados Unidos. Cerca de 1% delas sobreviveu.[15] A bolha pontocom gerou e matou incontáveis negócios novos. Hoje, 10% das companhias americanas desaparecem todo ano. O que é chocante no sistema de mercado não é como alguns fracassos existem e sim como o fracasso é ubíquo até nas indústrias de crescimento mais vibrante.

Por que, então, existem tantos fracassos num sistema que, no conjunto, parece tão bem-sucedido economicamente? Em parte, pela dificuldade da tarefa. Philip Tetlock mostrou o quanto foi duro para os peritos analistas políticos e econômicos gerar previsões decentes, e não existe razão para acreditar que predizer o futuro seja mais fácil para marqueteiros, ou desenvolvedores de produtos, ou estrategistas. Em 1912, os administradores da Singer provavelmente não previram a ascensão da indústria de roupa pronta. Para tornar as coisas ainda mais difíceis, as corporações precisam competir umas com as outras. Para sobreviver e ser lucrativo não basta ser bom; você precisa ser um dos melhores. Perguntar por que tantas companhias saem dos negócios é o mesmo que perguntar por que tão poucos atletas chegam às finais das Olimpíadas.

ADAPTANDO   **21**

Numa economia de mercado, em geral há espaço para apenas alguns vencedores em cada setor. Nem todos podem ser um deles. A diferença entre economias de mercado e desastres economicamente planejados, como o Grande Salto para Frente, de Mao-Tsé-Tung, não é que os mercados evitem o fracasso e sim que os fracassos de grande escala não parecem ter as mesmas terríveis consequências para o mercado como têm nas economias planejadas. (A mais óbvia exceção a essa afirmação é também a mais interessante: a crise financeira que começou em 2007. Descobriremos por que ela foi uma anomalia tão catastrófica no capítulo 6.) O fracasso em economias de mercado, embora endêmico, parece caminhar de mãos dadas com o progresso rápido.

A moderna indústria de computadores é um exemplo impressionante: o setor mais dinâmico da economia também tem sido aquele em que o fracasso está em todos os lugares para onde se olhe.[16] A indústria começou com fracasso: quando os transistores substituíram a válvula eletrônica como o elemento básico do computador, os fabricantes de válvulas eletrônicas fracassaram em fazer a troca. Empresas como Hughes, Transitron e Philco assumiram o comando, antes de tombar, por sua vez, quando os circuitos integrados substituíram os transistores, e o bastão passou para a Intel e a Hitachi.

Enquanto isso, a Xerox, lutando para sobreviver após a expiração de suas patentes sobre a fotocópia, fundou o Palo Alto Research Center (ou Parc), que desenvolveu a máquina de fax, a interface gráfica que define todos os computadores modernos, a impressora a laser, a Ethernet e o primeiro computador pessoal, o Alto.[17] Mas a Xerox não se transformou numa casa de força da computação pessoal. Muitos dos sucessores do Alto — incluindo o ZX Spectrum, o BBC Micro e o MSX padrão do Japão — foram becos sem saída na história da computação. Coube à IBM produzir o ancestral direto do computador pessoal de hoje — apenas para, pouco inteligentemente, entregar o controle da parte mais valiosa do pacote, o sistema operacional, para a Microsoft. A IBM finalmente deixou o negócio da computação pessoal em 2005, vendendo suas ações para uma empresa chinesa. A Apple também perdeu para a Microsoft nos anos 1980, apesar de aperfeiçoar o computador de fácil utilização (embora mais tarde fosse recuperar-se vendendo música, iPods e telefones.) A própria Microsoft foi pega por descuido pela internet, perdeu a guerra dos programas de busca com o Google e logo pode perder também a posição dominante no software. Quem sabe? Apenas o mais arrogante prognosticador seria capaz de se convencer de que poderia prever a próxima guinada ou volta nesse mercado. A mais bem-sucedida indústria dos últimos quarenta anos foi construída sobre fracasso após fracasso.

A humilde torradeira que tanto aturdiu Thomas Thwaites é, em si mesma, produto de tentativa e erro. O Eclipse de 1893 não foi um sucesso: o aquecedor de ferro era propenso a enferrujar e tendia a derreter e iniciar incêndios. A companhia que o pôs no mercado não existe mais. A primeira torradeira de sucesso só emergiu em 1910. Ela se jactava de possuir um aquecedor feito com uma liga superior de cromo-níquel, mas ainda falhava. Mais notavelmente, aquele elemento aquecedor era exposto, o que o tornava uma fonte potencial de incêndios domésticos, queimaduras e choques elétricos. Várias décadas se passaram antes que emergisse a torradeira com design familiar e prático, e, enquanto isso, muitos fabricantes saíram do negócio ou faliram.[18]

O mercado resolveu o problema de gerar riqueza material, mas seu segredo tem pouco a ver com o motivo do lucro ou com a inteligência superior da sala de reuniões de diretoria comparada à do gabinete de ministros. Poucos chefes de companhias gostariam de admitir isso, mas o mercado tateia desajeitadamente seu caminho para o sucesso quando ideias de sucesso decolam e ideias menos

ADAPTANDO

bem-sucedidas morrem. Quando vemos os sobreviventes desse processo — como Exxon, General Electric e Procter & Gamble —, não deveríamos meramente ver sucesso. Deveríamos ver também a longa e confusa história do fracasso de todas as companhias e todas as ideias que não venceram.

5 Uma paisagem mutável

Os biólogos têm uma palavra para a maneira como as soluções emergem do fracasso: evolução.[19] Frequentemente resumida como a sobrevivência dos mais aptos, a evolução é um processo conduzido pelo fracasso dos menos aptos. Desconcertantemente, devido à nossa crença instintiva de que os problemas complexos requerem soluções habilmente planejadas, a evolução também é completamente não planejada. Uma complexidade espantosa emerge em resposta a um processo simples: tente algumas variações do que você já tem, remova os fracassos, copie os sucessos — e repita isso para sempre. Variação e seleção, muitas vezes.

Estamos acostumados a pensar sobre a evolução como algo que acontece no mundo natural — um fenômeno biológico. Mas não tem que ser assim. Qualquer um pode observar a evolução no mundo digital, graças a um especialista em artes gráficas chamado Karl Sims. Se você já viu o *Titanic* ou a trilogia de *O Senhor dos Anéis*, ou os filmes do Homem-Aranha, você desfrutou do trabalho de Karl Sims, que fundou a companhia de efeitos especiais GenArts. Mas, no início dos anos 1990, antes de voltar a atenção para o negócio dos efeitos especiais, Karl Sims produziu imagens comoventes, que são muito menos refinadas e, mesmo assim, sob certos aspectos, formidáveis.

Sims queria observar a evolução em progresso. Mais do que isso, queria criar um ambiente virtual em que pudesse estabelecer um rumo. Sims programou simulações de cenários, como um tanque de água, e, dentro dele, deixou cair criaturas virtuais brutas, consistindo em sistemas de controle simples, alguns sensores e sortimentos aleatórios de blocos articulados. A maioria dessas criaturas desordenadas foi ao fundo e se debateu sem nenhum grande sucesso. Umas poucas, no entanto, foram capazes de nadar um pouco. Sims, então, aplicou o processo evolucionário, instruindo o computador a descartar as criaturas que se debatiam e criar mutações baseadas nos nadadores de maior sucesso: variação e seleção. A maior parte das mutações fracassou, naturalmente. Mas enquanto os fracassos eram continuamente descartados, os sucessos ocasionais tinham permissão para florescer. Dos processos mais descuidados e aleatórios, emergiram resultados notáveis: criaturas virtuais que pareciam girinos, enguias-elétricas e arraias, ao lado de diversas entidades que não se pareciam com nada na Terra.

Em outra operação evolucionária, Sims recompensou criaturas que tomavam posse de um cubo verde em competição umas com as outras. O processo evolucionário de tentativa e erro produziu uma ampla variedade de soluções aproveitáveis, algumas óbvias, outras nem tanto, desde ignorar o cubo e dar botes sobre o oponente, até agarrar rapidamente o cubo e partir depressa para simplesmente cair adiante e cobrir o cubo com o próprio corpo. Sims não era o planejador, nem sequer o juiz do sucesso após o fato: ele apenas montava um ambiente evolucionário e registrava o que acontecia. O processo que criou era inteiramente cego e estúpido: não havia previsão, planejamento ou desígnio consciente em qualquer uma das mutações. Mesmo assim, o processo evolucionário cego produziu coisas maravilhosas.[20]

Por que tentativa e erro é uma ferramenta tão eficaz para resolver problemas? O algoritmo evolucionário — de variação e seleção, repetidas — busca soluções num mundo onde os problemas não param de mudar, tentando toda sorte de variações e fazendo mais daquilo que funciona. Um modo de pensar sobre essa pesquisa é imaginar uma paisagem plana, vasta, dividida numa malha de bilhões de quadrados. Em cada quadrado existe um documento: uma receita que descreve uma estratégia em particular. Os teóricos evolucionários chamam isso de "cenário de aptidão". Se o cenário de aptidão é biológico, cada estratégia é uma receita genética diferente: alguns quadrados descrevem peixes; alguns descrevem pássaros; outros, seres humanos; enquanto a maioria descreve um mingau genético que não representa nada que pudesse jamais sobreviver na realidade. Mas o cenário de aptidão poderia igualmente representar receitas de jantar: alguns produzem molhos de caril; outros produzem saladas; muitos produzem pratos que provocam náusea ou são até venenosos. Ou o cenário de aptidão poderia conter estratégias de negócios: diferentes formas de administrar uma empresa aérea ou uma rede de fast-food.

Para qualquer problema é possível imaginar uma imensa variedade de soluções potenciais, cada uma cuidadosamente escrita e espalhada nessa vasta paisagem. Imagine também que cada receita é muito similar às vizinhas: duas receitas de jantar adjacentes poderiam ser idênticas, exceto pelo fato de uma exigir mais sal e a outra um tempo maior de cozimento. Duas estratégias de negócios vizinhas poderiam advogar que a mesma coisa fosse feita, exceto pelo fato de uma prescrever preços ligeiramente mais altos e um pouquinho mais de marketing.

Estamos imaginando uma superfície plana horizontal que se estica em todas as direções, mas agora vamos mudar o quadro e dizer que, no nosso cenário de aptidão, quanto melhor a solução, maior será a altitude do quadrado que a contém. Agora, o cenário de aptidão é uma mixórdia de penhascos e abismos, platôs e picos escarpados. Vales representam soluções ruins; picos de montanha são bons. Num ecossistema, os últimos são criaturas com mais chances de sobreviver e se reproduzir; no mercado, são ideias de negócios lucrativos; e, no jantar, são os pratos mais saborosos. Em nosso cenário do jantar, uma depressão profunda e escura contém uma receita de espaguete com filés de peixe e um pote de molho de caril. A partir dali, o único caminho é para cima. Viaje numa direção e talvez possa ascender finalmente ao sublime pico do ragu bolonhês. Tome a direção oposta e talvez possa subir ao cume de um peixe ao caril Bangladesh.

Resolver problemas no relevo de um cenário de aptidão significa tentar encontrar os picos mais altos. No espaço do jantar, isso não é tão difícil. Mas num ecossistema biológico, ou na economia, os picos continuam a se movimentar — às vezes devagar, às vezes rapidamente. Pullman e Singer fecharam as portas porque os picos onde estavam desapareceram subitamente. O pico que o McDonald's ocupa atualmente estava presente há algum tempo e se movimenta vagarosamente à medida que novas tecnologias se tornam disponíveis e novos gostos se desenvolvem. O pico do Google é muito jovem e existe apenas por causa de desenvolvimentos anteriores, como o computador e a internet. Exatamente como os esquilos existem apenas porque há árvores para eles habitarem. E o pico do Google se movimenta rápido, mais como uma onda que rola rumo à praia do que como uma montanha. No momento, o Google está surfando ao longo dela, adaptando sua estratégia para ficar na crista da onda ou próximo dela. Como o próprio surfe, é mais difícil do que parece.

Enquanto um pico cai, outros podem não estar claramente visíveis. O processo biológico de evolução através da seleção natural é inteiramente cego; encontrar uma estratégia corporativa pode ou não ser um processo mais deliberado e perspicaz, como logo veremos. Mas a pesquisa de Tetlock sobre especialização sugere que, mesmo se outros picos na estratégia corporativa são visíveis às vezes, os executivos os veem apenas fugazmente, através de uma nuvem densa.

Podemos imaginar muitos modos de procurar picos nessa paisagem mutável e misteriosa. A evolução biológica usualmente se movimenta em passos pequenos, mas ocasionalmente dá grandes saltos — uma única mutação pode dar a uma criatura um par extra de pernas ou uma pigmentação de pele totalmente diferente. Esta combinação, junto com a separação de experimentos fracassados, funciona bem. Algumas estratégias vão elevar-se a um pico familiar enquanto se movimentam pela área; outras, lançando-se para fora, podem encontrar um novo pico em alta. O processo de evolução encontra um ponto de equilíbrio entre a descoberta do novo e uma boa exploração do que é familiar. De fato, Stuart Kauffmann e John Holland, ambos teóricos da complexidade afiliados ao multidisciplinar Instituto Santa Fé, mostraram que a abordagem evolucionária não é simplesmente mais um meio de resolver problemas complexos. Dada a forma provável dessas paisagens sempre em movimento, a mistura evolucionária de passos pequenos e loucas apostas é o melhor caminho possível para buscar soluções.[21]

A evolução é eficaz porque, em vez de se engajar numa busca exaustiva e demorada pelo pico mais alto — um pico que talvez nem esteja ali amanhã —, ela produz avanços, trabalha por soluções que funcionem agora para um conjunto sempre em mudança de problemas complexos. Na evolução biológica, as soluções incluem fotossíntese, pares de olhos e leite materno. Na evolução econômica, as soluções incluem contabilidade de dupla entrada, administração de cadeia de suprimento e "compre um e leve dois". Uma parte do que funciona parece perene. O resto, tal como ser um *Tyrannosaurus rex* ou o fabricante mais eficiente do mundo de videocassetes VHS, se enraíza num local e tempo particulares.

Sabemos que o processo evolucionário é conduzido por variação e seleção. Em biologia, a variação emerge de mutações e da reprodução sexual, que mistura genes de dois pais. A seleção acontece por meio da hereditariedade: criaturas bem-sucedidas se reproduzem antes de morrer e têm filhos que compartilham alguns ou todos os seus genes. Numa economia de mercado, variação e seleção também estão em ação. Novas ideias são criadas por cientistas e engenheiros, gerentes de nível médio em grandes corporações ou empreendedores ousados. Os fracassos são apartados porque ideias ruins não sobrevivem por muito tempo no mercado: para ter sucesso, você tem que fazer um produto que os clientes queiram comprar por um preço que cubra custos e ganhe de competidores óbvios. Muitas ideias falham nesses testes e, se não forem bloqueadas pela administração, finalmente serão encerradas por um tribunal de falências. Boas ideias se espalham porque são copiadas por competidores, porque empregados saem para montar seus próprios negócios ou porque a companhia com boas ideias cresce. Com esses elementos de variação e seleção funcionando adequadamente, o cenário está montado para um processo evolucionário; ou, para colocar com mais crueza, resolver problemas por meio de tentativa e erro.

6 Somos mais cegos do que pensamos

Tudo isso é bastante contrário ao bom senso, para não dizer desconfortável. Muitas pessoas acham que os executivos corporativos devem ser bons para alguma coisa: os acionistas que lhes pagam belos salários certamente acham isso, assim como os milhões de pessoas que compram livros que pretendem transmitir a sabedoria de chefes de negócios de sucesso. Os especialistas de Tetlock ficaram quase impotentes diante de situações complexas que ele

ADAPTANDO

lhes pediu que analisasse. São os chefes executivos tão impotentes assim, tateando em busca de estratégias funcionais numa neblina impenetrável?

Isso seria o que a analogia evolucionária implica. Na evolução biológica, o processo evolucionário não tem previsão. É o resultado de pura tentativa e erro ao longo de centenas de milhões de anos. Isso também poderia ser verdade na economia, apesar dos melhores esforços da diretoria, de estrategistas corporativos e consultores administrativos?

Uma pista convincente vem do economista Paul Ormerod. Ormerod tem revisado o que os arquivos fósseis nos contam sobre extinção nos últimos 550 milhões de anos — incluindo extinções em massa que fazem a morte dos dinossauros parecer quase trivial. Esses arquivos revelaram uma relação clara entre a escala de um evento de extinção e a frequência com que esses eventos ocorrem: se o evento de extinção é duas vezes mais severo, ele é quatro vezes mais raro; se é três vezes mais severo, ele é nove vezes mais raro. As eras em que muito poucas extinções têm lugar são as mais comuns de todas. O padrão é muito claro, e os biólogos agora têm modelos matemáticos que mostram como um processo evolucionário cego — quando combinado com a competição sempre em mudança por recursos e o choque ocasional de asteroide — produz essa assinatura característica.

Ormerod é um iconoclasta áspero, amplamente lido, de Lancashire, no norte da Inglaterra, que gosta de desarmar colegas economistas com sua arma favorita — a matemática. Ele decidiu dar uma olhada nos dados de extinções corporativas também. Estudou as estatísticas de Leslie Hannah sobre a morte de titãs corporativos e as comparou com dados de meio bilhão de anos de registros fósseis. Os prazos eram diferentes, mas a relação entre o tamanho de um evento de extinção e sua frequência mostrou ser exatamente a mesma. (O pior ano, de longe, para os titãs corporativos foi 1968, quando seis deles "morreram".) Em seguida, Ormerod voltou-se para uma base de dados muito maior de extinções de corporações menores nos Estados Unidos, estado por estado, setor por setor, com milhares de pontos de dados descrevendo, literalmente, milhões de companhias pequenas: descobriu a mesma coisa.[22] Lançou a rede mais aberta ainda, buscando extinções de corporações em outros oito países ricos. Encontrou a mesma coisa novamente.

As extinções biológicas e as extinções corporativas compartilham aquela assinatura especial. Isso não prova que a economia é um contexto evolucionário e que as estratégias corporativas evoluem por meio de tentativa e erro mais do que por planejamento bem-sucedido, mas, de fato, oferece uma grande dica. E Ormerod foi além, novamente construindo a partir de dados de biólogos. Tomou um modelo matemático desguarnecido de extinção biológica que produziu a falada assinatura de extinção e adaptou-o para representar a vida e a morte corporativas. Mas acrescentou uma mudança: trocou as regras do modelo para que algumas companhias pudessem planejar com sucesso. Essas planejadoras eram capazes de ajustar estratégias para maximizar a vantagem que ganhavam ao interagir com outras companhias na economia; algumas faziam isso perfeitamente, enquanto outras tinham apenas uma pequena vantagem sobre uma companhia cuja estratégia era determinada inteiramente ao acaso.

Ormerod descobriu algo perturbador: era possível construir um modelo que imitasse a assinatura real da extinção de firmas, e era possível construir um modelo que representasse firmas como planejadoras modestamente bem-sucedidas; mas não era possível construir um modelo que fizesse as duas coisas. Os padrões da vida e da morte corporativas são totalmente diferentes da realidade no modelo "planejamento é possível". Se as companhias realmente pudessem planejar com sucesso — como a maioria de nós supõe

ADAPTANDO   31

naturalmente que possam, apesar do que Tetlock nos diz sobre
a limitação do julgamento de especialistas —, então a assinatura
de extinção de companhias pareceria totalmente diferente da de
espécies. Na realidade, as assinaturas dificilmente poderiam ser
mais similares.[23]

Não deveríamos tirar conclusões apressadas baseadas num modelo matemático abstrato, mas a descoberta de Ormerod implica
fortemente que o planejamento eficaz é raro na economia moderna.
Não iria tão longe a ponto de sugerir que a Apple pudesse também
substituir Steve Jobs por um chimpanzé arremessador de dardos
— muito embora isso certamente fosse alegrar o lançamento de
produtos da Apple. Mas as provas sugerem que, num ambiente
competitivo, muitas decisões corporativas não são bem-sucedidas e
que as corporações têm de, constantemente, bloquear ideias ruins
e procurar algo melhor.

A mesma conclusão é sugerida pelos estudos de Tetlock sobre
o julgamento de especialistas e pela história de "excelentes" companhias que, com tanta frequência, se tornam incapazes de seguir
em frente: somos mais cegos do que pensamos. Num mundo complexo e mutável, o processo de tentativa e erro é essencial. Isso é
verdade, quer o aproveitemos conscientemente ou simplesmente nos
permitamos ser jogados de um lado para outro pelos resultados.

Se é fundamental para a forma como os mercados trabalham,
o processo de tentativa e erro é uma abordagem desafiadora para
a vida. Quem gostaria de tatear o caminho para uma solução
bem-sucedida com seus repetidos fracassos bem à vista do mundo?
Quem gostaria de votar num político que tivesse essa abordagem,
ou promover um gerente de nível médio cuja estratégia parece
ser espalhar ideias ao acaso e ver o que funciona? Lembre-se de
que o presidente George W. Bush prometeu "persistir", enquanto
seu oponente, John Kerry, perdeu a eleição presidencial em parte
porque tinha a reputação de mudar de ideia. Os fãs de Kerry con-

cordavam que "vira-casaca" era um insulto, embora sentissem que fosse bem merecido. Mas se tomarmos seriamente tentativa e erro, "vira-casaca" torna-se um emblema de flexibilidade, usado com orgulho. Atitude similar prevalece entre os políticos ingleses. Margaret Thatcher declarou notoriamente: "Mudem de rumo, se quiserem. A dama não é a favor de mudar." Tony Blair se gabava de não ter marcha a ré. Ninguém compraria um carro que não mudasse de direção ou não recuasse, então não fica claro por que pensamos que essas sejam qualidades desejáveis em primeiros-ministros. Mas os eleitores britânicos premiaram Thatcher e Blair por sua professada falta de adaptabilidade com três vitórias em eleições gerais cada um.

Gostemos ou não, o processo de tentativa e erro é tremendamente poderoso para resolver problemas num mundo complexo, ao passo que liderança especializada não é. Os mercados utilizam tal processo, mas isso não significa que devêssemos deixar tudo para o mercado. Significa — diante de problemas aparentemente intratáveis, como guerra civil, mudança climática e instabilidade financeira — que precisamos encontrar o caminho para usar o segredo da tentativa e erro além do contexto familiar do mercado.

Teremos que cometer um número desconfortável de erros e aprender com eles, em vez de encobri-los ou negar que tenham acontecido, até para nós mesmos. Esta não é a forma com que estamos acostumados a fazer as coisas funcionarem.

7 Um fracasso em adaptar-se

Um capataz de estrada de ferro chamado Phineas Gage teve a infeliz honra de ser a mais famosa vítima de lesão cerebral do mundo.[24] Em 1848, preparava uma carga explosiva quando esta

ADAPTANDO 33

detonou inesperadamente, atirando uma vareta de ferro — uma haste de mais de 30 cm de comprimento e uma polegada de espessura — através de sua bochecha, por trás de seu olho esquerdo, através de seu lóbulo cerebral frontal e saindo pelo topo de sua cabeça. A haste aterrissou a 24 m de distância. Espantosamente, Gage sobreviveu, mas sua maneira de ser mudou radicalmente: antes calmo e confiável, tornou-se ineficiente, teimoso, incapaz de cumprir um plano e propenso a gritar obscenidades. Junto com um pedaço do cérebro, um pedaço de sua mente se fora. Seus amigos diziam que ele "não era mais Gage".

A União Soviética é para os economistas o que Phineas Gage é para a neurociência. Os neurocientistas estudam pacientes com danos em regiões específicas do cérebro porque seu empenho é esclarecer como se supõe que o cérebro normalmente funcione. Os economistas estudam, de forma muito parecida, as economias disfuncionais quando tentam imaginar os segredos das economias saudáveis. Não é, naturalmente, uma novidade que o sistema soviético tenha falhado, mas os detalhes imprevistos de por que falhou são frequentemente atenuados — e encerram uma lição importante para a nossa missão de entender como trabalhar com o processo de tentativa e erro para resolver problemas.

A história começa na rica bacia de carvão do Don, ao norte do Mar Negro, em 1901, antes mesmo de a União Soviética existir. Um engenheiro de 26 anos chamado Peter Palchinsky foi mandado pelo tsar para estudar a área das minas de carvão. Palchinsky reuniu resmas de dados, prestando atenção a cada detalhe local e fazendo para si próprio um dossiê sobre as condições de trabalho. Os mineiros, descobriu ele, estavam alojados em grupos de quarenta ou até mesmo sessenta num cômodo, empilhados em beliches de madeira que compartilhavam à semelhança de artigos ordinários num armazém. Para conseguir dormir, tinham que rastejar ao pé da cama até encontrar uma posição porque não havia espaço para escalar por cima dos colegas. Banheiros e outras instalações eram rudimentares.

Quando Palchinsky enviou de volta suas descobertas, seus superiores perceberam que a pesquisa era dinamite política: Palchinsky foi mandado para a Sibéria para se desincumbir de missões menos delicadas.[25] Palchinsky e sua veia de teimosia estavam inextricavelmente ligados. Poucos anos antes, ao conquistar um lugar na melhor escola de engenharia da Rússia, sentiu orgulho em basear sua petição para ingressar na escola na força dos resultados de seus exames em vez de se apoiar nas ligações políticas certas. Em resumo, Palchinsky era brilhante, enérgico, confiante — e quase absurdamente honesto.

A escaramuça prematura de Palchinsky com as autoridades funcionou em favor dele. Escorregou pela fronteira russa para trabalhar na Europa Ocidental. Palchinsky acumulou conhecimento em Paris, Amsterdã, Londres e Hamburgo, fazendo copiosas anotações sobre como as novas indústrias daquelas cidades se desenvolviam e prestando exatamente a mesma atenção tanto às novas ideias em administração quanto em engenharia. Ele queria absorver o pensamento mais moderno sobre a organização da força de trabalho, bem como da vanguarda da ciência e da tecnologia. Faminto para aprender o quanto pudesse, tornou-se um consultor industrial de sucesso, e era tão ansioso para difundir sua expertise quanto para ganhá-la.

Incrivelmente, Palchinsky começou a escrever artigos em que sugeria reformas apropriadas para a economia russa, aconselhando o mesmo governo tsarista que o exilara na Sibéria. Mas isso era Palchinsky por completo: ele simplesmente não podia deixar de dizer como via as coisas. Escreveu cartas para a mulher Nina, admitindo voluntariamente ter tido um caso enquanto viajava pela Europa. (Ela recebeu a notícia estoicamente.) Quando retornou à Rússia, depois de receber um perdão, em 1913, tornou-se um

ADAPTANDO

influente conselheiro do governo tsarista, e, após escapar por pouco de ser ferido por baioneta durante a revolução, aconselhou, mais tarde, o governo soviético também. Mas sua teimosa honestidade persistiu: ele se recusou a entrar em qualquer organização científica ou de engenharia controlada pelo Partido Comunista, com o argumento de que a consultoria em engenharia não deveria ser distorcida pela política. Frequentemente criticava a engenharia apressada. Até rascunhou uma carta para a liderança soviética, oferecendo a observação útil de que a ciência e a tecnologia eram mais importantes do que o comunismo; amigos imploraram-lhe que não a enviasse, e ele concordou.

Embora a antena política de Palchinsky estivesse ausente, seu julgamento técnico e seus instintos humanitários eram aguçados. Advertiu contra projetos prestigiosos: por que extrair petróleo de poços apenas pelo "esguicho" espetacular quando carvão barato e gás estavam amplamente disponíveis? Defendia projetos pequenos que, de acordo com sua própria pesquisa detalhada, eram, com frequência, mais eficientes do que os gigantescos. Ele defendia inteiramente os direitos dos trabalhadores.

É fácil esquecer o quanto a economia soviética foi bem-sucedida... durante algum tempo. Tendemos a considerar que a economia planejada se despedaçou porque não tinha a força galvanizadora do motivo do lucro e a criatividade do setor empresarial privado. Mas isso realmente não faz sentido: havia muitas pessoas criativas na União Soviética, inclusive Palchinsky. Não fica claro de imediato por que essas pessoas perderiam a criatividade meramente por trabalhar para empresas de propriedade do Estado. Nem a União Soviética tinha carência de técnicas motivacionais: possuía, de fato, ampla variedade de incentivos, positivos e horrivelmente negativos, como qualquer civilização na história, e os aplicava cruelmente. E os resultados foram inicialmente impressionantes. Tanto que, por volta dos anos 1950, muitos especialistas ocidentais tinham concluído que o comunismo — embora antidemocrático e cruel — era mais eficaz do que o capitalismo como forma de conduzir uma economia.

A falha soviética revelou-se muito mais devagar: era uma inabilidade patológica para experimentar. Os elementos básicos de um processo evolucionário — lembre-se — são variação e seleção repetidas. Os soviéticos falharam em ambos: acharam impossível tolerar uma variedade real de abordagens para qualquer problema e acharam difícil decidir o que estava funcionando e o que não estava. Quanto mais a economia soviética se desenvolvia, menos pontos de referência os planejadores tinham. O sistema inteiro era incapaz de se adaptar.

Peter Palchinsky, com experiência internacional e análise detalhada, era justamente o tipo de homem que poderia ter mudado isso. Foi incumbido de opinar sobre os mais importantes projetos do primeiro plano quinquenal de Stalin: a represa Lenin e Magnitogorsk. A represa Lenin, no rio Dnieper, na moderna Ucrânia, era a maior do mundo quando foi encomendada, no fim dos anos 1920. Palchinsky não se impressionou com seu tamanho. A represa podia ser ideia de Stalin, mas ele avisou que o rio era muito lento e, sobre uma planície inundável, o reservatório seria imenso e alagaria muitos milhares de casas e muita terra arável de excelente qualidade. Ninguém sabia o quanto, destacou, porque não tinham sido feitas pesquisas hidrológicas; mas o reservatório finalmente se mostrou tão grande que simplesmente plantar feno na terra que ele cobria e queimar esse feno numa usina elétrica teria gerado tanta energia quanto a represa. Havia uma estação seca, advertiu Palchinsky, de modo que usinas a carvão teriam de ser construídas e funcionar durante três meses do ano de qualquer maneira. Ele defendeu uma abordagem passo a passo à medida que a economia local se expandisse, combinando pequenas usinas movidas a carvão com represas mais modestas. Destacou que re-

ADAPTANDO

presas menores seriam provavelmente mais eficazes. Mais tarde, suas preocupações revelaram-se corretas em todos os detalhes. Mas Stalin não estava interessado: simplesmente queria o projeto da maior hidrelétrica do mundo e deu a ordem para seguir em frente de qualquer maneira. O projeto sofreu enormes estouros de orçamento e foi um desastre econômico e de engenharia, mesmo sem incluir os custos ecológicos, a realocação forçada de 10 mil agricultores e as estarrecedoras condições de trabalho.

O projeto das fábricas de aço de Magnitogorsk, a "Cidade da Montanha de Ímã", era, no mínimo, ainda mais ambicioso. A cidade deveria ser construída no interior remoto da Rússia, a leste de Moscou, muito longe da capital, mas, aparentemente, perto de abundantes depósitos de minério de ferro. Foi projetada para superar a produção total de aço do Reino Unido. Novamente, Palchinsky aconselhou cautela — ele queria mais análise e uma abordagem gradual. Seus antigos estudos sobre as condições dos trabalhadores das minas de carvão da bacia do Don o levaram a preocupar-se com a sorte dos trabalhadores de Magnitogorsk. Mas também apontou objeções técnicas básicas ao projeto, que parecia ter saído do mesmo molde da represa Lenin: foi iniciado sem estudo detalhado da geologia da área e sem interesse algum pela disponibilidade do carvão necessário para alimentar as fábricas.

Os avisos de Palchinsky foram ignorados e, de novo, mostraram-se horrivelmente acurados. Uma testemunha descreveu as condições nos vagões de gado que transportavam trabalhadores para o canteiro de obras: "Durante um dia e meio a porta sequer foi aberta... Mães viam crianças morrerem em seus braços... Só do vagão em que viajamos, quatro cadáveres pequenos foram removidos. Alguns mais foram carregados de outros vagões."[26] Mais de 3 mil pessoas morreram no primeiro inverno do trabalho de construção. Magnitogorsk era uma prometida cidade-jardim, mas seus trabalhadores forçados eram alojados na direção do vento das fornalhas que funcionavam a todo o vapor. O minério de ferro se esgotou no início dos anos 1970 e, então, tanto o carvão quanto o ferro tinham de ser transportados por enormes distâncias para aquelas que eram as maiores fábricas de aço do mundo. Quando o historiador americano Stephen Kotkin viveu por algum tempo na cidade, em 1987, descobriu alcoolismo endêmico, escassez de quase tudo, infraestrutura em ruínas, "uma poluição quase impenetrável e uma catástrofe da saúde quase impossível de exagerar".[27]

O que Palchinsky percebeu foi que a maior parte dos problemas do mundo real é mais complexa do que pensamos. Eles têm uma dimensão humana e uma dimensão local, que provavelmente mudam quando as circunstâncias mudam. Seu método de lidar com isso poderia ser resumido como os três "princípios de Palchinsky": primeiro, busque novas ideias e tente coisas novas; segundo, quando tentar algo novo, faça-o numa escala em que o fracasso seja superável; terceiro, procure realimentar-se com informações e comentários sobre o que já foi feito, a fim de fazer reavaliações e aprender com os erros à medida que seguir em frente. O primeiro princípio poderia simplesmente ser expresso como "variação"; o terceiro, como "seleção". A importância do princípio do meio — sobrevivência — é algo que se tornará claro no capítulo 6, que explora o colapso do sistema bancário.

As monstruosas falhas morais do sistema soviético são agora óbvias. A falha econômica era mais sutil: sua inabilidade para produzir variação e seleção, e, portanto, sua inabilidade para adaptar-se. Planejadores centrais decidiam o que seria construído, embalados por uma sensação de onisciência por ter um mapa ou um quadro estatístico à sua frente. Tais planos inevitavelmente omitiam as confusas complexidades da situação em campo e também produziam variações demasiado pequenas. Quase todos os

ADAPTANDO

apartamentos nos anos 1960 em Moscou tinham o mesmo abajur cor de laranja iridescente. Em Magnitogorsk havia dois tipos de apartamentos, denominados "A" e "B". Eram a única concessão da cidade à variedade.[28]

Acima de tudo, o feedback é essencial para determinar quais os experimentos que tiveram sucesso e quais os que fracassaram. E, na União Soviética, o feedback era brutalmente suprimido.

Numa noite gelada de Leningrado em abril de 1928, houve uma batida à porta do apartamento de Peter Palchinsky. Ele foi preso pela polícia secreta e nunca mais sua mulher o viu. Um ano depois, anunciou-se que havia sido executado. Não houve julgamento, mas um dossiê da polícia secreta sobre Palchinsky, descoberto e contrabandeado para fora de Moscou muitas décadas depois pelo historiador Loren Graham, documentava seus "crimes".[29] Foi acusado de "publicar estatísticas detalhadas" e sabotar a indústria soviética estabelecendo "metas mínimas". Em outras palavras, Peter Palchinsky foi assassinado por imaginar o que funcionaria e por se recusar a calar quando via um problema.

Palchinsky não estava sozinho. Dos 10 mil engenheiros da URSS, 3 mil foram presos no fim dos anos 1920 e início dos anos 1930, muitos compelidos a uma morte quase certa na Sibéria. (A mulher de Palchinsky, Nina, quase conheceu esse destino.) Qualquer um que tentasse objetar contra desastres tecnológicos à vista e sugerisse alternativas era denunciado como "destruidor". A execução secreta de Palchinsky foi incomum — talvez porque, teimoso até o fim, tenha se recusado a se desdizer. A perseguição que sofreu não foi.

O bloco soviético começou a se desmantelar no fim dos anos 1980, um processo pontuado por eventos famosos como a vitória do então recém-legalizado movimento Solidariedade nas eleições polonesas de junho de 1989 e a queda do muro de Berlim em novembro daquele ano. No coração da própria União Soviética, uma revolta significativa, mas menos famosa, também acontecia: a primeira grande greve da história soviética. Em julho de 1989, um quarto de milhão de mineiros abriu mão do trabalho. Parte do protesto era contra condições de trabalho grotescamente perigosas: a taxa de mortalidade dos mineiros soviéticos era de quinze a vinte vezes mais alta do que a de seus equivalentes americanos, com as minas locais causando a morte de mais de cinquenta homens todo mês. Mas a paralisação também foi provocada pela simples privação de alimentos: os mineiros com frequência não tinham carne nem frutas para comer, e poucos tinham acesso a sabão ou água quente. Após arriscar a vida a cada dia em profundidades sufocantes, não podiam sequer lavar-se ou descansar numa cama confortável. O presidente Mikhail Gorbachev foi forçado a aparecer em rede nacional de tevê, reconhecendo a justiça da causa dos mineiros e oferecendo concessões substanciais. Foi um momento notável da queda do sistema soviético.

Os mineiros que fizeram a greve e humilharam Gorbachev trabalhavam justamente na bacia do Don. Sessenta anos após a execução de Peter Palchinsky e 88 anos depois de ele inicialmente apontar o problema das condições de trabalho nas minas de carvão do Don, o sistema soviético ainda fracassava em adaptar-se.

8 Além dos problemas da Coca-Cola

A União Soviética, assim como o pobre Phineas Gage, é um exemplo grotescamente extremo. Apenas as piores ditaduras exibiram a mesma imunidade patológica ao feedback. Mesmo assim, de forma mais amena, a maior parte das organizações e a maior parte das formas de política têm a mesma dificuldade em levar adiante o simples processo de variação e seleção.

A variação é difícil por causa de duas tendências naturais nas organizações. Uma é a grandiosidade: tanto políticos quanto chefes corporativos gostam de projetos grandes — qualquer coisa, desde a reorganização do sistema de saúde de um país inteiro a uma fusão gigantesca — porque chamam atenção e mostram que o líder é uma pessoa que realiza coisas. Tais projetos importantes violam o primeiro princípio de Palchinsky, porque erros são comuns e os grandes projetos deixam pouco espaço para adaptação. A outra tendência emerge porque raramente gostamos da ideia de padrões inconsistentes e desiguais de lugar para lugar. Parece mais limpo e justo prover um padrão consistente para tudo, seja educação, uma malha de estradas ou o café do Starbucks. Esses altos padrões uniformes soam tentadores: como Andy Warhol comentou certa vez, "você pode estar vendo tevê e ver a Coca-Cola, e sabe que o presidente bebe Coca, Liz Taylor bebe Coca, e, pense só, você também pode beber Coca-Cola. Uma Coca é uma Coca, e nenhuma quantidade de dinheiro fará com que você beba uma Coca melhor do que a que o vagabundo da esquina está bebendo. Todas as Cocas são as mesmas, e todas as Cocas são boas".[30]

Mas Warhol achava a Coca-Cola intrigante porque era uma exceção; e ainda é. Produzir uma bebida doce, gaseificada, é um problema estático, resolvido. Nenhuma nova experiência é necessária, e é perfeitamente possível estabelecer uniformemente altos padrões na produção de Coca-Cola. (A remessa de Coca para partes remotas do mundo é outra questão, e é um milagre menor de adaptação local.) Assegurar a uniformidade de altos padrões em situações mais complexas é muito mais difícil: é a maior conquista do Starbucks e do McDonald's e, mesmo nessas situações, a padronização tem um preço na atratividade, flexibilidade e qualidade.

Administrar um hospital ou uma escola é uma questão completamente diferente. Adoramos a ideia de que cada um deveria prover a mesma alta qualidade. No Reino Unido, temos até uma expressão popular, a "loteria de endereçamento postal", para descrever o escândalo de padrões que variam de lugar para lugar. É algo como uma obsessão nacional. Queremos que todos os nossos serviços públicos sejam como a Coca-Cola: todos idênticos, todos bons. E eles não podem ser assim.

Se tomarmos seriamente a parte "variação" de "variação e seleção", a uniformidade de altos padrões não é apenas impossível, como indesejável. Quando um problema não foi resolvido, ou muda continuamente, a melhor maneira de lidar com ele é experimentar muitas abordagens diferentes. Se ninguém tenta nada diferente, temos de fazer um grande esforço para imaginar maneiras novas e melhores de fazer o que quer que seja. Mas, se aceitarmos a variação, também devemos aceitar que algumas dessas novas abordagens não vão funcionar bem. Essa proposta não é tentadora para um político ou alto executivo venderem.

Parece igualmente difícil para organizações tradicionais gerar o componente "seleção" de "variação e seleção". A dificuldade está em selecionar o que realmente funciona em campo. Peter Palchinsky era inteiramente favorável a tomar as coisas gradativamente, mas os políticos resistem a planos pilotos com medidas objetivas de sucesso. Isso acontece em parte porque os políticos têm pressa: esperam agarrar-se a um papel por dois a quatro anos, tempo insuficiente para que a maior parte dos experimentos produza resultados significativos.* Mais inconveniente ainda do ponto de vista político é o fato de metade dos planos pilotos falhar — muitas coisas falham num mundo complexo —, de maneira que o plano piloto simplesmente vai produzir uma prova clara

---

*Donald Green, professor de Ciência Política em Yale, me diz que uma questão nas ciências sociais tem sido completamente testada com experimentos de campo: como conseguir o voto. Então, os políticos podem usar métodos rigorosos de avaliação quando isso lhes interessa.

ADAPTANDO

daquele fracasso. Isso é tanto nossa culpa quanto culpa de nossos políticos. Deveríamos tolerar, até celebrar, quaisquer políticos que testassem suas ideias o bastante para provar que algumas delas não funcionam. Mas, naturalmente, não fazemos isso.

É uma triste verdade que um dos planos pilotos mais bem-sucedidos dos anos recentes tenha sido implementado não por políticos, mas por um chef famoso e uma equipe de televisão. Jamie Oliver, garoto alegre de Essex que se tornou o queridinho da classe média britânica, criou um fenômeno nacional em 2005 quando tentou persuadir as escolas a servir refeições mais saudáveis. Quase acidentalmente, criou uma avaliação razoável de um experimento controlado. Convenceu escolas na vizinhança de Greenwich, em Londres, a mudar seus cardápios e, depois, mobilizou recursos, forneceu equipamentos e merendeiras treinadas. Outras vizinhanças de Londres com demografia semelhante não receberam qualquer uma dessas vantagens. De fato, como o resultante programa de televisão não foi transmitido senão quando a execução do projeto estava bem adiantada, provavelmente souberam pouco dele.

Dois economistas, Michele Belot e Jonathan James, pegaram os dados gerados pela audaciosa campanha do chef e os analisaram, descobrindo que, se garotos do primário comem menos gordura, açúcar e sal e mais frutas e vegetais, adoecem com menos frequência e se saem um pouco melhor em inglês e ciência. Essas conclusões seriam mais robustas se a experiência tivesse sido mais controlada, porém, até que Jamie Oliver surgisse, nenhum político do país mostrara muito interesse no experimento. Tony Blair, então primeiro-ministro, fracassou em apoiar a campanha. Na época, fazia oito anos que ele estava no poder.[31]

Se experimentos formais reservam poucas alegrias para líderes tradicionais, o feedback informal não chega até eles, na maioria das vezes. Poucos conselheiros enfrentam o destino de Peter Palchinsky, mas até mesmo a compulsão deste para deixar escapar a verdade é rara. Existe um limite para a honestidade do feedback que a maior parte dos líderes realmente deseja ouvir; e, como sabemos disso, a maioria de nós doura a pílula quando fala com uma pessoa poderosa. Numa escala hierárquica grande, esse processo é repetido muitas vezes, até que a verdade esteja profundamente escondida embaixo de uma espessa camada de bajulação. Existe alguma constatação de que quanto mais ambiciosa é a pessoa, mais ela escolherá ser um capacho, sempre concordando com o superior — e, por bons motivos, porque os capachos tendem a ser recompensados.[32]

Mesmo quando querem genuinamente o feedback honesto, líderes e administradores podem não recebê-lo.[33] Em cada estágio de um plano, administradores ou burocratas de escalões inferiores devem dizer aos seus superiores os recursos de que necessitam e o que se propõem a fazer com eles. Existe um número de mentiras plausíveis que eles poderiam escolher, incluindo prometer em demasia, na esperança de obter influência como pessoas empreendedoras, ou insistir na impossibilidade da tarefa e nos vastos recursos necessários para alcançar o sucesso, na esperança de proporcionar uma surpresa agradável. Na realidade, é improvável que dizer a verdade nua e crua seja a melhor estratégia numa estrutura burocrática. Mesmo que alguém de fato diga a verdade, como um funcionário graduado que tome a decisão irá distinguir entre uma opinião honesta de um Peter Palchinsky e uma objeção cínica calculada para obter um aumento orçamentário?

Organizações tradicionais estão mal preparadas para se beneficiar de um processo descentralizado de tentativa e erro. Problemas estáticos, resolvidos, são ideais para tais organizações, assim como as tarefas nas quais a especialidade generalizada conta muito mais do que o conhecimento local. Mas tais "problemas Coca-Cola" são cada vez mais raros num mundo em rápida mudança, e é por isso que — como veremos — muitas empresas estão começando a se descentralizar e a retirar autoridade de administradores. No próximo capítulo, veremos como organizações adaptativas necessitam descentralizar-se e conviver confortavelmente com o caos de abordagens locais diferentes e a falta de jeito para discordar do pessoal mais jovem. Também veremos os esforços heroicos requeridos para forçar uma hierarquia tradicional a mudar de ideia.

Mas existe um problema mais fundamental aqui do que o jeito certo de projetar uma organização, porque não são apenas as organizações que lutam para reconhecer e adaptar-se aos seus enganos. A maior parte dos indivíduos sofre do mesmo problema. Aceitar o processo de tentativa e erro significa aceitar o erro. Significa resolver os problemas sem dificuldades quando uma decisão não funciona, seja por falta de sorte ou mau juízo. E isso não é algo que o cérebro humano esteja apto a fazer sem luta.

9 Por que aprender com os erros é difícil

Passei o verão de 2005 estudando pôquer.[34] Entrevistei alguns dos melhores jogadores do mundo, fui à World Series of Poker em Las Vegas, analisei computadores programados para jogar pôquer, os chamados "pokerbots", e registrei os esforços de jogadores altamente racionais, como Chris "Jesus" Ferguson, um teórico do jogo com grau de doutorado universitário que é campeão mundial.

Embora possa ser analisado racionalmente, com grandes egos e muito dinheiro em jogo, o pôquer também pode ser um jogo muito emocional. Jogadores de pôquer me explicaram que existe um momento em particular em que eles são extremamente vulneráveis a uma oscilação emocional repentina. Não é quando ganham muito dinheiro ou quando recebem uma fantástica mão. É quando acabam de perder muito dinheiro por má sorte (ou "bad beat")* ou má estratégia. A perda pode impelir um jogador a ir "on tilt" —** fazendo apostas abertamente agressivas num esforço para obter de volta o que, erradamente, ainda considera seu (o dinheiro perdido). O cérebro se recusa a registrar que o dinheiro se foi.[35] Reconhecer a perda e recalcular a estratégia poderia ser a coisa certa a fazer, mas isso é demasiado doloroso. Em vez disso, o jogador faz esforços loucos para retificar o que inconscientemente acredita ser uma situação temporária. Não é a perda inicial que o derrota, mas as jogadas erradas que faz num esforço para negar que a perda tenha acontecido. Os grandes psicólogos econômicos Daniel Kahneman e Amos Tversky resumiram o comportamento em sua clássica análise da psicologia do risco: "Uma pessoa que não aceita suas perdas é propensa a aceitar jogos que seriam inaceitáveis para ela em outras situações."[36]

Mesmo aqueles dentre nós que não são jogadores profissionais de pôquer sabem como é perseguir uma perda. Poucos anos atrás, minha mulher e eu tínhamos agendado um fim de semana romântico em Paris. Mas ela estava grávida e, um par de horas antes do horário em que deveríamos pegar o trem, começou a se sentir mal. Vomitava num saco plástico no táxi a caminho da estação. Mas quando me encontrei com ela na estação, estava decidida a ir a Paris porque nossas passagens não eram reembolsáveis. Ela não queria aceitar a perda e estava a ponto de aumentá-la.

Ser economista dificilmente é vantajoso numa situação de perda, mas esta talvez tenha sido uma exceção. Tentei convencer

---

*Quando um jogador tem cartas fortes e perde mesmo assim. [N. da T.]
**Estado de confusão mental e emocional em que o jogador de pôquer adota estratégia decorrente de atitude hiperagressiva no jogo. [N. da T.]

ADAPTANDO   **47**

minha mulher a esquecer as passagens. Imagine que o dinheiro que gastamos com elas se foi para sempre, eu lhe disse, mas também imagine que estivéssemos nos degraus da estação de Waterloo sem planos para o fim de semana e alguém viesse até nós e nos oferecesse passagens de graça para Paris. Aquela era a maneira certa de pensar sobre a situação: o dinheiro se fora; e a questão era se gostaríamos de viajar a Paris sem mais custos. Perguntei à minha mulher se deveríamos aceitar tal oferta. Claro que não. Ela se sentia enjoada demais para ir a Paris. Ela forçou um sorriso débil quando percebeu o que eu lhe dizia, e fomos para casa. (Como se para confirmar que havíamos tomado a decisão certa, as pessoas gentis da Eurostar devolveram o dinheiro de nossa passagem. Poucos meses depois, minha mulher um tanto mais grávida, fomos finalmente a Paris.)

O economista comportamental Richard Thaler, com uma equipe de coautores, encontrou o cenário perfeito para analisar o modo como respondemos às perdas.[37] Ele estudou o programa de tevê de jogos *Deal or No Deal*, que é uma grande fonte de dados porque o jogo básico é repetido incessantemente, com regras similares, por altas apostas, em mais de cinquenta países. *Deal or No Deal* oferece aos competidores uma escolha entre vinte e vinte e seis caixas numeradas, cada uma contendo prêmio em dinheiro, que vai de centavos a centenas de milhares de dólares, libras ou euros. (A versão original holandesa tem uma bolada de 5 milhões de euros.) O jogador segura uma caixa, sem saber quanto dinheiro existe dentro dela. Sua tarefa é escolher outras caixas na ordem que desejar. Estas são, então, abertas e descartadas. Cada vez que abre uma caixa que contém uma quantia simbólica, ele celebra, porque isso significa que sua própria caixa misteriosa não contém aquele prêmio baixo. Cada vez que abre uma caixa com um grande prêmio, mostra expressão de desagrado, porque aquilo reduz as chances de que sua própria caixa seja lucrativa.

Tudo isso é pura probabilidade. A decisão interessante é a que dá ao jogo seu título. De tempos em tempos, o "banqueiro", uma figura misteriosa e anônima, telefona para o estúdio para oferecer ao concorrente dinheiro em espécie pela soma desconhecida que existe dentro da caixa. Será um negócio fechado ou nada feito?

A psicologia do jogo é reveladora. Vamos dar uma olhada em Frank, um concorrente da versão holandesa de Deal or No Deal. Depois de algumas rodadas, o valor estimado de sua caixa — isto é, a média de todas as somas remanescentes — era de pouco mais de € 100 mil. O banqueiro ofereceu-lhe € 5 mil — soma significativa, mas menos de 75% do valor estimado de sua caixa. Ele rejeitou a oferta. Então, recebeu um choque desagradável. Frank abriu uma caixa que continha € 500 mil, o último grande prêmio restante. Seus ganhos estimados caíram para apenas € 2.508. A oferta do banqueiro caiu também — de € 75 mil para € 2.400. Em relação aos ganhos prováveis de Frank, esta foi uma oferta mais generosa do que a anterior — 96% do valor estimado do que estava em jogo — mas Frank a rejeitou. Na rodada seguinte, Frank desprezou uma oferta do banqueiro que, na realidade, era maior do que o valor médio das caixas remanescentes. E, na rodada final, as duas possibilidades restantes de Frank eram € 10 ou € 10 mil. O banqueiro ofereceu a ele mais do que generosos € 6 mil. Frank recusou e deixou o estúdio com € 10. Depois de ficar atordoado pela perda de € 75 mil garantidos e uma boa chance de um prêmio de € 500 mil, Frank começou a fazer apostas loucas. Ele tinha entrado em "tilt".

O comportamento de Frank é típico. Thaler e seus colegas verificaram como as pessoas reagiam às ofertas do banqueiro imediatamente após fazer uma escolha infeliz, uma escolha de sorte ou uma escolha amplamente neutra. Descobriram que os escolhedores neutros tendiam a ser bastante interessados em aceitar a oferta do banqueiro. Os escolhedores sortudos eram arrogantes: seria mais

ADAPTANDO 49

provável que rejeitassem o banqueiro e seguissem em frente. Mas eram os escolhedores sem sorte que se destacavam. Era extremamente improvável que aceitassem uma oferta do banqueiro.* Por quê? Porque se o fizessem, isso os bloquearia em seu "erro". Se continuassem a jogar, existiria a chance de uma espécie de redenção. O padrão era ainda mais impressionante porque o banqueiro tendia a fazer ofertas mais generosas para os perdedores — mais baixas em termos absolutos, é claro, mas mais próximas da média das caixas restantes. Objetivamente, jogadores que acabavam de fazer uma escolha infeliz deveriam estar mais desejosos de um acordo do que qualquer um, porque estavam recebendo ofertas mais atraentes do banqueiro.

Talvez esse fenômeno seja restrito aos programas de jogos e às mesas de pôquer do Cassino Rio em Las Vegas? Sem chance. O economista Terrance Odean descobriu que tendemos a nos aferrar inflexível e erradamente a ações cujo preço despencou na esperança de que as coisas mudem. Ficamos muito mais felizes ao vender ações que têm bom desempenho. Infelizmente, vender ações vencedoras e segurar perdedoras tem sido, retrospectivamente, uma estratégia de investimento deficiente.[38]

Todos os quatro exemplos — pôquer, Paris, *Deal or No Deal* e portfólios de ações — mostram uma obstinada determinação de evitar cristalizar uma perda ou sublinhar uma decisão que lamentamos. Essa determinação obstinada poderia ocasionalmente ser útil, mas é contraproducente em todos esses casos e em muitos outros. A resposta certa quando em confronto com um erro ou uma perda é reconhecer o fracasso e mudar de direção. Embora nossa reação instintiva seja a negação. É por isso que "aprender com os erros" é um conselho sábio, mas doloroso de aceitar.

---

*Concorrentes típicos aceitavam a oferta do banqueiro 31% do tempo. Os "vencedores" aceitavam a oferta 25% do tempo. "Perdedores" aceitavam apenas 14% do tempo, apesar de receberem objetivamente ofertas mais generosas.

10 Uma receita para adaptar-se

Enfrentamos um desafio difícil: quanto mais complexos e elusivos são os nossos problemas, mais eficaz se torna o processo de tentativa e erro em relação às alternativas. Embora seja uma abordagem contrária aos nossos instintos e à forma como as organizações tradicionais funcionam. O objetivo deste livro é prover uma resposta a esse desafio.

A abordagem adaptativa, experimental, funciona praticamente em qualquer lugar, então vamos olhar para uma enorme variedade de problemas. Conheceremos os coronéis rebeldes que arriscaram suas carreiras — e suas vidas — para mudar a forma da guerra no Iraque; e o médico cuja aposta desesperada num campo de prisioneiros em tempo de guerra deveria servir de exemplo para o quadro de funcionários do Banco Mundial hoje. Descobriremos o que os desastres em Three Mile Island e Deepwater Horizon têm a nos dizer sobre a prevenção contra outra crise tipo Lehman Brothers. Aprenderemos com um fabricante de relógios, um moleque de rua, um rebelde de Wall Street, dois projetistas de aviões e uma coreógrafa malsucedida. Estudaremos as estratégias corporativas de empresas — do Google ao simples sapateiro da rua principal. Buscaremos soluções para problemas da crise bancária à mudança climática.

Ao longo do percurso, também aprenderemos a receita para a adaptação bem-sucedida. Os três passos essenciais são: tentar coisas novas, na expectativa de que algumas irão falhar; possibilitar a sobrevivência ao fracasso, porque ele será comum; e assegurar que se saiba quando se falhou. Palchinsky teria reconhecido esses passos, mas eles envolvem obstáculos formidáveis. Para produzir ideias novas devemos vencer a tendência a cair no mesmo passo daqueles que estão em torno de nós e superar os que têm interesse investido no *status quo*. Possibilitar a sobrevivência ao fracasso

ADAPTANDO

significa, às vezes, dar passos pequenos, mas nem sempre: muitas inovações emergem de saltos altamente especulativos, e sobreviver a esses saltos não é fácil. Nem é fácil sobreviver a um fracasso no sistema financeiro. E distinguir o sucesso do fracasso estranhamente pode ser a tarefa mais difícil de todas: líderes arrogantes podem ignorar essa distinção; nossa própria negação pode apagá-la e a pura complexidade do mundo pode tornar a distinção difícil de ser delineada mesmo pelo mais objetivo juiz.

Ao longo do caminho, espero que aprendamos alguma coisa sobre adaptar-nos e experimentar nos negócios e em nossas vidas. Confrontados com os custos e riscos do processo de tentativa e erro, não deveríamos, você e eu, tentar experimentar e nos adaptar mais do que o fazemos? Qual seria o preço que pagaríamos em nosso objetivo de ser bem-sucedidos?

2
Conflito ou: como as organizações aprendem

"É tão terrivelmente complexo. Se alguma vez pensar que pode solucionar isso, você está errado e é perigoso."

— H.R. McMaster[1]

"Na ausência de orientação ou de ordens, imagine quais elas deveriam ser."

(Parte de um aviso na porta de um posto de comando no oeste de Bagdá, comandado por David Petraeus)[2]

1 "Eu os vi atirar no meu avô..."

No dia 19 de novembro de 2005, um sábado, o fim de semana antes do Dia de Ação de Graças, um fuzileiro americano entrou na casa de uma família a cerca de 240 quilômetros de distância de Bagdá e começou a matar as crianças. Segundo seu próprio relato, ele viu que "crianças estavam no quarto, ajoelhadas. Não me lembro do número exato delas, mas sei que eram muitas". Concluiu que as crianças eram hostis. "Sou treinado para dar dois tiros no peito e dois na cabeça e segui meu treinamento."[3]

O amigo do fuzileiro, cabo Miguel Terrazas, jovem de 20 anos de idade de El Paso, estava morto. Uma bomba escondida partira seu corpo em dois. Dois outros fuzileiros tinham sido feridos e, então, um Opel branco se aproximara da cena com cinco jovens iraquianos dentro — uma possível ameaça. Os jovens soldados estavam sob tremenda pressão.

O que aconteceu depois que a bomba explodiu foi reunido, fragmento por fragmento, por investigadores da Marinha e jornalistas que questionaram o relato dos fuzileiros.[4] Os cinco iraquianos foram mortos. Um sargento fuzileiro admitiu ter urinado na cabeça de um dos mortos e afirmou que tinham sido baleados quando tentavam render-se.[5]

Depois, os fuzileiros entraram nas casas à margem da estrada. Zainab Salem, de 5 anos, foi morto. Assim como sua irmã Aisha, de 3 anos. Cinco outros membros da família foram baleados e mortos. A única sobrevivente foi uma menina de 13 anos que se fingiu de morta. Um bebê foi morto na casa vizinha; um homem numa cadeira de rodas recebeu nove balas. Eman Waleed, de 9 anos, foi protegida, junto com o irmão de 8 anos, pelos corpos de parentes mortos. "Eu os vi atirar no meu avô, primeiro no peito e depois na cabeça", ela contou a jornalistas. "Depois, mataram minha avó."[6] No total, 24 iraquianos morreram pelas mãos dos fuzileiros.

Quase tão chocante quanto os assassinatos na localidade de Haditha foi o fato de a súbita morte de 24 civis ser aceita como rotina. O comandante do batalhão achou que era "muito triste, muito infeliz",[7] mas não viu nada que valesse a pena investigar. O comandante dele não viu "nada fora do comum, inclusive o número de civis mortos". O comandante da divisão concordou.

Haditha não feriu de imediato a reputação do Exército americano no Iraque. Mortes violentas na época eram tão comuns que não eram mais notadas pela maioria dos iraquianos do que

CONFLITO OU: COMO AS ORGANIZAÇÕES APRENDEM   55

por oficiais fuzileiros. Mas Haditha foi um símbolo do profundo fracasso da estratégia dos Estados Unidos no Iraque. Os americanos e seus aliados precisavam desesperadamente do apoio de iraquianos comuns, e estavam fracassando em obtê-lo. Haditha foi um sintoma do estresse, da frustração, do cansaço e do puro isolamento das forças de ocupação americanas. Os fuzileiros em Haditha viram o amigo ser morto e não tiveram uma resposta apropriada a isso. Suas táticas fracassavam, e eles não recebiam uma estratégia eficaz. O resultado foi uma atrocidade.

O ano de 2005 foi horroroso. E 2006 se mostrou pior ainda. Em 22 de fevereiro, a Mesquita da Cúpula Dourada em Samarra foi destruída por uma bomba — um ato mais ou menos comparável ao bloqueio dos católicos à Abadia de Westminster, em Londres. A destruição da mesquita marcou o início de uma guerra nas ruas entre a maioria muçulmana xiita, cujo local sagrado fora atacado, e que dominava o governo iraquiano, e a minoria muçulmana sunita, dominante sob Saddam Hussein, mas excluída da ordem pós-Saddam no Iraque. Alguns veem a destruição de Samarra como o estopim da crise; outros argumentam que foi, simplesmente, um sinal na escalada das tensões entre xiitas e sunitas. Carros-bomba tornaram-se lugares-comuns, mas grande parte da violência era ainda mais simples do que isso: num dia de verão de 2006, mais de cinquenta corpos foram encontrados só em Bagdá. Cada um fora algemado, vendado e morto. A milícia xiita agarrava um homem numa área mista, levava-o para o limite de um distrito sunita, baleava-o na nuca, largava o corpo em qualquer lugar e ia embora. Insurgentes sunitas também tentavam remover xiitas de áreas mistas, pegando-os um a um — primeiro, barbeiros; em seguida, agentes imobiliários; depois, vendedores de gelo. Um açougueiro foi baleado no rosto em frente aos clientes; seu filho adulto, que veio correndo, também foi morto. O irmão entrou rapidamente na loja, vindo da loja vizinha, e teve o mesmo destino. Grandes números de pessoas fugiam do país, ou se mudavam para áreas segregadas, onde se sentiam protegidas da violência fortuita.[8]

Além disso, havia a Al-Qaeda no Iraque (AQI), um grupo cruel de insurgentes, liderados por um jordaniano, Abu Musab al-Zarqawi, e aliado jurado da rede de Osama bin Laden. A AQI assumiu o controle das cidades iraquianas uma por uma, humilhando os líderes tribais com açoitamento público, por exemplo — e, se necessário, assassinando-os para amedrontar a população local.

A resposta dos Estados Unidos e seus aliados à catástrofe em expansão foi ineficaz. A política oficial continuou a ser que a polícia local e as unidades do exército estivessem prontas para se erguer e se envolver na luta, mas a política oficial simplesmente não funcionava. Unidades do exército iraquiano se recusavam a se afastar de suas localidades. A polícia em Bagdá era xiita e não tinha interesse em deter a violência. Sob pretexto de "pacificar", ia a uma área sunita para confiscar armas e, depois, se retirava, informando à milícia xiita local que os sunitas tinham ficado sem armas para se defender.

O Iraque se desmantelava, e as mortes entre os aliados subiam alarmantemente. Ficou claro para todos que ali estavam que o país escorregava cada vez mais para longe da paz e do bom governo. O fracasso parecia quase inevitável. E o massacre de Haditha, atirando em crianças e homens em cadeiras de rodas, não foi apenas um crime horrível, como também caracterizou o isolamento das forças de ocupação do povo, cujos interesses elas diziam estar servindo. As estratégias para lidar com insurgentes como a AQI de fato existiam, embora em 2005 e 2006 as forças americanas parecessem ter pouca consciência até mesmo da existência da AQI. A ocupação do Iraque fracassava além dos piores pesadelos do Pentágono e da Casa Branca.

Mas, em 2008, a situação no Iraque mudara completamente. A AQI estava em plena retirada, e o número de ataques e mortes

CONFLITO OU: COMO AS ORGANIZAÇÕES APRENDEM   **57**

americanas e iraquianas havia caído de forma impressionante. Não é possível desfazer o dano causado pela mal planejada invasão do Iraque, e o futuro do país permanece muito incerto. Mas é inegável que um pequeno sucesso foi arrebatado das presas de um grande fracasso. A lição de como os militares americanos fizeram isso é importante porque desafia tudo o que queremos acreditar sobre como qualquer grande organização deveria lidar com seus problemas.

2 A organização ideal

Dê uma olhada em qualquer gráfico organizacional do mundo e você verá, num formato familiar de PowerPoint, a visão idealizada de como as organizações tomam decisões. No alto, tem-se o líder: o executivo principal, o general de quatro estrelas, o presidente. O líder é crucial: se ele tomar boas decisões, tudo estará bem. Se tomar decisões ruins, a organização sofrerá e poderá fracassar completamente.

E como o líder deveria tomar boas decisões? Isso é fácil. Primeiro, ele deveria tirar vantagem do fato de estar em posição de ver o quadro panorâmico. Quanto mais tecnologia devota à tarefa, mais pode ver como tudo se encaixa, habilitando-se a coordenar o que acontece em campo, seja um checkup, o chão da fábrica ou a linha de frente. O líder também deveria estar cercado por uma equipe de apoio com visão compartilhada do futuro da organização. E, para assegurar que a estratégia esteja sendo cumprida efetivamente, as linhas de informação deveriam ser evidentes. A informação fluiria até o topo e seria analisada, e instruções deveriam fluir de volta em resposta — de outra forma, nada a não ser desordem e caos estaria à frente.

Mas, embora isso seja como nós instintivamente pensamos sobre como funciona a liderança e como as organizações deveriam operar, trata-se de uma visão perigosamente equivocada. O problema é que nenhum líder pode tomar a decisão certa todas as vezes. Napoleão, talvez o melhor general da história, invadiu a Rússia com meio milhão de homens e perdeu 90% deles para a morte e a deserção. John F. Kennedy forçou Khrushchev a recuar durante a crise dos mísseis cubanos. Mas também será lembrado pelo fiasco da Baía dos Porcos, quando, de alguma forma, se convenceu de que 1.400 exilados cubanos, treinados nos Estados Unidos, poderiam derrotar 200 mil soldados e derrubar Fidel Castro, e ninguém desconfiar de que os Estados Unidos estivessem envolvidos. Mao Tsé-Tung foi o maior de todos os comandantes insurgentes, mas um líder catastrófico em tempo de paz, cuja descuidada arrogância matou dezenas de milhões entre seu próprio povo. Winston Churchill fez advertências severas sobre a ascensão de Hitler e foi um líder inspirado do Reino Unido em tempo de guerra. Mas, como político encarregado da Marinha britânica na Primeira Guerra Mundial, Churchill forçou a desastrosa campanha de Gallipoli, que custou a vida de milhares de soldados aliados sem nenhum resultado. Na guerra, na política e nos negócios, enfrentamos problemas complexos e adversários que têm seus próprios planos. É simplesmente impossível estar certo o tempo todo. Como disse certa vez um general prussiano, "Nenhum plano sobrevive ao primeiro contato com o inimigo". O que importa é a rapidez com que o líder é capaz de adaptar-se.

Se até os melhores líderes cometem erros, uma boa organização precisará ter alguma forma de corrigir esses erros. Vamos recordar as características que fazem de nossa idealizada hierarquia uma máquina atraente para levar adiante nossas decisões corretas: o refinamento da informação para produzir um "grande cenário"; o poder de uma equipe para empurrar todos numa mesma direção; e as responsabilidades claramente definidas que produzem um

CONFLITO OU: COMO AS ORGANIZAÇÕES APRENDEM   59

fluxo adequado de informação para cima e para baixo na cadeia de comando. Cada um desses ativos pode tornar-se uma desvantagem se a tarefa da organização não for aprender com os erros. O grande cenário se torna um cartaz de propaganda autoenganosa, a equipe unificada se retrai numa tendência à conformidade e a cadeia de comando se torna uma hierarquia de cestas de lixo, perfeitamente evoluídas para impedir o feedback de chegar ao topo. O que funciona na realidade é uma organização muito mais cega, caótica e rebelde.

3 A "revelação" do sr. Rumsfeld

É impossível ler a história da Guerra do Iraque sem concluir que a invasão foi mal concebida. O mais notável, todavia, é que foi executada com espantosa incompetência durante muitos anos. Como o fiasco persistiu por tanto tempo?

Uma pista se encontra na entrevista coletiva dada logo após o Dia de Ação de Graças de 2005 pelas duas pessoas com os cargos mais elevados na área da Defesa dos Estados Unidos. Donald Rumsfeld, o secretário da Defesa, ficou lado a lado com o chefe do Estado-Maior Conjunto, general Peter Pace. Isso aconteceu dez dias após o massacre de Haditha, mas o objeto da entrevista foi a condução da guerra de modo geral.

Vários observadores notaram algo muito estranho nessa coletiva de imprensa. Ao longo dela, Rumsfeld evitou cuidadosamente referir-se a "insurretos". Isso aconteceu numa época em que todas as três insurreições — sunita, xiita e da Al-Qaeda no Iraque — estavam em ascensão. A idiossincrasia foi tão óbvia que um jornalista perguntou ao secretário por que ele estava esquivando-se da palavra. Rumsfeld explicou que tivera uma "revelação" durante o fim de semana do Dia de Ação de Graças. Ele havia percebido que "esse é um grupo de pessoas que não merece a palavra 'insurreição'".

O general Pace não conseguiu seguir exatamente o roteiro surrealista do chefe. Em determinado momento, hesitou enquanto descrevia a situação em campo e timidamente admitiu: "Tenho que usar a palavra 'insurgente' porque não consigo imaginar uma melhor neste momento." "Que tal 'inimigos do governo iraquiano legítimo'?", interveio Rumsfeld. Quando escorregou mais adiante na palavra "insurgente", durante a coletiva, o general Pace fez uma imitação de pedido de desculpas pesaroso a Rumsfeld, enquanto se ouviam risadinhas em volta. O general Pace também disse a um repórter: "Nenhuma força armada do mundo faz um esforço maior para proteger civis do que as forças armadas do seu país." Os fatos sobre Haditha mal começavam a rastejar vagarosamente rumo ao topo da cadeia de comando.[9]

A performance orwelliana de Rumsfeld numa entrevista coletiva teria sido menos notável se fosse meramente uma bazófia isolada para a mídia, mas não foi. Ela teve impacto no dia a dia da condução da guerra. Tornava-se aparente que algum tipo de estratégia de contrainsurgência era necessária, mas era difícil discuti-la sem usar a palavra "insurgente". O medo da palavra que começava com "i" já se espalhava lentamente entre os militares.[10] Um capitão queixou-se ao jornalista George Packer de um general que havia visitado sua unidade e anunciado: "Isso não é uma insurreição." Sua resposta não pronunciada tinha sido: "Bem, se você pudesse nos dizer o que é, seria o máximo."

A negação da realidade de Rumsfeld também caracterizou sua recusa em aconselhar-se com homens que entendiam a situação. Uma das primeiras oportunidades de feedback tinha vindo antes de a Guerra do Iraque ter sequer começado. O general Eric Shinseki avisara a um comitê do Senado que várias centenas de milhares de soldados seriam necessárias para lidar com as con-

CONFLITO OU: COMO AS ORGANIZAÇÕES APRENDEM 61

sequências da invasão, duas ou três vezes mais do que o número alocado por Rumsfeld.[11] O general Shinseki não apenas era o chefe do Estado-Maior do Exército, mas um ex-comandante de forças mantenedoras da paz na Bósnia. Seus comentários, que, mais tarde, se revelaram precisos, tinham sido apressadamente descartados pelo vice de Donald Rumsfeld, como "muito fora de propósito". Observadores do Pentágono informaram que, desde então, o general Shinseki fora marginalizado até a aposentadoria programada para poucos meses depois.

Uma segunda oportunidade de feedback veio quando o tenente-general John Abizaid falou com Rumsfeld e com seu terceiro na cadeia de comando, Douglas Feith, seis dias após o início da guerra. Abizaid era o comandante de campo número dois no Iraque (mais tarde assumiria o comando de todas as forças americanas no Oriente Próximo) e era um homem que valia a pena ouvir. De todos os oficiais de alta patente do Exército, ele era a autoridade em Oriente Médio. Mudara-se, em 1978, com a mulher grávida e o filho pequeno para a Jordânia, vizinha do Iraque, vivendo em acomodações humildes na capital, Amã.[12] A família abraçara a cultural local e Abizaid estudou o Corão, testemunhou a resposta jordaniana à revolução iraquiana e viajou pelo país, ganhando o apelido de "Abu Zaid" dos nômades. E, depois da primeira Guerra do Golfo, Abizaid improvisara uma campanha notável, na qual empurrou o exército de Saddam Hussein para afastá-lo dos iraquianos curdos, impedindo assim um massacre sem disparar um só tiro. Seu oficial de comando disse: "Esse foi um dos maiores exemplos de habilidade militar que já vi."

Doze anos passados, a fase de dominação rápida da Guerra do Iraque parecia estar indo bem. Abizaid, no entanto, queria discutir muita coisa. Mas Rumsfeld não detectou a oportunidade de aprender algo: deixou a reunião 15 minutos depois com animado aceno. Então, aconteceu de Feith ouvir a opinião de Abizaid de como as coisas estavam indo. Abizaid tentou compartilhar sua profunda inquietação. Sabia, por sua própria experiência iraquiana prévia, que as divisões étnicas e religiosas no Iraque são profundas e se preocupava com o fato de o Pentágono não ter plano para estabilizar o país depois da queda inevitável de Saddam. Abizaid argumentou que os aliados precisavam conquistar o apoio de dezenas de milhares de funcionários de baixo e médio escalões do condenado regime do partido Baath de Saddam, incluindo administradores, professores e policiais. Mas Feith simplesmente não se interessou. Interrompeu Abizaid para declarar que "a política do governo dos Estados Unidos é a desbaathificação" — a remoção de todos os membros do partido de Saddam, não importava o quão pequenos fossem, e, dessa maneira, a remoção de quase todo mundo no Iraque que sabia como o Estado funcionava. Abizaid tentou novamente, argumentando que até a palavra era traiçoeira, carregada de paralelos inteiramente equivocados com a Alemanha do pós-guerra e a "desnazificação".

Feith respondeu com a consagrada tática de debate de uma criança de 5 anos de idade. Simplesmente repetiu: "A política do governo dos Estados Unidos é a desbaathificação."[13] As preocupações do general Abizaid justificaram-se subsequentemente em quase todos os detalhes.

É apenas em retrospecto que sabemos que os generais Shinseki e Abizaid estavam certos. Mesmo quando o esforço de guerra se desmantelou, a equipe de Rumsfeld continuou a tapar os ouvidos. Houve o caso de Andy Krepinevich, analista da Defesa, que, em setembro de 2005, escreveu um acurado artigo na *Foreign Affairs* em que descrevia e argumentava sobre a necessidade de uma campanha adequada de contrainsurgência.[14] Rumsfeld pediu a assessores que marcassem um encontro com Krepinevich, mas, quando este foi convidado para um café da manhã, em vez de ter seu conselho ouvido, lhe foi dito que ele não entendia a situação em campo. De acordo com Krepinevich, um dos assessores de Rumsfeld até fez piada, dizendo que deveriam abandoná-lo, a ele, Krepinevich, na estrada mortal para o aeroporto de Bagdá. O assessor em questão nega ter feito qualquer ameaça, mas a história dificilmente mostra uma ânsia para aprender com observadores externos.

É fácil, e verdadeiro, atribuir os fracassos da guerra no Iraque às más decisões no topo. Mas havia mais coisas acontecendo do que uma simples falha de estratégia. Erros estratégicos são comuns na guerra. E um destes não foi apenas o de entrar no Iraque com a estratégia errada. Foi o fracasso — pior, a *recusa* — para se adaptar.

4 "Uma espécie de família"

Traçar paralelos entre Vietnã e Iraque pode ser decepcionante. Embora em relação a uma coisa Vietnã e Iraque sejam ecos lúgubres um do outro: em ambos os casos, era quase impossível ideias discordantes, especialmente no campo de batalha, penetrarem nas salas de guerra do Pentágono e da Casa Branca. A situação no Iraque mudou apenas quando ideias dissidentes tiveram espaço; no Vietnã, nunca tiveram.

Um estudo competente sobre a tomada de decisões enquanto os Estados Unidos eram sugados para dentro do Vietnã foi publicado em 1997, baseado numa tese de doutorado que, em si mesma, se sustentava em documentos confidenciais do governo recentemente liberados para o público. Seu autor, H.R. McMaster, ficou tão enraivecido com os fracassos do presidente Lyndon Johnson, de seu secretário da Defesa, Robert McNamara, e dos generais do Estado-Maior Conjunto, que deu ao livro o título *Dereliction of Duty* [Negligência no cumprimento do dever].

O livro de McMaster mostra claramente como a hierarquia ideal pode ter efeito contrário ao desejado. Lembre-se dos três elementos da hierarquia idealizada, decisória: um "quadro panorâmico" produzido pela análise refinada de toda a informação disponível; uma equipe unida empurrando na mesma direção; e uma cadeia de comando estrita. Johnson e McNamara podiam ticar todos esses quadradinhos, mas produziram resultados catastróficos. A informação do "quadro panorâmico" que podia ser resumida e analisada centralizadamente não foi o que se mostrou importante. Uma equipe leal e unificada não deixava espaço para visões alternativas. E a cadeia de comando estrita suprimia as más notícias que vinham de baixo na organização antes que chegassem a Johnson. Donald Rumsfeld repetiria os mesmos erros depois, e a reviravolta no Iraque veio apenas quando os militares americanos abandonaram a cadeia de comando, o amor pela unanimidade e as aspirações a tomar decisões panorâmicas.

Robert McNamara era famoso pelo amor às análises quantitativas, que aperfeiçoou a tal ponto na Ford que foi apontado o primeiro presidente de fora da família Ford — antes de, algumas semanas depois, ser roubado por John F. Kennedy e feito secretário da Defesa. McNamara achava que, com um número suficiente de computadores e MBAs de Harvard, poderia calcular a estratégia ótima para a guerra, longe das linhas de frente. Esse projeto não trouxe alegria para o Exército americano no Vietnã, mas seu espírito continuou a animar Donald Rumsfeld. Mais prejudicial, no entanto, foi o estilo administrativo de McNamara.

H.R. McMaster mostra que Lyndon Johnson e Robert McNamara eram feitos um para o outro. Lyndon Johnson, homem inseguro, sobre quem a presidência foi atirada pelo assassinato de John F. Kennedy, estava ansioso para se afirmar e não gostava de debate. Para ele, McNamara era a quintessência do homem que sempre concorda com seu superior, um *yes-man*,

CONFLITO OU: COMO AS ORGANIZAÇÕES APRENDEM 65

que acalmava Johnson a cada passo e reforçava brutalmente o pedido do presidente de ouvir uma única voz. Pouco depois de se tornar presidente, e com a campanha presidencial de 1964 se avizinhando, Johnson tomava o café da manhã toda terça-feira com seus conselheiros mais graduados, incluindo McNamara. Não havia especialistas militares presentes, nem mesmo os chefes do Estado-Maior Conjunto. Tanto McNamara quanto Johnson desconfiavam de militares — na verdade, pouco depois de assumir o cargo, Johnson demitiu três assessores militares porque "eles ficavam no meu caminho".[15]

Johnson e seus conselheiros viam o Vietnã basicamente como um futebol político que poderia paralisar ou reforçar a campanha presidencial de Johnson.[16] Seus três conselheiros, que viam a si mesmos como "uma espécie de família", sempre tinham o cuidado de harmonizar seus conselhos antes de se encontrar com Johnson — exatamente do jeito que este gostava. O próprio McNamara buscava "jogadores de equipe", declarando que era impossível para um governo funcionar eficazmente se as cabeças dos departamentos "expressam desacordo com as decisões" do presidente.[17] Esta era sua opinião, no pior dos casos. Lealdade não bastava; meramente "expressar discordância" era uma ameaça.

Um conjunto famoso de experimentos do psicólogo Solomon Asch mostra por que a doutrina McNamara-Johnson de conselho unânime era tão perigosa.[18] O experimento clássico de Asch põe vários homens jovens sentados em torno de uma mesa e lhes mostra um par de cartas, uma com uma simples linha e a outra com três linhas de tamanhos obviamente diferentes, identificadas como A, B e C. O experimentador pergunta qual das três linhas tem o mesmo tamanho da linha única que está na outra carta. Essa tarefa era trivialmente fácil, mas havia um truque: todas as pessoas sentadas à mesa, exceto uma, eram atores recrutados por Asch.

À medida que se corria a mesa, cada um dava a mesma resposta — uma resposta errada. Quando Asch chegava ao sujeito real do experimento, o pobre homem estava confuso. Frequentemente, ele concordava com a resposta do grupo, e entrevistas posteriores revelaram que isso acontecia porque ele genuinamente acreditava que seus olhos o enganavam. Apenas três atores eram suficientes para criar esse efeito.

Menos famoso, mas da mesma importância, era o experimento de acompanhamento, em que um dos atores dava resposta diferente do resto.[19] Imediatamente, a pressão para concordar era liberada. Sujeitos testados que davam a resposta errada quando perdiam por dez a um discordavam alegremente e davam a resposta certa quando perdiam por nove a dois. Notavelmente, não importava se quem discordava dava a resposta certa. Contanto que a resposta fosse diferente da do grupo, isso era o bastante para libertar os pobres sujeitos testados por Asch de sua camisa de força cognitiva socialmente imposta.

Numa variação surrealista, os psicólogos Vernon Allen e John Levine aplicavam um teste visual similar com uma elaborada pantomima em que um dos participantes experimentais tinha óculos de lentes extravagantemente espessas, especialmente elaboradas por um optometrista local para parecer fundos de garrafa.[20] Essa espécie de Mr. Magoo — outro ator — começava, então, a levantar suas preocupações com o experimentador. "O experimento vai requerer alguma visão à distância? Tenho um bocado de dificuldade para ver objetos à distância." Após uma série de peças destinadas a levar o sujeito real da experiência a acreditar que Mr. Magoo mal podia ver a própria mão na frente do rosto, o experimento começava, naturalmente com Magoo vendo as coisas erradas. Novamente, os sujeitos tinham muita dificuldade em discordar de um veredito unânime — e errado — do grupo. Novamente, uma simples voz dissonante era suficiente para liberar os sujeitos.

CONFLITO OU: COMO AS ORGANIZAÇÕES APRENDEM 67

E, espantosamente, essa liberação acontecia mesmo que o colega discordante fosse apenas o pobre e velho Magoo, berrando a resposta completamente errada.

Uma perspectiva alternativa sobre o valor de uma perspectiva alternativa vem dos teóricos da complexidade Lu Hong e Scott Page. Seus tomadores de decisão são simples autômatos dentro de um computador, não intimidados por pressão social.[21] Mas quando fazem simulações em que os agentes de silicone são programados para buscar soluções, Hong e Page descobrem que um grupo de seus mais espertos agentes não é mais bem-sucedido do que um grupo mais variado de agentes mais tolos. Mesmo que "diferente" com frequência signifique "errado", tentar algo diferente tem valor em si mesmo — uma lição que Peter Palchinsky aprendeu ao viajar pelos centros industriais da Europa. Tanto pelo efeito de conformidade descoberto por Asch, quanto por causa da utilidade básica de ouvir mais ideias, decisões melhores emergem de um grupo diversificado.

A doutrina de evitar conselhos divergentes, então, não poderia ser mais mal orientada. A última coisa que Lyndon Johnson precisava era ser confrontado com uma visão unânime. Ele precisava desesperadamente ouvir desacordo. Só então ele se sentiria livre para usar seu próprio julgamento e apenas, então, evitaria a armadilha de avaliar uma variedade de opções demasiado exígua. Até mesmo um conselheiro incompetente com uma perspectiva diferente — um equivalente em política externa ao falso Mr. Magoo de Allen e Levine — teria melhorado a tomada de decisões de Johnson. Mas unanimidade era o que Johnson queria, e McNamara se assegurou de que ele a tivesse.

Para complicar o problema, Johnson estabeleceu uma cadeia de comando clara, idealizada, e insistiu em que ninguém saísse dela. Em vez de falar diretamente com os chefes do Estado-Maior Conjunto (que, para o desconforto de Johnson, com frequência discordam um do outro), usava o presidente do Estado-Maior Conjunto e McNamara para filtrar as notícias. Johnson provavelmente não percebia o quanto era ocultado dele. O livro de McMaster dá um exemplo revelador: quando o Estado-Maior Conjunto encomendou um jogo de guerra chamado SIGMA I em 1964, este previu amplamente o que aconteceria mais tarde: uma deplorável e inexorável escalada para uma guerra completa.[22] McNamara descartou o SIGMA I porque seus analistas mastigadores de números produziam conclusão diferente. Johnson nunca viu os resultados do SIGMA I. Esse incidente foi típico da péssima comunicação entre Johnson e seus conselheiros militares.

Seria tentador culpar apenas McNamara — não fosse o fato de os chefes do Estado-Maior terem tentado falar com Johnson por caminhos alternativos, não oficiais, e o presidente deixar bem claro que os militares falassem com ele pelo "canal McNamara". Johnson só conversava com seus conselheiros políticos, e suas decisões lhe deram sucesso político de curto prazo e desastre militar final. A idealizada hierarquia foi um violento tiro pela culatra, decisões erradas foram tomadas por uma equipe que impelia na direção errada e uma cadeia de comando que servia como barreira perfeita ao fluxo ascendente de informação vital. Como H.R. McMaster conclui, entre novembro de 1963 e julho de 1964, Johnson "tomou as decisões críticas que levaram os Estados Unidos à guerra quase sem perceber isso".[23]

Quarenta anos depois, a recusa de Donald Rumsfeld em ouvir conselho discordante condenava as forças aliadas no Iraque. Sim, a estratégia era ruim, mas o verdadeiramente imperdoável era Rumsfeld continuar a impedir que melhorasse. O livro de H.R. McMaster documentou o fracasso sistemático em aprender no topo da instituição militar dos Estados Unidos. Parecia que nada havia mudado.

5 O experimento Tal Afar

A reviravolta dos Estados Unidos no Iraque tinha começado, de fato, meses antes do massacre de Haditha e da coletiva bizarra de Donald Rumsfeld — só que Donald Rumsfeld não soube.

As primeiras cintilações de sucesso surgiram num lugar chamado Tal Afar, na primavera de 2005.[24] Tal Afar é uma antiga cidade iraquiana de um quarto de milhão de habitantes, não distante da fronteira com a Síria. As forças americanas repetidamente empurravam insurgentes para fora de Tal Afar, mas cada vez que os americanos se retiravam, os insurgentes retornavam. No final de 2004, Tal Afar era um baluarte dos extremistas sunitas e uma joia da coroa de Musab al-Zarqawi, o terrorista jordaniano que chefiava a "Al-Qaeda no Iraque". Tal Afar sempre fora uma cidade de contrabandistas e se tornara o destino preferido de insurgentes estrangeiros que chegavam da Síria, onde podiam ser equipados, treinados e despachados contra os xiitas, as forças americanas e seus colaboradores.

Nessa época, grande parte do Exército americano no Iraque estacionava nas Bases Avançadas de Operação (ou FOBs, sigla de *Forward Operating Bases*). Algumas FOBs eram enormes, tinham 6 quilômetros ou mais de cada lado, com serviços de ônibus programados para transportar os soldados pela base.[25] As FOBs ofereciam aos soldados alguns confortos de casa, incluindo sorvete Baskin Robbins, cinemas, piscinas e até lojas onde podiam comprar artigos eletrônicos. A simetria pura de concreto de uma FOB teria deliciado muitos arquitetos modernistas e fez bastante sentido taticamente, porque as FOBs no meio do deserto eram quase inexpugnáveis contra um grupo desorganizado de terroristas. Os soldados podiam ser abastecidos com mais facilidade (ao pessoal de apoio foi dado o não inteiramente afetuoso título de "Fobbits"),* mesmo que se ouvisse um capitão comentar com humor negro que sua missão era "vigiar os caminhões de sorvete que iam para o norte para que alguém mais pudesse vigiá-los lá". Em outras palavras, a estratégia dos Estados Unidos no Iraque havia decaído para "não deixar que os soldados morram". E, francamente, se não ser morto era o único objetivo estratégico, ele teria sido mais bem cumprido com a transferência das tropas para o Colorado ou o Texas.

"Excursão de um dia como turista no inferno" foi como um especialista em contrainsurgência descreveu as instalações blindadas das FOBs. Operando de um isolamento como esse, as forças americanas faziam pouco mais que se movimentar por cidades como Tal Afar, na esperança de matar alguns bandidos. Não muitos desses movimentos tiveram efeito contrário tão ruim quanto o massacre de Haditha, mas poucos produziram resultados valiosos. O problema era que os insurgentes podiam desaparecer simplesmente ao deixar cair suas armas e misturar-se a qualquer multidão. O povo de Tal Afar podia saber qual era a diferença, mas os soldados americanos não sabiam, e as pessoas de Tal Afar não contariam a eles.

Um guru americano da contrainsurgência, John Nagl, que serviu no Iraque em 2003 e 2004, descobriu rapidamente quão pouca cooperação podia esperar. Em seu primeiro dia no Iraque, o major Nagl enviou um de seus capitães à delegacia de polícia para fazer amizade com a polícia local.[26] Vendo o americano aproximar-se, os policiais abandonaram o prédio, saltando pelas janelas traseiras e correndo em todas as direções, como se alguém tivesse descoberto uma bomba no porão. Supondo que o jovem capitão tivesse feito alguma asneira, Nagl foi pessoalmente à delegacia no dia seguinte

---

*Enganadores, fraudadores; o som da palavra também é semelhante a *phobic*, relativo ao medo, à fobia. [*N. da T.*]

CONFLITO OU: COMO AS ORGANIZAÇÕES APRENDEM 71

e obteve a mesma reação. Nagl finalmente satisfez seu desejo de uma patrulha conjunta: um policial caminhou dois metros com o rifle de Nagl apontado para as suas costas. A despeito de toda a especialização em contrainsurgência — Nagl tem doutorado em Oxford sobre o assunto —, somente depois imaginou por que o policial não queria cooperar.

Então, por que as pessoas locais não ajudavam as forças americanas? A sabedoria convencional era que os americanos simplesmente estavam perdendo um concurso de popularidade para os insurgentes. Até comandantes americanos experientes, como o general Abizaid — que, então, era o responsável por todas as forças dos Estados Unidos no Oriente Médio —, acreditavam que o problema fundamental era que as forças americanas se assemelhavam a um órgão transplantado que estava sendo rejeitado. Não podia haver paz até as forças americanas se retirarem, e, provavelmente, nem mesmo assim.

Levou um tempo para a moeda cair: embora alguns iraquianos de fato odiassem os americanos, a maioria não se recusava a colaborar por ódio; recusava-se por medo. Qualquer um que ajudasse os soldados americanos numa de suas incursões seria assassinado quando os soldados se retirassem. Era por isso que o major Nagl só conseguia "ajuda" sob a mira da arma. Foi por isso que os professores iraquianos deram desculpas quando os soldados americanos sugeriram que as escolas elementares iraquianas estabelecessem relações de correspondentes com escolas elementares americanas — era demasiado arriscado, não importava o entusiasmo com que as crianças iraquianas escrevessem suas cartas amigáveis.[27] Foi por isso que os americanos, enquanto se restringiam a incursões temporárias por cidades iraquianas, não ajudavam ninguém e não eram ajudados por ninguém.

Então, Tal Afar permanecia uma fortaleza insurgente, e, com os sunitas mandando nas ruas enquanto os policiais xiitas investiam em esquadrões da morte à noite, era também um microcosmo da crescente guerra civil iraquiana.

No meio dessa confusão chegou o 3º Regimento de Reconhecimento — 3.500 homens liderados por um oficial que chamaremos de coronel H. O coronel é companhia afável: seu físico pequeno e musculoso e a cabeça careca coriácea poderiam fazê-lo parecer violento e agressivo, se essa impressão não fosse continuamente solapada por uma perspicácia ousada e um sorriso travesso que irrompe continuamente durante a conversa.

O coronel H. tinha uma reputação impressionante. Era herói de guerra, tendo capitaneado tanques americanos numa celebrada batalha durante a Guerra do Golfo em 1991. Mas o coronel H. também tinha uma história de pensador, e um pensador corajoso, por sinal. E, enquanto se preparava para virar a maré em Tal Afar, o coronel H. achava que a estratégia dos Estados Unidos no Iraque não fazia sentido.

A vitória em Tal Afar iria requerer que os homens do coronel H. se adaptassem rapidamente. Antes mesmo de deixarem o solo americano, o coronel H. os treinara, comprara edições de história do Iraque em grande quantidade, instruindo os homens a se comportar com mais respeito para com os iraquianos, e encenara interações sociais difíceis num modelo em tamanho natural de um posto de controle em Fort Carson, Colorado. Seus soldados fingiam que lidavam com bêbados, grávidas, suspeitos de serem homens-bomba e depois viam vídeos dos encontros e discutiam como aprender com os erros que haviam cometido. "Toda vez que trata um iraquiano com desrespeito, você trabalha para o inimigo",[28] dizia o coronel H. a seus homens.

Ao chegar a Tal Afar, o regimento do coronel H. entrou vagarosamente na cidade, dominando quarteirão por quarteirão. Os homens organizavam repetidamente discussões minuciosas com as pessoas locais influentes. Tentavam conciliar os nacionalistas

CONFLITO OU: COMO AS ORGANIZAÇÕES APRENDEM 73

sunitas moderados com os xiitas, reformar a força policial xiita e torná-la representativa de toda a cidade. Trouxeram um novo prefeito, um homem de Bagdá que sequer falava a língua local, mas, ao menos, não queria matar ninguém. Estabeleceram 29 pequenos postos avançados por toda a cidade; nada de sorvete ou de piscinas, e, de fato, nada de água quente ou refeições servidas na hora. Mas os homens do coronel H. se recusavam a entregar as pequenas bases, não importando o quão cruelmente eram atacados.

Para as facções mais extremistas em guerra em Tal Afar, nenhum ato parecia cruel demais para ser praticado. "Houve um caso", lembra o coronel H., "em que terroristas mataram um garoto na cama do hospital, puseram explosivos no corpo e, quando a família veio pegar o corpo, detonaram os explosivos para matar o pai."[29]

Recrutas da polícia foram assassinados quando alguém com explosivos amarrados em todo o corpo se aproximou deles. Não foi um homem-bomba suicida, mas uma menina mentalmente deficiente de 13 anos de idade, acompanhada de um menino pequeno cuja mão disseram a ela para segurar, que caminhou em direção à fila de recrutas.

Durante algumas semanas, os homens do coronel H. tiveram baixas pesadas em condições difíceis. Mas, depois, um aparente milagre: o povo de Tal Afar começou a cooperar com os americanos e — vagarosamente, relutantemente — a falar uns com os outros. As mais moderadas entre as facções guerreiras depuseram as armas. Os verdadeiros terroristas fugiram, ou foram mortos ou capturados quando os moradores os entregaram. Afinal, poucas pessoas realmente queriam abrigar homens que usavam meninas mentalmente deficientes e crianças pequenas como camuflagem. "Aconteceu com rapidez espantosa", disse o coronel H., mas a verdade é que aconteceu quando a maioria das pessoas se convenceu de que os americanos não iriam abandoná-las à vingança da Al-Qaeda no Iraque.

Seria difícil exagerar o quanto o coronel H. se arriscou quando pacificou Tal Afar. Sua estratégia ficou a pequena distância de uma rebelião contra seus próprios oficiais comandantes, general Casey e general Abizaid. Ele, aparentemente, tinha pouco tempo para a revelação orwelliana de Donald Rumsfeld, dizendo, francamente, a jornalistas que "temos de chamar isso de insurgência porque temos uma doutrina e uma teoria de contrainsurgência a cujas informações queremos acesso".[30] Ele também causou curto-circuito na cadeia de comando, falando livremente com oficiais mais graduados que não eram seus superiores imediatos. Seus superiores imediatos lhe davam pouco apoio. Um deles o avisou para "parar de pensar estrategicamente" — isto é, fechar sua grande boca e parar de pensar acima de seu posto. Quando ele pediu oitocentos homens de reforço, não recebeu resposta alguma e, depois, imaginou que o pedido nunca fora passado para cima na cadeia de comando. E, mais tarde, segundo um relato, enquanto punha uma medalha no peito do coronel H. em reconhecimento pelas conquistas deste em Tal Afar, o general Casey lhe avisou que estava fazendo inimigos demais entre os oficiais comandantes e que, em benefício próprio, precisava ouvir mais e argumentar menos.

Volte a pensar na organização idealizada e verá que o coronel H. foi bem-sucedido violando cada um de seus princípios. Ele ignorava a orientação estratégica de seus superiores, se achava que ela era ruim. Se a hierarquia suprimia seus pontos de vista, ele se comunicava voltando-se para jornalistas. E não se baseava em informações do "quadro panorâmico", focalizando, em vez disso, coisas específicas da situação em campo em Tal Afar e delegando autoridade a oficiais menos graduados que comandavam os postos urbanos avançados.

O coronel H. improvisou uma das pouquíssimas respostas de sucesso à insurreição iraquiana à custa de um grande risco físico

CONFLITO OU: COMO AS ORGANIZAÇÕES APRENDEM   75

para si mesmo e seus homens. (Quando falei com ele pela primeira vez, ele se recuperava de um deslocamento de quadril, consequência de ferimentos sofridos durante a explosão de uma bomba no Iraque.)[31] O mais impressionante é que fez isso livrando-se do peso de cada elo da cadeia de comando acima dele. Pagou um preço por sua corajosa independência. Apesar da promessa inicial, de um Ph.D. em história e de feitos comprovados tanto na Tempestade do Deserto quanto em Tal Afar, o coronel H. foi preterido duas vezes na promoção a brigadeiro-general — o posto mais baixo na hierarquia dos generais —, primeiro em 2006 e novamente em 2007.[32] Seus superiores não focaram em seu desempenho, mas no que viram como atitude de criador de caso. Quando a aposentadoria precoce foi acenada para o coronel H., um grupo crescente de especialistas da contrainsurgência começou a resmungar que essa não era maneira de o Exército tratar seu mais brilhante coronel.[33]

É um raro soldado — de fato, um caráter raro também — aquele que corre tais riscos com sua própria carreira. Mas havia uma explicação simples: o coronel H. era H.R. McMaster, autor de *Dereliction of Duty*, o relato definitivo de como uma liderança errônea do presidente, do secretário da Defesa e dos mais graduados oficiais do Exército levou ao desastre no Vietnã. Ele escreveu um livro literalmente sobre como uma organização pode falhar de alto a baixo. E, se tivesse alguma influência no assunto, não deixaria o Exército dos Estados Unidos derrotar a si mesmo pela segunda vez.

6 "Como vencer a guerra em al Anbar, segundo o capitão Travis"

As conquistas de McMaster em Tal Afar foram um raro ponto brilhante num ano sombrio para os americanos no Iraque. Mas não foram o único. Vários outros comandantes imitaram o experimento de McMaster ou chegaram a conclusão semelhante independentemente. O mais importante foi o coronel Sean Mac-Farland. Os homens de MacFarland começaram em Tal Afar, onde viram o que McMaster havia conseguido.[34] Então, foram transferidos para a cidade de Ramadi, na província de al Anbar, 96 quilômetros a oeste de Bagdá.

MacFarland imediatamente percebeu que a estratégia oficial — evitar informações, treinar o exército do Iraque e depois ir para a casa — tinha um problema irrecuperável. Numa cerimônia de graduação de quase mil soldados iraquianos, pouco antes de Mac-Farland chegar, muitos tiraram o uniforme e desertaram na hora quando souberam que iam ficar de prontidão fora de al Anbar. O próprio oficial de apoio do exército iraquiano que ficaria com MacFarland também se amotinou. Ramadi não estava sofrendo lutas sectárias como Tal Afar, porque Ramadi era sunita em grande parte. Mas exatamente como em Tal Afar, a Al-Qaeda no Iraque (AQI) havia entrado em al Anbar e estava dominando a cidade. Os moradores ficavam aterrorizados de serem vistos em qualquer lugar perto de americanos.

MacFarland aprendeu com a abordagem de McMaster, apesar da resposta cética de seus oficiais superiores, e adaptou-a no necessário para lidar com as circunstâncias locais.[35] Ao longo do verão de 2006, ele entrou em Ramadi e gradualmente estabeleceu 18 bases pequenas. A AQI foi imediatamente colocada na defensiva; em vez de vigiar os imensos portões de uma FOB para saber quando sairia a próxima patrulha americana, a AQI agora tinha de enfrentar o fato de que estava dividindo Ramadi com seus inimigos. A resposta da AQI foi violenta, fazendo chover ataques às bases, aos comboios americanos e especialmente aos xeques a quem MacFarland começava a conquistar o apoio como aliados. Na época, a ferocidade da resposta foi alarmante; em retrospecto, foi sinal de desespero. Encorajados pela presença americana em

CONFLITO OU: COMO AS ORGANIZAÇÕES APRENDEM 77

campo, os xeques locais voltaram-se contra a AQI e, em questão de meses, a organização terrorista na província de Anbar tinha desmoronado.

Não importava o quão determinado estava Donald Rumsfeld a ignorar a implosão da estratégia americana, pois, em campo, os soldados americanos se adaptavam. O bom aconselhamento era passado adiante como uma revista de garotas seminuas entre escolares. Havia o "28 Artigos: Fundamentos da Insurgência em nível de Companhia",[36] de David Kilcullen, um aguerrido conjunto de dicas que Kilcullen disse ter escrito com a ajuda de uma garrafa de uísque e que circulou amplamente por e-mail.[37] (Kilcullen, soldado australiano e antropólogo contratado pelo Pentágono, evidentemente se divertia com seu status semisseparado do Exército americano e era até mais de dissidente do que McMaster. Um de seus pronunciamentos notórios: "Se eu fosse muçulmano, provavelmente seria jihadista." Outro: "Só porque você invadiu um país estupidamente, não significa que você tenha de deixá-lo estupidamente.")

Não surpreendia que soldados na linha de frente fossem muito mais rápidos em buscar boa orientação e muito mais ansiosos em adaptar-se do que seus oficiais superiores. "Nós prontamente implementamos lições aprendidas na extremidade inferior porque mudar e adaptar táticas de baixo escalão salvam vidas", um general britânico me disse com ar de resignação. "Mas raramente adaptamos e implementamos lições aprendidas na extremidade superior."[38]

Outro exemplo famoso de bom conselho da parte inferior foi "Como vencer a guerra em al Anbar, por Cap. Trav"[39] — uma apresentação de 18 slides em PowerPoint que reúne mais discernimento do que os oficiais mais graduados aprenderam nos primeiros três anos de ocupação, usando figuras esquemáticas e explicações que seriam compreendidas por um menino de 8 anos. ("À direita, um insurgente. Ele é mau. À esquerda, um homem iraquiano, que não é um insurgente, mas tem medo deles... Há Joe e Mohammed! Estes não sabem se aqueles são bons iraquianos ou maus iraquianos. O que fazer?") O "Cap. Trav" é um sagaz mentor de contrainsurgência, mas também — como McMaster e Kilcullen — exibe um traço de sedição. Um slide mostra um dos xeques, líderes do povo local "por aproximadamente 14 mil anos", competindo com as regras que os põem para fora do governo — cortesia das autoridades civis americanas no Iraque orientadas sem competência, ou, como diz o Cap. Trav, "caras de 25 anos do Texas e Paul Bremer".

Cap. Trav era o capitão Travis Patriquin, um dos homens de Sean MacFarland, um jovem oficial das forças especiais falante de árabe que se tornou amigo dos xeques em al Anbar. Como em todas as histórias dos garotos bons, há um final feliz no conto do Cap. Trav: "O xeque traz mais xeques, mais xeques trazem mais homens. Joe percebe que, se tivesse feito isso durante os três anos passados, talvez sua mulher estivesse mais feliz e ele tivesse estado mais em casa... Joe deixa crescer um bigode, porque percebe que os iraquianos gostam de bigode e têm dificuldade em confiar em quem não tem."

O capitão Patriquin, naturalmente, exibia seu próprio bigode. Mas não haveria final feliz para ele. Foi morto por uma bomba colocada à beira da estrada três semanas antes do Natal de 2006, deixando mulher e três filhos pequenos. Os xeques locais compareceram em grande número ao seu enterro.[40]

7 "É meu trabalho comandar a divisão, e seu trabalho é me criticar"

A história convencional de como os Estados Unidos se recuperaram de uma situação quase impossível no Iraque é simples. O

CONFLITO OU: COMO AS ORGANIZAÇÕES APRENDEM   79

problema era que os Estados Unidos tinham uma estratégia ruim e maus líderes: o presidente Bush e Donald Rumsfeld. A solução veio quando o presidente Bush — com um pequeno empurrão quando os eleitores deram uma surra em seu partido nas eleições de 2006 — substituiu Rumsfeld por Robert Gates, e Robert Gates indicou o general David Petraeus para substituir o general Casey. Bons líderes substituem maus líderes; boa estratégia substitui má estratégia; problema resolvido.

Esta não é apenas a história que contamos a nós mesmos sobre o Iraque, mas a história que contamos a nós mesmos sobre como a mudança ocorre: que a solução para qualquer problema é um novo líder com uma nova estratégia, quer seja o treinador de um time de futebol, o novo chefe executivo de um negócio em dificuldades ou um novo presidente. A verdade, tanto no Iraque como mais amplamente, é mais sutil e muito mais interessante.

O general Petraeus não inventou a estratégia bem-sucedida quando saía para correr 13 quilômetros e depois entregou as ordens como se promulgasse os Dez Mandamentos. Ele fez algo muito mais raro e mais difícil: olhou para as fileiras de baixo e, depois, inteiramente para fora das forças armadas, buscando pessoas que já haviam resolvido partes do problema que as forças americanas estavam enfrentando.

Não é que David Petraeus fosse um recipiente vazio para as ideias dos outros.[41] Ele havia comandado as forças americanas em Mosul, a maior cidade do norte do Iraque, em 2003. Como McMaster, ignorou muito do que seus superiores ordenavam que fizesse — em particular, quando veio a ordem para demitir qualquer pessoa associada ao Partido Baath, de Saddam Hussein, ele se esquivou dela, deixando o novo governador eleito de Mosul, um baathista, no posto. Petraeus, então, inventou dispositivos legais que lhe deram autoridade para abrir a fronteira com a Síria — ignorando as tentativas do Departamento de Estado de boicotar os sírios. (A piada era que, sob o comando de Petraeus, a 101ª Aerotransportada era a única divisão militar dos Estados Unidos que tinha sua própria política externa.) Depois, ignorou as objeções das autoridades civis americanas em Bagdá ao elevar os preços do trigo cultivado localmente. Petraeus imaginou que uma abordagem de mercado livre poderia soar atrativa, mas seu próprio piso de preço criaria apoiadores porque os agricultores estariam em situação melhor do que sob Saddam Hussein.

O general Petraeus foi o único comandante de divisão a dirigir uma campanha bem-sucedida no primeiro ano da guerra. Foi recompensado por seu sucesso — e por sua insubordinação beirando o limite —, sendo preterido na designação para o posto de comando que almejava e, em vez disso, recebendo primeiro a tarefa de treinar a polícia iraquiana e, depois, um serviço em lugar afastado: treinamento e educação em Fort Leavenworth, a 11 mil quilômetros de distância do Iraque. Era como Peter Palchinsky sendo comissionado para um papel de consultor na Sibéria, e o antecedente não era promissor. O predecessor de Petraeus em Leavenworth tinha sido mandado para lá aparentemente como punição, após um comentário honesto para um repórter de que os Estados Unidos tinham sido pegos de surpresa durante a invasão do Iraque.[42]

Mas Petraeus percebeu que, em Fort Leavenworth, tinha a oportunidade de influenciar a estratégia americana do modo mais profundo possível: a partir de baixo. Colocou para si mesmo a tarefa de reescrever a doutrina de contrainsurgência do Exército. Essa tarefa era normalmente um anticlímax, meramente a descrição de quaisquer táticas que o Exército houvesse adotado. Em raras ocasiões, no entanto, ela transformava o Exército, com soldados em campo lendo a nova doutrina e mudando a forma de pensar e agir.

CONFLITO OU: COMO AS ORGANIZAÇÕES APRENDEM 81

Petraeus estava determinado a transformar essa ocasião numa daquelas em que reescrever a doutrina era importante. E percebeu o que Donald Rumsfeld, Robert McNamara e o presidente Johnson não perceberam: que as decisões certas são mais prováveis quando emergem de um confronto de perspectivas muito diferentes. Petraeus já havia sido um evangelista de alto nível de "28 Artigos", de David Kilcullen. Agora, pediu ao falador Kilcullen para juntar-se a ele numa reunião em Fort Leavenworth para ajudar a desenvolver a doutrina de contrainsurgência do Exército. Também convidou um oficial britânico, brigadeiro Nigel Aylwin-Foster, que havia incomodado o Exército americano, acusando-o de insensibilidade cultural beirando o racismo institucional. (*The Guardian* comentou que "o que espanta é a severidade de seus comentários — e a decisão de *Military Review*, uma revista do Exército americano, de publicá-las".[43] Mas a *Military Review* era a revista de Fort Leavenworth — sob o controle do general Petraeus.) Havia John Nagl, que aprendera sobre a arte da contrainsurgência em Oxford e, depois, em Bagdá, e Kalev Sepp, outro especialista em contrainsurgência que era crítico franco da estratégia dos Estados Unidos. Petraeus não buscou apenas dissidentes internos, mas também funcionários do Departamento de Estado e da CIA, jornalistas, acadêmicos e até defensores dos direitos humanos.[44] Após abrir a conferência, Petraeus fez questão de sentar-se junto a Sarah Sewall, diretora de um centro de direitos humanos em Harvard. Um dos jornalistas presentes à conferência comentou que nunca vira uma transferência de ideias tão aberta em nenhuma instituição.[45]

H.R. McMaster — coronel H. — ainda estava em Tal Afar quando a doutrina começou a ser esboçada, mas Petraeus de fato buscou sua opinião por e-mail. "H.R. estava dirigindo contrainsurgência em Tal Afar e nós usamos Tal Afar como o estudo de um caso em tempo real",[46] diz John Nagl. "Então, estamos escrevendo o estudo do caso de Tal Afar e mandando para ele, e ele o está 'wikipediando'. Corrigindo enquanto seguimos adiante. E ele também está dizendo: 'Carro-bomba, tenho que ir'." Enquanto Rumsfeld fechava os olhos ao que acontecia na linha de frente, Petraeus conseguia um camarote a 11 mil quilômetros de distância.

Essa abertura a novas ideias pode ter parecido surpreendente. O general Petraeus tinha reputação de arrogante, assim como de ter muitas razões para ser arrogante. Petraeus notoriamente descreveu sua experiência em Mosul como "uma combinação de ser o presidente e o papa", e um colega dele disse ao jornalista Thomas Ricks que "David Petraeus é o melhor general do Exército dos Estados Unidos, sem exceções. Ele também não é nem a metade do que pensa que é".[47]

Mas Petraeus foi educado sobre a importância do feedback em 1981, quando, então um modesto capitão, recebeu um convite para assessorar o major-general Jack Galvin. Galvin disse a Petraeus que a parte mais importante de seu trabalho era criticar seu chefe: "É meu trabalho comandar a divisão, e seu trabalho é me criticar." Petraeus protestou, mas Galvin insistiu. Então, todo mês, o jovem capitão deixava um relatório na bandeja de entrada de documentos do chefe. Foi uma lição vital para um oficial sem vontade de admitir os erros. O próprio Galvin aprendera do jeito mais difícil sobre a importância do feedback: como veterano do Vietnã, tinha sido liberado de sua primeira atribuição depois que seu comandante o instruíra a aumentar a contagem de mortos do inimigo, e Galvin se recusara. Mais tarde, Galvin foi solicitado a ser um dos escritores de uma história confidencial — e, revelou-se, explosiva — do envolvimento dos Estados Unidos no Vietnã. Foi vazada para o *New York Times* e se tornou conhecida como os *Papéis do Pentágono*. Galvin era um homem que entendia que as organizações que ignoram críticas internas logo cometem erros horríveis, e ele se certificou de que Petraeus aprendesse aquela lição.[48]

CONFLITO OU: COMO AS ORGANIZAÇÕES APRENDEM 83

Jack Galvin também ensinou a Petraeus que não basta tolerar a dissidência: às vezes é necessário exigir isso. Galvin ordenou a Petraeus que falasse francamente com ele, apesar da relutância de Petraeus em criticar um oficial superior. Esse foi o exemplo absolutamente certo, porque existem muitos casos em que os líderes falharam em manter uma discussão franca, apesar de serem muito mais abertos à discordância do que Donald Rumsfeld ou Lyndon Johnson.

O exemplo clássico é o desastre da Baía dos Porcos, que requereu um nível extraordinário de autoengano da parte do presidente Kennedy. A análise clássica de Irving Janis sobre a Baía dos Porcos e outros fiascos da política externa, *Victims of Group Think* [Vítimas do pensamento de grupo], explica que uma equipe forte — uma "espécie de família" — pode cair rapidamente no hábito de reforçar os preconceitos uns dos outros por simples espírito de equipe e um desejo de apoiar o grupo.[49] Janis detalha o modo como John F. Kennedy enganou a si mesmo ao pensar que estava reunindo uma variedade de visões e comentários críticos. Durante esse tempo, sua equipe de conselheiros estava inconscientemente dando uns aos outros uma falsa sensação de infalibilidade. Mais tarde, durante a Crise dos Mísseis Cubanos, Kennedy foi muito mais agressivo na exigência de opções alternativas, explorando exaustivamente os riscos e separando seus grupos de conselheiros para garantir que não se sentissem muito confortáveis. Foi uma lição que David Petraeus, outro historiador, aprendeu.

Quando Petraeus obteve uma doutrina robusta, usável, apropriadamente testada por uma variedade de pontos de vista contrastantes, lançou sua própria campanha guerrilheira para conseguir a atenção do Exército americano. O conhecedor da mídia Petraeus já havia marcado um tento ao aparecer na capa da *Newsweek* sob o título "Esse homem pode salvar o Iraque?" A *Newsweek* considerava que Petraeus era "a coisa mais próxima de uma estratégia de saída que os Estados Unidos têm agora". Rumsfeld tinha ficado em brasa: ao passar pelo aeroporto de Dublin, foi precedido por um assessor que reorganizou os suportes de revista do aeroporto para Rumsfeld não ter que encarar um lembrete de seu próprio general insurgente.[50]

A diversidade de opiniões que ajudara a produzir o manual tornou-se a principal arma de Petraeus na disseminação de ideias.[51] Os jornalistas importantes convidados ao longo do processo ficaram impressionados com a doutrina — e talvez só um pouco lisonjeados por seu envolvimento — e ficaram felizes em escrever sobre ela. A especialista em direitos humanos Sarah Sewall escreveu um prefácio para o manual de contrainsurgência *FM 3-24*. John Nagl apareceu em programas de debate, como no *Charlie Rose* e até no *Daily Show*, de Jon Stewart. Foi feita uma resenha do manual no *New York Times Book Review* e o manual se tornou capa da maioria dos bons jornais. Foi postado na internet e baixado mais de 1,5 milhão de vezes no primeiro mês, tendo já sido aberto a comentários de "600 mil editores" do Exército e da Marinha. Quando o novo livro circulou na linha de frente, tornou-se cada vez menos importante o que Donald Rumsfeld pensava sobre se existia ou não uma insurgência.

Enquanto tudo isso acontecia, Petraeus também era um dos oficiais de alto posto que tentavam mudar a estratégia de cima para baixo. Vários generais, alguns na ativa e alguns aposentados, contornaram a cadeia de comando em Washington para defender uma nova abordagem da guerra. H.R. McMaster também estava em Washington — Petraeus havia recomendado que ele fosse indicado para um painel de coronéis que revisavam a estratégia dos Estados Unidos no Iraque.[52]

No Vietnã, a insistência de Lyndon Johnson de que toda a informação fluísse por canais aprovados condenou os Estados Unidos ao desastre. No Iraque, o Exército descobriu que, se a hierarquia

CONFLITO OU: COMO AS ORGANIZAÇÕES APRENDEM   85

oficial estava num curso desastroso, era vital contorná-la para adaptar-se. O próprio Petraeus estava usando a mídia como forma de falar para todos, desde o mais ingênuo cidadão ao comandante em chefe. Outros usavam sua influência para sussurrar no ouvido do próprio presidente. Não é que a hierarquia fosse sempre inútil, mas ela, simplesmente, ficava no caminho da mudança quando a mudança era necessária. Quando o presidente Bush e o novo secretário da Defesa, Robert Gates, decidiram pôr o general Petraeus no comando no Iraque, uma revolução interna em todos os níveis do Exército americano havia mudado profundamente sua orientação.

Para uma organização que necessita corrigir rapidamente seus próprios rumos, o fluxograma organizacional pode ser o pior mapa rodoviário possível.

8 Tirando as lições erradas da história

Houve uma melhoria impressionante tanto na estratégia militar dos Estados Unidos quanto na situação dos iraquianos comuns entre 2006 — o nadir da ocupação — e 2008 ou 2009, quando vimos que uma quantidade surpreendente de tentativas e erros estava envolvida. Não era só uma questão de substituir um general por outro, ou mesmo um secretário da Defesa por outro, mas de aprender com a difícil experiência em campo e comparar as abordagens bem-sucedidas, cujos precursores foram David Petraeus em Mosul, H.R. McMaster em Tal Afar e Sean MacFarland em Ramadi, com os terríveis fracassos em outros lugares. O Exército dos Estados Unidos havia encontrado o caminho para uma estratégia bem-sucedida.

Mas tal processo doloroso de experimentação era realmente necessário? Certamente, o processo de aprendizagem poderia ter sido mais rápido — se H.R. McMaster tivesse sido promovido, se David Petraeus não tivesse sido banido para Fort Leavenworth e se Donald Rumsfeld estivesse mais propenso a ouvir os avisos que vinha recebendo. Mas os militares americanos poderiam ter saltado inteiramente essa parte dos "erros que cometemos" e imaginado uma estratégia melhor desde o começo?

Essa era a opinião de John Nagl, o historiador de contrainsurgência que lutou em Bagdá e estava na equipe que Petraeus juntou para escrever a doutrina da contrainsurgência, quando eu sugeri que os militares americanos tinham resolvido seu problema no Iraque mediante tentativa e erro.

"Não estávamos apenas tentando coisas a esmo", objetou Nagl, e apontou para a necessidade de aprender lições da história, como qualquer bom historiador faria. H.R. McMaster e David Petraeus também tinham doutorado em história. Mas, embora ninguém fosse sugerir que a experimentação puramente aleatória seria uma boa ideia, a história também é um guia imperfeito. Poucos minutos depois, Nagl quase admitiu isso quando refletiu sobre as ações do general Abizaid.

"Abizaid tirou as lições erradas do Líbano em 1983", explicou Nagl. "Abizaid estava convencido de que as forças ocidentais eram uma presença estrangeira que inspirava a criação de anticorpos nas sociedades árabes. E, por conseguinte, sua conclusão a partir daí era que precisávamos passar a responsabilidade para o Iraque o mais rápido que pudéssemos." O resultado dessa lição foi a estratégia de "redução", que deixou o exército e a polícia do Iraque mal preparados quando as tropas americanas se retiraram para as FOBs, seus casulos de concreto no deserto. Foi um erro sério.

Mas esse exemplo simplesmente realça o fato de que é impossível saber de antemão qual será a estratégia correta. Lembre-se de que o general Abizaid, que poucos meses depois do início da guerra tinha recebido o comando de todas as forças americanas

CONFLITO OU: COMO AS ORGANIZAÇÕES APRENDEM 87

no Oriente Médio e na Ásia central, era um especialista na região. Tinha vivido na Jordânia e desempenhou um brilhante papel de pacificador na esteira da primeira Guerra do Golfo. Era um homem sensível e inteligente que corretamente avisou que a desbaathificação levaria ao desastre. Se estivesse procurando um homem com a experiência e o histórico para assumir a direção certa no Iraque, você teria problema em encontrar alguém além de John Abizaid. Se ele, entre todas as pessoas, tirou a lição errada da história, tirar a lição certa não pode ser um processo simples. Isso foi o que revelou o estudo sobre o julgamento de especialistas de Philip Tetlock. E eis por que o processo de tentativa e erro será sempre uma parte de como qualquer organização resolve um problema complexo, que está sempre mudando.

Outro exemplo da orientação incerta da história veio da primeira Guerra do Golfo, em 1990-91. A Tempestade no Deserto foi uma esmagadora derrota para o exército de Saddam Hussein: num dia era um dos maiores exércitos do mundo; quatro dias depois, não era nem o maior exército do Iraque. Muitos estrategistas militares americanos viram isso como uma defesa de seus principais pilares estratégicos: uma guerra baseada na tecnologia com muito suporte aéreo e, acima de tudo, uma irresistível superioridade de forças. Na realidade, foi um sinal de que a mudança estava a caminho: a vitória foi tão esmagadora que nenhum inimigo jamais usou táticas de combate em campo aberto contra o Exército dos Estados Unidos novamente. Isso era realmente tão óbvio antes?

Mesmo que a estratégia básica dos Estados Unidos estivesse correta após a invasão, uma adaptação local teria sido necessária. A natureza do problema continuou a mudar à medida que os insurgentes mudavam seus métodos. Táticas que funcionariam ontem seriam desvantajosas hoje. Nagl, novamente, descobriu isso quando pôs à prova seu doutorado em Oxford em história da contrainsurgência. O Iraque era cheio de surpresas. Se ele tentasse responder um aviso sobre alguém plantando bombas na beira da estrada, não seria tão fácil como simplesmente ir até lá e prender o suspeito.[53] O Iraque não tem endereços: nomes de ruas, avisos ou números de casas. O informante não poderia ser visto com soldados, e se Nagl fosse disfarçar-se e dirigir um carro sem identificação, ele poderia perder seus direitos sob a Convenção de Genebra. Essas dificuldades locais não eram fáceis de antecipar no Pentágono, mesmo que o secretário da Defesa tivesse tentado fazer isso. Algum grau de adaptação local seria sempre necessário.

A lição da Guerra do Iraque foi que o Exército dos Estados Unidos deveria ter sistemas muito melhores para adaptar uma estratégia que falhasse e deveria prestar mais atenção a experimentos locais bem-sucedidos. Mas talvez também exista uma lição mais ampla. Donald Rumsfeld não estava, de forma alguma, sozinho em acreditar que sabia mais do que os soldados em campo. Seus erros tinham sido cometidos por muitos líderes antes — entre militares, políticos e homens de negócios.

9 "Já foi bastante difícil ensinar computadores a jogar xadrez"

Como um garoto de 17 anos, eu era com certeza a audiência perfeita para os informes oficiais à imprensa, firmes e eficientes, do "Tempestuoso" Norman Schwarzkopf durante a Guerra do Golfo. Lembro-me nitidamente das imagens aéreas de um cinza nevoento dos edifícios iraquianos, a perspectiva se alterando à medida que a câmera se movimentava com o caça Stealth que a carregava. Fios de retículo parados sobre uma ponte ou uma casamata, dando ao espectador um aviso de um par de segundos

CONFLITO OU: COMO AS ORGANIZAÇÕES APRENDEM 89

antes que o alvo fosse ocultado por uma bomba guiada a laser. Enquanto a câmera lutava para se reajustar, havia um clarão branco na tela, depois, preto. Eu ficava em frente à televisão, na sala da escola com meus colegas de classe, e éramos unânimes: a precisão da bomba era "legal".

Quase vinte anos depois, sentei-me ao sol do fim da primavera no pátio da Academia Real de Londres, para ouvir Andrew Mackay — general britânico que servira no Iraque e fora um dos comandantes de maior sucesso do Reino Unido no Afeganistão — explicar o que as imagens deveriam anunciar.[54] As forças aliadas teriam informação excelente, em tempo real, sobre alvos em potencial — idealmente, "domínio da informação", em que os aliados teriam também destruído os computadores inimigos, as linhas telefônicas e o radar. Não apenas isso, mas a informação seria colocada em supercomputadores capazes de centralizar e processar todos os dados, que poderiam ser destilados em formato utilizável de modo que um general de três ou quatro estrelas pudesse inteirar-se de todo o teatro de guerra e ajustar táticas e estratégias dinamicamente. O computador poderia até calcular o impacto provável de estratégias diferentes, incluindo os efeitos indiretos de segunda ordem e terceira ordem. Usando "operações com base em efeitos" (ou EBOs, sigla de *effects-based operations*), o general poderia escolher um golpe tático preciso, sabendo que romperia a logística do inimigo, abalando talvez até o moral do inimigo, de forma previsível. Foi o terceiro pilar da organização ideal, o "quadro global", a fantasia analítica de Robert McNamara sobre o Vietnã tornada realidade: uma visão de guerra em que a informação fosse tão rica e ubíqua que poderia entregar uma estratégia ótima a um único e todo-poderoso tomador de decisões.

O general Mackay tem uma figura alta e dominadora, mas isso é compensado por cabelos e sobrancelhas brancos, feições suaves e uma fascinação irreprimível por ideias diferentes. Ele baixou a caneca de café e apontou por cima do meu ombro. "Então, usando operações baseadas em efeitos, um computador poderia calcular que, destruindo aquela fábrica de panelas atrás de você, atingiria precisamente o desejado resultado estratégico. Poderíamos lançar um míssil a 80 quilômetros de distância com margem de erro de apenas 60 centímetros e destruir a fábrica de panelas." Uau! Subitamente eu estava relembrando aqueles informes do Tempestuoso Norman, mas com 18 anos extras de sofisticação tecnológica.

Mackay levantou seu café. "O único problema é que já foi bastante difícil ensinar computadores a jogar xadrez. E o xadrez tem apenas 64 quadrados e 32 peças."

Com uma saudável dose de ceticismo, Andrew Mackay estava descrevendo o sonho do planejador: uma imensa cadeira giratória de couro, uma parede cheia de telas, o infinito na palma da mão. É uma visão tão sedutora que se recusa a morrer.

Versões anteriores do sonho do planejador, naturalmente, antecedem o computador. Originalmente, a ideia era que, com um plano bastante cuidadoso e um quarto cheio de contadores minuciosos, um sistema descentralizado poderia ser centralizado e racionalizado. Por exemplo, Leonid Kantorovich, o único economista soviético a ganhar o Prêmio Nobel de Economia, foi solicitado a aplicar sua habilidade em matemática ao problema da programação da produção de aço na economia soviética nos anos 1960. Seus esforços de fato levaram a um processo mais eficiente, mas juntar os dados necessários para os cálculos levou seis anos — tempo no qual, naturalmente, as necessidades da economia soviética se tornaram diferentes.[55]

Quase na mesma época, Robert McNamara tinha a mesma fé na habilidade da análise quantitativa centralizada para resolver um problema complexo. Seu problema não era a produção de aço e sim o bombardeamento do Vietnã. Os bombardeiros americanos

CONFLITO OU: COMO AS ORGANIZAÇÕES APRENDEM 91

jogaram três vezes mais explosivos no Vietnã do que foi jogado em toda a Segunda Guerra Mundial. Os maiores explosivos pesavam mais, no total, do que os cidadãos do Vietnã. Alguns municípios sofreram mais de 1.200 quedas de bombas por milha quadrada. E cada bombardeio era meticulosamente registrado e analisado a pedido de Robert McNamara. A abordagem analítica centralizada de McNamara não trouxe a vitória.[56]

É tentador concluir que tanto Kantorovich quanto McNamara poderiam ter prosperado se apenas tivessem computadores melhores. Essa parece ter sido a crença de seus respectivos sucessores, Salvador Allende e Donald Rumsfeld.

Allende foi eleito presidente do Chile em 1970 com uma plataforma marxista e foi o patrocinador de um dos exemplos mais surrealistas do sonho do planejador, o Projeto CyberSyn. CyberSyn usava um "supercomputador" chamado Burroughs 3500 e uma rede de máquinas de telex, numa tentativa de coordenar a tomada de decisões numa economia crescentemente nacionalizada.

Allende recrutou o teórico cibernético Stafford Beer, um tipo exagerado com simpatias socialistas e um enorme entusiasmo pelo projeto, mas que ainda demandava US$ 500 por dia e um fluxo constante de vinho, charutos e chocolate. Trabalhadores — ou, mais comumente, administradores — enviavam telex com relatórios de produção, deficiências e outras informações às cinco da manhã todos os dias. Operadores alimentavam o Burroughs 3500 com essas informações e, por volta das cinco da tarde, um relatório podia ser apresentado a Allende para que tomasse decisões. Assim como as operações baseadas em efeitos de que foi precursor, CyberSyn levava em conta feedback e efeitos de segunda ordem. Alguns defensores do CyberSyn argumentam que o sistema foi projetado para transferir a tomada de decisões para o nível apropriadamente local, mas isso não parece ser o que

Allende tinha em mente quando dizia: "Somos e sempre seremos a favor de uma economia centralizada, e as companhias terão de se ajustar ao planejamento do governo."[57]

O projeto não foi um sucesso. A economia do Chile ruiu, graças a uma combinação do caos trazido por um ambicioso programa de nacionalização, agitação industrial e hostilidade econômica aberta e secreta dos Estados Unidos. Allende morreu durante um golpe liderado pelo general Pinochet, que depois torturou e assassinou muitos de seus opositores políticos. Stafford Beer teve a sorte de estar em Londres no dia do golpe. Pouco depois, atormentado pela culpa do sobrevivente, deixou a família e se mudou para uma cabana na área rural de Gales.[58]

O Burroughs 3500 era uma máquina impressionante para os padrões da época, mas isso não diz muito. Meu pai trabalhava na Burroughs naqueles dias — ele me conta sobre discos rígidos do tamanho de máquinas de lavar roupa, com oito discos num eixo que estocava alguns poucos *megabytes*, menos do que um telefone celular tem hoje em dia. Testar um computador era uma ótima maneira de fazer ginástica, levantando e levando eixos maciços de unidades de disco e bobinas de *tapes* de um lugar para o outro. Uma das atrações do Burroughs 3500 era que a memória podia ser expandida em nacos discretos, de preços razoáveis — 10 mil *bytes* por vez, apenas o suficiente para estocar algumas páginas deste capítulo. O Burroughs 3500 nunca foi realmente visto como supercomputador, mas era peça eficaz do conjunto corporativo que, com a ajuda de *upgrades* parciais, permaneceu durante décadas nos aposentos dos fundos de bancos. Os 3500s terminaram seus dias como controladores de máquinas dispensadoras de cheques.

O CyberSyn é interessante não porque prova que a centralização computadorizada é um desastre — não é, pois a economia do Chile estava sob tanta pressão interna e externa que certamente

CONFLITO OU: COMO AS ORGANIZAÇÕES APRENDEM 93

teria desmoronado de qualquer maneira —, mas porque mostra a forma como nossas faculdades críticas se desligam quando confrontadas com a tecnologia mais moderna. Os jornais ocidentais informavam irrefletidamente que a economia chilena era administrada por um computador que, pelos padrões de hoje, mais parecia um brinquedo. Mas o CyberSyn tinha aspecto sofisticado na época, o que bastava. Sua icônica sala de operações parecia feita sob medida para o Capitão Kirk e o sr. Spock, com cadeiras cujos descansos de braço continham telas e painéis de controle. Essa sala de controle veio a representar o CyberSyn para os apoiadores do projeto e seus opositores. Mas a sala de controle nunca funcionou.[59]

Donald Rumsfeld tinha melhores computadores à sua disposição do que Salvador Allende, mas o sonho era muito parecido: entrega em tempo real de informação detalhada, para um comando central, de onde decisões tomadas com a ajuda de um computador pudessem ser mandadas de volta para a linha de frente.[60] Rumsfeld se absorvia no estudo de dados em tempo real do teatro da guerra e mandava memorandos sobre questões operacionais menores para generais como Abizaid e Casey. Mas mesmo que Rumsfeld tivesse menos de controlador extravagante, a tecnologia era projetada para habilitar um tomador de decisões centralizadas, fosse o secretário da Defesa ou um general de quatro estrelas. Na Guerra do Iraque, o centro de controle, uma tenda com ar-condicionado dentro de uma concha de metal no Qatar, dava informações minuto a minuto do movimento das tropas e da aviação.[61]

Esses sistemas não são inúteis. O CyberSyn de Allende trabalhou bem o bastante para permitir que ele coordenasse uma resposta quando o Chile foi atormentado por greves e sabotagem industrial. A fase de abertura tanto da Guerra do Golfo quanto da Guerra do Iraque foram exemplos espantosos do poder de um plano de ataque coordenado com a ajuda de computadores. Mas tais sistemas sempre entregam menos do que prometem, porque permanecem incapazes de capturar o conhecimento tácito que realmente importa.

O CyberSyn foi projetado para levar problemas à atenção do presidente e de seus planejadores econômicos, mas foi bem-sucedido apenas em relatar as questões que os administradores locais de fábricas desejavam relatar. Problemas que queriam esconder, eles não tinham nenhuma dificuldade em esconder. E, quando os tempos eram bons, era difícil persuadi-los a mandar por telex qualquer informação útil, um estado de coisas antecipado por Friedrich Hayek num artigo publicado em 1945.[62] O que Hayek percebeu, e que Allende e Beer parecem não ter percebido, foi que um mundo complexo está cheio de conhecimento que é localizado e fugidio. Basicamente, a informação local é com frequência algo que os agentes locais prefeririam usar para seus próprios propósitos. O ensaio de Hayek foi escrito antes dos computadores modernos, mas seu argumento continuará a ter força até o dia em que computadores puderem ler nossas mentes.[63]

A revolução computadorizada de Rumsfeld nos assuntos militares, como o CyberSyn, com frequência dava a ilusão da informação sem realmente penetrar a neblina da guerra. Em fevereiro de 2002, no Afeganistão, comandantes da coalizão passaram duas semanas planejando a Operação Anaconda, focando satélites e aviões de vigilância não tripulados num setor do vale de Shah-i-Kot antes de atacar com infantaria de helicóptero. Os helicópteros despejaram os soldados quase diretamente em cima das forças talibãs que haviam permanecido completamente não detectadas. Os helicópteros Apaches foram derrubados por atacantes desconhecidos, bombas de precisão foram incapazes de localizar alvos talibãs e toda a operação foi quase uma catástrofe para as forças da coalizão. Problemas semelhantes incomodaram as forças da coalizão nos primeiros estágios da

CONFLITO OU: COMO AS ORGANIZAÇÕES APRENDEM   95

guerra no Iraque.[64] Elas, frequentemente, caíam em cima de forças inimigas sobre as quais não haviam recebido qualquer informe do centro de comando "dominante da informação".

Um exemplo precoce das limitações do "conhecimento dominante do espaço de batalha" veio não das ruas estreitas de Tal Afar ou das montanhas cheias de florestas de Kosovo, mas do melhor teatro possível para uma guerra com a ajuda do computador, os desertos abertos do Iraque durante a primeira Guerra do Golfo. Um grupo de nove tanques americanos, Unidade de Cavalaria Águia, corria pelo deserto numa tempestade de areia quando se deparou com uma força de blindados iraquianos muito maior.

"Estávamos nos movimentando pelo que era um deserto relativamente plano e sem acidentes, e o que percebi foi que o meu tanque estava subindo por uma inclinação muito leve do terreno", lembra o capitão da Unidade de Cavalaria Águia.[65] "Depois que chegamos à crista da elevação e descemos do outro lado, toda a posição inimiga apareceu à nossa vista." Por causa da tempestade, os americanos não tinham suporte aéreo e subitamente descobriram que eram superados em grande número pelos tanques e carros blindados da guarda republicana de elite de Saddam Hussein, enterrada em posições defensivas.

Ambos os lados foram pegos de surpresa. O capitão da Unidade de Cavalaria Águia teve de tomar uma decisão instantânea: não havia tempo para discutir a situação com seus superiores ou conectar-se com os computadores "dominantes da informação". Ele percebeu imediatamente que seria mais perigoso tentar uma retirada do que atacar rapidamente, numa tentativa de desequilibrar os iraquianos. Ele gritou a ordem para o seu atirador começar a disparar munição antitanque — "Fogo, fogo antitanque!" — e um tanque iraquiano foi imediatamente destruído. Recarregando e disparando a cada três segundos, seu tanque destruiu mais dois tanques inimigos nos poucos segundos antes que o resto da

Unidade de Cavalaria Águia chegasse ao topo da crista e abrisse fogo. Nove tanques americanos destruíram quase noventa veículos iraquianos sem sofrer baixa alguma, graças ao pensamento rápido de seu capitão, ao seu treinamento e a suas armas superiores. Não se deveu agradecimento algum à "dominância de informação" ou às "operações baseadas em efeitos".

Esse combate espetacular, rápido e habilidoso é agora estudado nos colégios de guerra como a Batalha de 73 Rumo Leste. Ele rendeu ao capitão da Unidade de Cavalaria Águia uma descrição minuciosa num livro de Tom Clancy e é objeto das páginas de abertura — de fato, da primeira sentença — da história oficial do Exército na Guerra do Golfo. O autor desse livro, intitulado *Certain Victory* [Vitória certa], fala com arroubo que a Unidade de Cavalaria Águia "ilustra substancialmente a transformação do Exército americano a partir da desilusão e da angústia no Vietnã em confiança e vitória certa na Tempestade do Deserto".[66]

Pode ser. Também ilustra dramaticamente os limites, até mesmo com uma tecnologia muito boa, do que um centro de comando de um general pode saber sobre o formato do campo de batalha. Os aviões americanos dominaram o teatro da guerra com suas bombas de precisão, mas, no meio daquela tempestade de areia, a Unidade de Cavalaria Águia estava sozinha.

O nome do capitão da Unidade de Cavalaria Águia era H.R. McMaster.

10 "Conhecimento das circunstâncias particulares de tempo e lugar"

Ainda é tentador pensar que o Exército dos Estados Unidos não teria tido problemas se apenas homens como H.R. McMaster, Sean MacFarland e David Petraeus estivessem no comando

CONFLITO OU: COMO AS ORGANIZAÇÕES APRENDEM   97

desde o começo. Essa conclusão passa por alto a lição real que McMaster tentava ensinar ao Exército americano. Muito antes de Tal Afar, ele argumentava que a celebrada tecnologia por trás das operações baseadas em efeitos simplesmente não era tão eficaz quanto se supunha como doutrina militar. Não apenas o quadro estava sempre incompleto, como demonstraram a Batalha de 73 Rumo Leste e a Operação Anaconda, como às vezes era completamente irrelevante. Se você está conversando com um homem num posto de controle em Tal Afar, nenhuma quantidade de dados de um satélite ou de um avião de vigilância guiado por controle remoto lhe dirá se ele é amigável ou hostil. Como disse o general britânico Andrew Mackay: "Insurgentes não aparecem na tela de radar."

Se você está combatendo numa campanha de contrainsurgência, as decisões importantes serão tomadas por homens em campo, e o desafio é certificar-se de que as decisões se pareçam mais com as de Tal Afar e menos com as de Haditha. Mesmo que David Petraeus tivesse sido o presidente do Estado-Maior Conjunto e H.R. McMaster, o cabeça das operações dos Estados Unidos no Oriente Médio, alguém teria que desenvolver a estratégia em Tal Afar, prestando muita atenção à situação local. O capitão da Unidade de Cavalaria Águia precisaria tomar uma decisão instantânea, não importa quem ele fosse. Petraeus e McMaster teriam criado um espaço de acomodação para a adaptação local, mas não teriam tornado a adaptação local desnecessária.

Qualquer organização grande enfrenta um dilema básico entre centralização e descentralização. Hayek, em 1945, argumentou que o dilema deveria ser resolvido pelo pensamento e pela informação. As decisões tomadas no centro podem ser mais coordenadas, limitando a duplicação imprevidente e sendo capazes até de baixar os custos médios porque podem espalhar recursos fixos (algo como um departamento de marketing para uma linha aérea) para uma base maior. Mas as decisões tomadas nas franjas de uma organização são rápidas, e a informação local provavelmente será muito melhor, mesmo que o quadro global não esteja claro. Hayek acreditava que muitas pessoas superestimavam o valor do conhecimento centralizado e tendiam a negligenciar o "conhecimento de circunstâncias particulares de tempo e lugar". Para H.R. McMaster, o conhecimento das circunstâncias particulares de tempo e lugar era precisamente o necessário para vencer muitas guerras e, acima de tudo, conduzir uma campanha de contrainsurgência bem-sucedida.

O argumento de Hayek foi grandemente ignorado durante décadas pela corrente em voga da economia, mesmo depois de ele ter conquistado o Prêmio Nobel em 1974. Porém, mais recentemente, os economistas têm reunido os dados minuciosos necessários para avaliar como organizações bem-sucedidas se organizam. Julie Wulf e o ex-economista-chefe do Fundo Monetário Internacional (FMI) Raghuram Rajan examinaram grandes firmas americanas a partir de meados dos anos 1980 e durante os anos 1990.[67] Descobriram que essas companhias estavam aplanando as burocracias internas, pondo executivos juniores diante de um número menor de escalões burocráticos do que os que existiam 15 anos antes, e muito mais gerentes se reportavam diretamente ao topo da organização. Rajam e Wulf também reuniram provas em relação a salários e pagamento por desempenho que sugerem que a mudança reflete uma delegação real do poder de decidir.

Uma razão para essas mudanças é que as empresas estão operando em ambiente diferente. Graças à globalização, as empresas se aventuraram em mercados novos e diversificados, onde enfrentam intensa competição. O propósito tradicional da centralização é assegurar que cada unidade de negócios esteja coordenada e que ninguém duplique esforços. Isso pode funcio-

CONFLITO OU: COMO AS ORGANIZAÇÕES APRENDEM   99

nar para empresas como Tesco ou Wal·Mart, negócios com tal controle sobre as cadeias de suprimentos e o chão da loja que experimentos com novos produtos ou novas ideias de marketing podem ser delegados a um computador. Mas uma organização centralizada não funciona tão bem quando confrontada com uma variedade de mercados diversificada e mais movimentada. Cresce a vantagem da descentralização e da rápida adaptação a circunstâncias locais.

Enquanto isso, a tecnologia da informação melhorou a um passo famosamente inacreditável. Kantorovich, Allende, McNamara e Rumsfeld, todos pareciam acreditar que computadores melhores e melhores *links* de comunicação ajudariam o processo de centralização, juntando tudo num lugar em que um planejador pudesse tomar as decisões-chave. O oposto exato é verdadeiro: a prova sugere que as firmas mais avançadas tecnologicamente são também as mais descentralizadas. Tipicamente, novos equipamentos (qualquer coisa entre software e uma grande máquina-ferramenta) são superiores não porque fazem as mesmas coisas mais rápido, mas porque são mais flexíveis. Tirar o máximo dessa flexibilidade requer trabalhadores bem treinados, adaptáveis e com autoridade para tomar suas próprias decisões, o que é precisamente o tipo de força de trabalho que firmas de sucesso procuram quando atualizam o maquinário ou o software.[68] Na organização do futuro, as decisões que importam não serão tomadas em alguma sala de guerra de alta tecnologia, mas na linha de frente.

Esta é uma lição que o Exército está começando a aprender. Quando serviu em Bagdá em 2003, John Nagl descobriu que, enquanto seus soldados jovens, inexperientes, tinham licença para matar, ele — um major com doutorado e uma década de experiência — não tinha autoridade para imprimir seus próprios panfletos de propaganda para contra-atacar a inteligente campanha de relações públicas que os insurgentes locais desenvolviam.[69]

O comandante das forças americanas em Bagdá em 2004 descobriu que não podia requisitar recursos do enorme orçamento da USAID para prover eletricidade, água limpa, empregos e outras assistências aos moradores.[70] O orçamento tinha sido atribuído em Washington D.C. à Bechtel Corporation, incumbida de tocar poucos e enormes projetos de longo prazo. O comandante podia ter necessidades imediatas, mas não tinha autoridade para agir.

Ao longo do tempo, o Exército aprendeu a descentralizar essas decisões essenciais na mesma extensão que havia descentralizado a decisão de matar pessoas. Em al Anbar, os homens de Sean MacFarland transmitiam notícias por alto-falantes seis noites por semana, misturando informações de fontes confiáveis para os moradores, como a rede Al Jazeera, notícias esportivas, conselhos úteis — por exemplo, ajuda em alimentos chegando ao armazém das Nações Unidas — e apenas um pouco de propaganda atacando a Al-Qaeda no Iraque (AQI).[71]

O problema Bechtel foi parcialmente suavizado quando a ajuda descentralizada sob a forma do Comander's Emergency Response Program [Programa de Resposta de Emergência do Comandante] foi introduzida. O CERP provia dinheiro para os oficiais locais, que tinham autoridade para gastá-lo em qualquer programa de reconstrução que parecesse necessário. Uma análise estatística cuidadosa feita posteriormente descobriu que os gastos do CERP eram eficazes na redução da violência.[72] Gastar US$ 200 mil num distrito com 100 mil habitantes podia prevenir cerca de três atos de violência. Uma vez que a definição de "ato violento" era algo com que um comandante de campo exausto e endurecido pela batalha sentia que valia a pena despender vinte minutos para inserir nos registros oficiais, o número de inclusão era alto.

Mas, talvez, o sinal mais significativo de que o Exército aprendia a dar autoridade a oficiais mais jovens tenha vindo da carreira do próprio H.R. McMaster. Foi uma carreira que, por volta de 2007,

CONFLITO OU: COMO AS ORGANIZAÇÕES APRENDEM   101

parecia encerrada. Retornando de Tal Afar, ele foi preterido para promoção em 2006. Em 2007, foi novamente preterido para promoção. Depois de seus sucessos no campo e comentários francos para jornalistas, H.R. McMaster era o mais famoso coronel do Exército americano. Quando torcia o nariz, as pessoas notavam.

"Todo oficial com quem falei sabia disso e ponderava suas implicações",[73] escreveu o jornalista Fred Kaplan no *New York Times*. Um oficial disse a Kaplan que a promoção "comunicava quais eram as qualidades valorizadas e não valorizadas"; outro oficial disse que "quando se despreza um sujeito como McMaster, isso envia uma mensagem potencial para todo mundo abaixo na cadeia de comando". Neste caso, a mensagem era clara: se você quer ser promovido, respeitar seus superiores é mais importante do que dar o exemplo que salva o Exército dos Estados Unidos de ser derrotado.

Em 2008, havia rumores de que McMaster estava para ser preterido novamente, muito possivelmente empurrado para a aposentadoria precoce. David Petraeus deu o passo sem precedentes de voar para o Pentágono, no auge da insurgência, para ocupar a presidência da diretoria de promoções.[74] Entre os que promoveu ao posto de general de uma estrela, estavam Sean MacFarland e H.R. McMaster. Petraeus passou por cima das queixas dos homens que comandaram McMaster no Iraque. Uma vez mais, o detalhista David Petraeus demonstrou o que realmente conta para identificar os oficiais mais jovens capazes de pensar por si mesmos.

11 Missão comando e a "duradoura incerteza da guerra"

O estudo de H.R. McMaster sobre o Vietnã revelou falhas desastrosas na forma que as decisões eram tomadas nos níveis mais altos do sistema militar e político. Lyndon Johnson e Robert

McNamara fortaleceram uma hierarquia estritamente definida, insistiram na unanimidade e puseram fé demais na ideia de que a informação era mais bem centralizada e analisada com o uso das últimas técnicas quantitativas.

No Iraque, os militares americanos conquistaram mais sucesso do que a maior parte dos observadores pensou que fosse possível, diante do quanto a situação se tornou ruim em 2006. Eles tinham bons líderes em Robert Gates e no general David Petraeus, e uma boa estratégia, mas a história real de sucesso foi o modo como outros oficiais juniores, incluindo o próprio H.R. McMaster, improvisaram novos caminhos para vencer a guerra na linha de frente. A chave para aprender com os erros não foi obedecer cegamente à cadeia de comando oficial, mas subvertê-la onde fosse necessário; não buscar unanimidade e sim ouvir os dissidentes; e, acima de tudo, não se fiar numa estratégia de cima para baixo e sim descentralizar e confiar em que os oficiais juniores se adaptarão, aprenderão um com o outro e imaginarão a melhor resposta às condições locais em rápida mudança.

Em 2001, a doutrina do Exército declarava que "os sistemas não tripulados com inteligência artificial vão aumentar a ação humana e a tomada de decisões... melhorar o comando, e os sistemas de controle vão capacitar os líderes a saber mais do que nunca sobre a natureza das atividades em seu espaço de batalha".[75] Isso não impressionou H.R. McMaster, um homem cuja experiência de formação de combate envolveu tropeçar numa grande força inimiga numa tempestade de areia, e cuja duradoura conquista foi supervisionar uma campanha de contrainsurgência altamente política, casa a casa, família por família, em Tal Afar.

"Tendíamos a acreditar, você sabe, que a compreensão situacional podia ser entregue numa tela de computador", diz McMaster, que, num eco da carreira de Petraeus, passou sua primeira missão como general desenvolvendo novamente a doutrina do Exército

CONFLITO OU: COMO AS ORGANIZAÇÕES APRENDEM   103

como a cabeça de "experimentação" do Exército.[76] Sua nova abordagem enfatiza o entendimento cultural, o conhecimento local, os contextos urbanos e a "duradoura incerteza da guerra". McMaster é um evangelista para o velho conceito do Exército de missão comando: os oficiais mais graduados estabelecem as metas, mas os oficiais mais jovens decidem como essas metas serão conquistadas, adaptando flexibilidade à informação local. Na missão comando, apoio aéreo e artilharia pesada não são alocados por um general de três estrelas sentado numa cadeira giratória com botões para apertar, mas, sim, convocados por um coronel ou um major que, de fato, entendem a situação local e podem ser confiados para tomar as decisões certas. É uma ideia cujo tempo chegou novamente — e não apenas para o Exército.

O doloroso processo pelo qual os militares americanos aprenderam com seus erros no Iraque oferece lições para qualquer organização com uma estratégia que fracassa num mundo que se movimenta rápido. Experimentação importa. Mas há um limite para quanta experimentação — quanta variação, para usar o termo darwiniano — é possível a uma só organização, ou desejável no campo de batalha.

Às vezes, muito mais experimentação e muito mais variação são requeridas — mais do que qualquer organização, não importa o quão flexível, pode prover. Nesses casos, uma abordagem muito mais radical para promover novas ideias é exigida. É para esse problema de criar variações irrestritas que agora nos voltamos.

3
Criando novas ideias que importam ou: variação

"Nada que projetamos ou fazemos jamais funciona realmente... Tudo que projetamos e fazemos é uma improvisação, um expediente, algo inepto e provisório."

— David Pye[1]

"O fim da surpresa seria o fim da ciência. Nessa medida, o cientista deve constantemente buscar e esperar surpresas."

— Robert Friedel[2]

1 "Um experimento dos mais interessantes"

Em 1931, o Ministério da Aviação britânico emitiu uma nova e exigente especificação para um avião de combate. Foi um documento notável por duas razões. A primeira foi que, ao longo de toda a sua existência, a Royal Air Force desdenhou aviões de combate. O senso comum dizia que bombardeiros não podiam ser parados. Em lugar disso, pressagiando a doutrina nuclear da destruição mútua assegurada, presumia-se amplamente que o uso correto do poder aéreo era construir a maior frota possível de bombardeiros e atacar qualquer inimigo com força esmagadora. A segunda razão foi que as exigências pareciam quase impossíveis de satisfazer. Em vez de confiar na tecnologia conhecida, os burocratas queriam que os engenheiros aeronáuticos abandonassem suas ortodoxias e produzissem algo completamente novo.

A resposta imediata foi desapontadora: três projetos foram selecionados para protótipo e nenhum deles provou ser de grande valia. O Ministério da Aviação chegou ao ponto de considerar brevemente a encomenda de aviões da Polônia.[3]

Ainda mais notável do que a especificação inicial foi a resposta do Ministério a esse desajeitado fracasso. Uma das firmas concorrentes, a Supermarine, entregara seu protótipo atrasado e bem abaixo da especificação. Mas quando a Supermarine abordou o Ministério com um desenho radicalmente novo, um funcionário civil empreendedor com o nome de comodoro do ar Henry Cave-Brown-Cave decidiu contornar o processo usual de encomenda e encomendar o novo avião como "um projeto dos mais interessantes".[4] O avião era o Supermarine Spitfire.

Não é difícil explicar por que o Spitfire foi uma das mais significativas tecnologias novas da história. Um avião de combate brilhante, manobrável e super-rápido, o Spitfire — e seus atraentes pilotos, corajosos ao ponto da despreocupação — tornou-se o símbolo da resistência britânica aos bombardeiros da força aérea nazista, a Luftwaffe. O avião, com suas inconfundíveis asas elípticas, era uma peça miraculosa de engenharia.

"Ele era realmente uma máquina de voar perfeita", disse um piloto. Um californiano que viajou para a Grã-Bretanha para se alistar na Royal Air Force concordou: "Eu com frequência me maravilhava com esse avião, que podia ser tão fácil e civilizado de voar e ao mesmo tempo um avião de combate tão eficaz."

CRIANDO NOVAS IDEIAS QUE IMPORTAM OU: VARIAÇÃO   107

"Não tenho palavras capazes de descrever o Spitfire", atestou um terceiro piloto. "Era um avião bastante fora deste mundo." Não eram apenas os pilotos do Spitfire que o elogiavam. Hermann Göring, chefe da Luftwaffe, perguntou ao maior ás alemão da aviação, Adolf Galland, o que era necessário para quebrar a teimosa resistência inglesa. "Eu gostaria de ter um aprovisionamento de Spitfires", foi a resposta sucinta. Outro ás alemão se queixava: "Os bastardos podem fazer aquelas curvas infernalmente fechadas. Parece que não há jeito de pegá-los."[5]

Graças ao Spitfire, a pequena Royal Air Force desafiou esmagadoras probabilidades para repelir o assalto furioso da Luftwaffe na Batalha da Grã-Bretanha. Foi uma combinação malsucedida: enquanto Hitler aumentava decididamente suas forças nos anos 1930, os gastos britânicos caíam a níveis históricos.[6] A Luftwaffe entrou na Batalha da Grã-Bretanha com 2.600 aviões operacionais, mas a RAF se gabava de menos de trezentos Spitfires e quinhentos aviões de combate Hurricanes.[7]* O próprio primeiro-ministro da guerra da época, Winston Churchill, predisse que a primeira semana de intenso bombardeio da Luftwaffe mataria 40 mil londrinos.[8] Mas, graças em grande parte à rapidez e agilidade dos Spitfires, os alemães foram incapazes de neutralizar a RAF.

Isso significou que os alemães foram incapazes de lançar uma invasão que poderia ter dominado rapidamente as ilhas britânicas. Tal invasão teria tornado o Dia-D impossível, negando aos Estados Unidos sua plataforma para invadir a França. Provavelmente teria custado a vida de 430 mil judeus britânicos. Poderia até ter dado aos alemães a liderança na corrida pela bomba atômica, porque muitos dos cientistas que se mudaram para os Estados Unidos para

---

*Os apoiadores do Hurricane resmungam até hoje que o Spitfire se apoderou de uma parcela muito grande de glória. Os Hurricanes, baratos, eficazes e fáceis de construir, de fato eram mais numerosos do que os Spitfires nos meses iniciais da guerra, mas foi o projeto do Spitfire que ganhou os aplausos.

trabalhar no Projeto Manhattan viviam na Grã-Bretanha quando os Spitfires fizeram a Luftwaffe retroceder.[9] Winston Churchill estava certo ao dizer dos pilotos que voaram nos Spitfires e Hurricanes: "Nunca, no campo do conflito humano, tanto foi devido por tantos a tão poucos."

É só um pequeno exagero dizer que o Spitfire foi o avião que salvou o mundo livre. O protótipo custou ao governo mais ou menos o que custava uma boa casa em Londres: £ 10 mil.[10]

2 Bilhetes de loteria, cisnes negros positivos e a importância da variação[11]

Quando investimos dinheiro agora na esperança de compensação, pensamos em termos de retorno do nosso investimento — alguns percentuais numa conta de poupança, talvez, ou uma recompensa mais alta, mas mais arriscada, do mercado de ações. Qual foi o retorno do investimento de £ 10 mil de Henry Cave-Brown-Cave? Quatrocentas e trinta mil pessoas salvas das câmaras de gás e a bomba atômica negada a Hitler. O economista mais calculista hesitaria em pôr um preço nisso.

Retorno do investimento não é simplesmente uma maneira útil de pensar sobre novas ideias e novas tecnologias. É impossível estimar o percentual de retorno em pesquisa não realista, e é ilusório até tentar. A maior parte das novas tecnologias fracassa completamente. A maior parte das ideias revela-se ou não tão original, no fim das contas, ou originais pela razão muito boa de serem inúteis. E quando uma ideia original de fato funciona, os retornos podem ser altos demais para se medirem logicamente.

O Spitfire é um dos incontáveis exemplos dessas ideias improváveis, que variam do sublime ao ridículo. O matemático e apostador Gerolamo Cardano explorou primeiro a ideia dos "números

CRIANDO NOVAS IDEIAS QUE IMPORTAM OU: VARIAÇÃO   109

imaginários" em 1545; essas curiosidades aparentemente inúteis mais tarde revelaram-se essenciais para desenvolver rádio, televisão e computador. E, em 1928, Alexander Fleming não limpava seu laboratório e acabou descobrindo o primeiro antibiótico do mundo numa placa de petri contaminada.

Poderíamos ser tentados a pensar nesses projetos como bilhetes de loteria, porque eles compensam rara e espetacularmente. Eles são bastante melhores do que isso, de fato. Loterias são um jogo de soma-zero — tudo que fazem é redistribuir recursos existentes, ao passo que pesquisa e desenvolvimento podem melhorar a vida de todos. E, à diferença dos bilhetes de loteria, projetos audaciosos de inovação não têm uma recompensa conhecida e uma probabilidade fixa de vitória. Nassim Taleb, autor de *A lógica do cisne negro*, chama esses projetos de "cisnes negros positivos".

Não importa do que as chamemos, tais aventuras nos presenteiam com uma dor de cabeça. Elas são vitais porque a recompensa pode ser imensa. Mas são também frustrantes e imprevisíveis. Em geral, não compensam absolutamente nada. Podemos ignorá-las e, ainda assim, tampouco parecemos administrá-las eficazmente.

Seria confortador pensar na nova tecnologia como algo que *podemos* planejar. E, às vezes, é verdade, podemos: o Projeto Manhattan de fato foi bem-sucedido na construção da bomba atômica; John F. Kennedy prometeu pôr um homem na Lua em uma década, e sua promessa foi cumprida. Mas esses exemplos em parte são memoráveis porque incomuns. É reconfortante ouvir um cientista pesquisador, uma empresa ou um tecnocrata do governo nos dizer que nossos problemas de energia logo serão resolvidos por alguma nova tecnologia específica: uma nova geração de automóveis movidos a hidrogênio, talvez, ou biocombustíveis de algas, ou painéis solares baratos feitos com novos plásticos. Mas a ideia de que podemos, na verdade, predizer quais tecnologias irão florescer é contrária a todas as provas. A verdade é muito mais confusa e mais difícil de gerenciar.

É por isso que a história de como o Spitfire foi desenvolvido contra todas as probabilidades oferece uma lição para aqueles entre nós que esperam que a tecnologia vá resolver os problemas de hoje. O avião foi desenvolvido numa atmosfera de quase total incerteza sobre qual poderia ser o futuro da aviação. Na guerra anterior com a Alemanha, de 1914 a 1918, os aviões eram uma tecnologia nova em folha e, em geral, eram feitos para missões de observação. Ninguém realmente sabia como poderiam ser usados com mais eficácia enquanto evoluíam. Em meados dos anos 1920, acreditava-se amplamente que nenhum avião poderia exceder 418 quilômetros por hora, mas o Spitfire mergulhava a 724 quilômetros por hora. Portanto, não é de surpreender que a doutrina aérea britânica tenha falhado por tanto tempo em avaliar a importância potencial dos aviões de combate. A ideia de construir aviões para interceptar bombardeiros parecia uma fantasia para a maior parte dos planejadores.

O Spitfire parecia especialmente fantástico quando atirava para a frente, o que significava que, para mirar num alvo, todo o avião precisava mudar de curso. Um projeto que surpreendeu muitos como muito mais plausível foi o de um avião com assento duplo e um atirador numa torre pequena e giratória. Eis aqui as palavras de um observador influente e atento em 1938, um ano antes de Alemanha e Grã-Bretanha entrarem em guerra:

> Deveríamos construir agora, o mais rapidamente e nos maiores números que pudermos, aviões pesadamente armados, projetados com torres pequenas para lutar em curso reto e em cursos paralelos... Os alemães sabem que contamos com o "Spitfire", que atira em curso reto e mergulha, cujos ataques..., se não forem instantaneamente eficazes, expõem o perseguidor à destruição.[12]

CRIANDO NOVAS IDEIAS QUE IMPORTAM OU: VARIAÇÃO   111

O nome desse cético em relação ao Spitfire era o futuro primeiro-ministro Winston Churchill. O avião que demandava foi construído sim, mas poucos escolares britânicos vibram com a história do Boulton-Paul Defiant. Não é de estranhar: o Defiant era um alvo fácil.

É tão fácil dizer em retrospecto que a doutrina oficial estava completamente errada. Mas também seria fácil tirar a lição errada daí. Poderiam ministros e marechais do ar realmente ter predito a evolução do combate aéreo? Certamente, não. A lição do Spitfire não é que o Ministério da Aviação quase tenha perdido a guerra com sua estratégia mal concebida e, sim, dado que as concepções errôneas em sua estratégia eram quase inevitáveis, eles, de qualquer forma, conseguiram encomendar o Spitfire.

A lição é *variação*, conquistada através de uma abordagem pluralística para estimular inovações. Em vez de colocar todos os ovos no que parecia ser a cesta mais promissora — o bombardeiro de longo alcance —, o Ministério da Aviação teve espaço adicional suficiente em sua administração para que indivíduos como o comodoro do ar Cave-Brown-Cave pudessem financiar um porto seguro para "abordagens interessantíssimas" que pareciam menos promissoras, só para garantir — até mesmo abordagens como o Spitfire, que eram muitas vezes olhadas com escárnio ou desânimo.

3 Oficinas de inovação e "máquinas excêntricas"

Em setembro de 1835, Charles Darwin foi levado num barco a remo na direção da costa do Canal de Beagle e seguiu para as arrebentações das Ilhas Galápagos. Logo descobriu exemplos notáveis de como refúgios seguros abrem espaço para coisas novas se desenvolverem — exemplos que mais tarde o levariam rumo à teoria da evolução através da seleção natural.[13] Darwin, um observador meticuloso do mundo natural, notou uma espécie diferente de tentilhão que habitava as ilhas. Nem um só era encontrado em qualquer lugar fora do arquipélago de Galápagos, que fica no Oceano Pacífico, 965 quilômetros a oeste do Equador, na América do Sul. Mais intrigante ainda, cada ilha ostentava uma seleção diferente de tentilhões, todos de tamanho e cor semelhantes, mas com bicos muito diferentes — alguns com bicos finos para explorar e agarrar insetos, outros com grandes e poderosos bicos para quebrar sementes, outros ainda adaptados para comer frutas. As famosas tartarugas gigantes também tinham espécies diferentes para diferentes ilhas, algumas com carapaça em forma de sela para permitir que comessem cactos; as que viviam nas ilhas maiores, com mais capim para alimentar-se, possuíam o casco em forma de domo, mais convencional. Isso pegou Darwin tão desavisado que ele misturou os espécimes e teve de pedir ao vice-governador da ilha para ordená-los; as tartarugas de Galápagos são como nenhuma outra tartaruga da Terra, então Darwin levou algum tempo para imaginar que havia várias espécies distintas. Ao voltar a atenção para as plantas de Galápagos, Darwin descobriu ainda a mesma história. Cada ilha tinha seu próprio ecossistema.

As Ilhas Galápagos eram o local de nascimento de tantas espécies porque estavam muito isoladas do continente e, em menor grau, umas das outras. "Especiação" — a divergência de uma espécie em duas populações separadas — raramente acontece sem alguma forma de isolamento físico; de outro modo, as duas espécies divergentes vão cruzar num estágio inicial e convergir novamente.

As inovações, também, com frequência precisam de uma espécie de isolamento para realizar seu potencial. Em primeiro lugar, não

CRIANDO NOVAS IDEIAS QUE IMPORTAM OU: VARIAÇÃO   113

é que o isolamento seja conducente à geração de ideias: mutações de genes não são mais prováveis de acontecer em Galápagos do que em qualquer outro lugar e, como muitas pessoas observaram, ideias brilhantes emergem da mistura em torvelinho com outras ideias, não de mentes isoladas.[14] Jane Jacobs, a grande observadora da vida urbana, procurava inovações nas cidades, não nas ilhas do Pacífico. Mas, quando aparece, a nova ideia precisa de espaço para amadurecer e desenvolver-se de forma a não ser absorvida e esmagada pelo senso comum.

A ideia de permitir que várias ideias se desenvolvam em paralelo corre contra os nossos instintos: nós, naturalmente, tendemos a perguntar "Qual é a melhor opção?", e nos concentrar nela. Mas, dado que a vida é tão imprevisível, o que parecia inicialmente uma opção inferior pode revelar-se exatamente o que necessitamos. É sensato em muitas áreas da vida deixar espaço para explorar possibilidades paralelas — se você quer fazer amigos, entre em vários clubes sociais, não apenas naquele que parece o mais promissor —, mas isso é particularmente verdadeiro na área de inovação, onde uma única ideia boa, ou nova tecnologia, pode ser tão valiosa. Num mundo incerto, precisamos mais do que apenas o Plano A; e isso significa encontrar portos seguros para Planos B, C, D e além.

O Spitfire foi um longo caminho no alfabeto desde o Plano A, em particular porque a ilha em Galápagos da qual emergiu era povoada por alguns caracteres altamente improváveis. Havia Noel Pemberton Billing, político playboy mais famoso por sua campanha contra o lesbianismo.[15] Billing teve sucesso ao provocar um sensacional julgamento de calúnia em 1918 acusando a dançarina exótica Maud Allan de espalhar o "Culto do Clitóris" e, depois, usou o julgamento para fazer publicidade de seu ponto de vista muito pouco convencional de que quase 50 mil "pervertidos" tinham sido chantageados com sucesso por espiões alemães para solapar o esforço de guerra britânico.

Quando não estava instigando a mídia a um frenesi sobre safistas sediciosas, Billing administrava a Supermarine, uma companhia de engenharia aeronáutica confusa e notoriamente desorganizada que, em 1917, empregou um segundo caráter improvável: um tímido, mas difícil e bastante brilhante jovem engenheiro com o nome de Reginald Mitchell. Em seu primeiro emprego, um chefe se queixara de que Mitchell lhe servira uma xícara de chá com "gosto de mijo". Na infusão seguinte, Mitchell pôs folhas de chá em sua própria e fervente urina. "Sensacional xícara de chá, Mitchell", foi a resposta.[16]

Não surpreendeu, portanto, que Mitchell tenha reagido furiosamente quando a grande companhia de engenharia de defesa Vickers comprou a Supermarine e tentou colocá-lo sob a supervisão do grande projetista Barnes Wallis — que mais tarde se tornou famoso como o criador da bomba que pula usada pelos Dambusters. "É ele ou eu!",[17] encolerizou-se Mitchell. Seja por bom julgamento ou boa sorte, a diretoria da Vickers decidiu que Barnes Willis deveria ser transferido para outro lugar, e a equipe de Mitchell continuou a desfrutar o isolamento galapaguiano longe dos comitês da Vickers.

Então, houve o salvamento mais inesperado de todos. Em 1929 e 1930, os aviões de Mitchell — os ancestrais diretos do Spitfire — ganharam o recorde mundial de velocidade, vencendo o Troféu Schneider, instituído para testar projetos concorrentes. Mas o governo, que provia grande parte dos recursos para essas tentativas de recorde, decidiu que elas eram frívolas para uma época de austeridade. Sir Hugh Trenchard, marechal do ar da Royal Air Force, chamava os aviões de alta velocidade de "máquinas excêntricas".[18] Sem o dinheiro do desenvolvimento para a última tentativa de recorde mundial — e com Henry Cave-Brown-Cave

CRIANDO NOVAS IDEIAS QUE IMPORTAM OU: VARIAÇÃO   115

ainda fora de cena para pagar por um "experimento" —, a Supermarine foi levada a abandonar o projeto.

O resgate veio da figura mais improvável: Fanny Houston, nascida em circunstâncias humildes, se tornara a mulher mais rica do país depois de se casar com um milionário dono de uma frota de navios mercantes e herdar sua fortuna. A eclética filantropia de Lady Houston não conhecia fronteiras: apoiava cristãos perseguidos na Rússia, mineiros de carvão e o movimento pelos direitos das mulheres. E, em 1931, preencheu um cheque para a Supermarine que cobriu todos os custos de desenvolvimento do predecessor do Spitfire, o S6. Lady Houston estava furiosa com a falta de apoio do governo: "Meu sangue ferveu de indignação, porque eu sei que todo britânico verdadeiro preferiria vender sua última camisa a admitir que a Inglaterra não pudesse gastar para se defender de todos." O S6 voou a uma espantosa velocidade de 655 quilômetros por hora, menos de três décadas depois que os Irmãos Wright lançaram o Wright Flyer. O orgulho britânico ficou intacto, bem como o projeto do Spitfire.[19] Não surpreende que o historiador A.J.P. Taylor mais tarde tenha observado que "a Batalha da Grã-Bretanha foi vencida por Chamberlain, ou talvez Lady Houston".[20]

O solitário sulco arado por Mitchell precedeu por mais de uma década o estabelecimento da celebrada divisão "Skunk Works"* da Lockheed. A Skunk Works projetou o U2, o avião espião de grande altitude que produziu as fotos das instalações de mísseis nucleares em Cuba; o Blackbird, o avião mais rápido do mundo nos últimos 35 anos; e os bombardeiros e caças Stealth, invisíveis aos radares. O valor do modelo "skunk works" — uma equipe pequena e pouco convencional de engenheiros e inovadores numa grande corporação, deliberadamente protegidos de uma hierar-

---

*Atividades paralelas (também "trabalhos desprezíveis"). [N. da T.]

quia corporativa nervosa — tornou-se, desde então, altamente apreciado. A equipe de Mitchell, assim como a Skunk Works, estava estreitamente ligada ao pensamento mais avançado da engenharia aeronáutica: todo ano, Mitchell testava seus projetos contra os melhores do mundo nas corridas do Troféu Schneider. Mas a equipe *estava* isolada da interferência burocrática. Num mundo em que o governo era o único cliente provável, essa não foi proeza pequena.

Proteger inovadores de burocratas não garante resultados, ao contrário: podemos confiantemente esperar que a maior parte das criações tecnológicas que tropecem para fora dessas ilhas galapaguianas de inovação será incapaz de vicejar num mundo maior. Mas se o Spitfire ocasional também aparece, os fracassos valerão a pena.

4 O peso do conhecimento

Se tais resultados espantosos emergem quando novas ideias são protegidas e estimuladas, pode-se pensar que não existe problema para encorajar a inovação no mundo moderno.[21] Nunca houve mais universidades, mais Ph.Ds. ou mais patentes. Olhe para as companhias líderes mundiais e analise quantas delas — Google, Intel, Pfizer — fazem produtos que caberiam numa caixa de fósforos ou não têm nenhuma forma física. Cada uma dessas grandes ilhas de inovação é rodeada de um arquipélago de empresas high-tech nascentes menores, todas com esperanças dignas de crédito de derrubar a ordem estabelecida — exatamente como uma pequena novata chamada Microsoft humilhou a poderosa IBM e, uma geração depois, o Google e o Facebook repetiram o truque, passando a perna na própria Microsoft.

CRIANDO NOVAS IDEIAS QUE IMPORTAM OU: VARIAÇÃO 117

A visão otimista é verdadeira na medida em que as condições estão presentes. Onde é fácil para o mercado experimentar uma ampla variedade de possibilidades, como na computação, de fato vemos mudança num ritmo incrível. O puro poder e a pura interligação da moderna tecnologia significam que qualquer um pode deter um poder de computação suficiente para produzir um grande software novo. Graças à terceirização, até nos negócios de hardware está se tornando fácil entrar. Impressoras tridimensionais, robôs baratos e projeto de software onipresente significam que outras áreas de inovação estão se abrindo também. Ontem, eram camisetas customizadas. Hoje, até o desenho de carros especialmente feitos para o cliente está sendo objeto de terceirização coletiva por empresas como Local Motors, que também terceiriza a produção.[22] Amanhã, quem sabe? Em tais campos, um jogo aberto com montes de novos jogadores mantém o placar da inovação marcando pontos sem parar. A maior parte das ideias fracassa, mas existem tantas ideias que não importa: o especialista em internet e mídia social Clay Shirky celebra o "fracasso grátis".[23]

Eis o problema, no entanto: o fracasso grátis ainda é raro demais. Esses campos inovadores ainda são a exceção, não a regra. Como o software com código aberto e os softwares aplicativos iPad são fontes de inovação altamente visíveis e podem ser feitos rapidamente em dormitórios estudantis, tendemos a supor que *qualquer coisa* que necessite inovação pode ser feita rapidamente num dormitório estudantil. Curas para o câncer, demência e doença cardíaca permanecem ainda desconhecidas. Em 1984, o HIV foi identificado, e a secretária de Saúde dos Estados Unidos anunciou que uma vacina prevenindo a AIDS estaria disponível em dois anos.[24] Já está um quarto de século atrasada. E o que dizer de uma fonte de energia limpa realmente eficaz — fusão nuclear, ou painéis solares tão baratos que se poderia usá-los como papel de parede?

O que essas inovações têm em comum é que são grandes e muito dispendiosas para desenvolver. Exigem uma combinação aparentemente impossível de recursos maciços e uma variedade de apostas inovadoras loucamente experimentais. É fácil falar sobre "oficinas de inovação" ou criar refúgios seguros para tecnologias nascentes, mas quando são necessários dezenas de bilhões de dólares, ideias altamente especulativas parecem menos atraentes. Não pensamos a sério o bastante em como combinar o financiamento de projetos complexos e caros com o pluralismo que nos serviu tão bem nas empresas novatas mais simples e baratas do Vale do Silício.

Quando a inovação requer vasto financiamento e anos ou décadas de esforço, não podemos esperar que laboratórios de pesquisa de universidades e do governo sejam dominados por inovadores de dormitório, porque isso pode não acontecer nunca.

Se o processo inovador subjacente estava de alguma maneira se tornando mais barato e mais simples e mais rápido, tudo isso poderia não importar. Mas os sucessos de estudantes novatos do Google e Facebook são exceções, não a regra. Benjamin F. Jones, um economista da Kellogg School of Management, olhou além dos moradores muito notáveis do Vale do Silício, interrogando minuciosamente uma base de dados de 3 milhões de patentes e 20 milhões de estudos acadêmicos.

O que descobriu o deixou profundamente preocupado com o que chama de "o peso do conhecimento". O tamanho das equipes listadas em citações de patentes tem crescido firmemente desde que os registros de Jones começaram, em 1975. A idade em que os inventores produzem a primeira patente também tem aumentado. A especialização parece mais acentuada, pois agora é menos provável que inventores solitários produzam patentes múltiplas em diferentes campos técnicos. Essa necessidade de especialização pode ser inevitável, mas é preocupante, pois progressos passados

CRIANDO NOVAS IDEIAS QUE IMPORTAM OU: VARIAÇÃO   119

sempre dependeram da pura amplitude de interesse do inventor, que permitia que conceitos de campos diferentes se cruzassem numa mente criativa. Agora, tal fertilização cruzada exige toda uma equipe de pessoas — um problema organizacional mais dispendioso e complexo. Campos de conhecimento "mais profundos", cujas patentes citam muitas outras patentes, precisam de equipes maiores. Compare uma típica patente moderna com uma dos anos 1970 e você descobrirá uma equipe maior, preenchida com pesquisadores mais velhos e especializados. Todo o processo se tornou mais difícil e mais caro de bancar em ilhas isoladas de inovação.[25]

Jones descobriu que, na academia também, as equipes estão começando a ter domínio fora de sua área de especialização. Pesquisadores individuais costumavam produzir a pesquisa mais altamente citada, mas agora essa distinção também pertence a equipes de pesquisadores. E os pesquisadores levam mais tempo adquirindo seus doutorados, os blocos básicos de construção do conhecimento de que precisam para começar a gerar uma nova pesquisa. Jones argumenta que carreiras científicas estão se achatando tanto horizontalmente quanto verticalmente pelo puro volume de conhecimento que precisa ser dominado.[26] Cientistas têm que estreitar seu campo de especialidade e mesmo assim lidar com uma vida produtiva sempre mais curta entre o momento em que aprenderam o bastante para começar e o tempo em que sua energia e criatividade começam a decair.

Isso já está virando verdade até em algumas áreas daqueles dormitórios de desenvolvimento rápido de software. Considere os jogos de computador. Em 1984, quando os jogadores ainda se divertiam com *Pac-Man* e *Space Invaders*, o maior jogo de computador da história foi publicado. *Elite* oferecia combate espacial em três dimensões, desenvolvimento realista e um universo gigantesco a explorar, apesar de não ocupar mais espaço de memória do que um pequeno documento do Microsoft Word.[27] Assim como muitos sucessos posteriores desta era pontocom, esse jogo revolucionário foi criado por dois estudantes durante as férias de verão.

Vinte e cinco anos depois, a indústria do jogo estava na expectativa de outro enorme sucesso, *Duke Nukem Forever*. Sequência de um jogo de sucesso, *Duke Nukem Forever* era um jogo numa escala inteiramente diferente. Num certo estágio, 35 desenvolvedores trabalhavam no projeto, que levou doze anos e custou US$ 20 milhões. Em maio de 2009, o projeto foi paralisado, incompleto.[28] (Quando este livro estava indo para a gráfica, havia rumores de uma nova retomada.)

Enquanto *Duke Nukem Forever* foi excepcional, os jogos modernos são muito maiores, mais caros, mais complexos e mais difíceis de administrar do que eram dez anos atrás. Os jogadores ainda esperam ansiosamente *Elite 4* desde que rumores sobre seu desenvolvimento vieram à tona em 2001.[29] Eles ainda esperam.

Fora da computação, essa tendência ainda é mais nítida. As £ 10 mil que custou o protótipo de Spitfire equivalem a menos de um milhão de dólares hoje, e o avião levou sete anos para entrar em serviço. O avião de combate Stealth F-22, da Força Aérea dos Estados Unidos, feito pela "Skunk Works" real da Lockheed, foi uma aeronave igualmente revolucionária numa era tecnológica diferente. Exigiu fundos de desenvolvimento do governo de US$ 1,4 bilhão em termos atuais, mais fundos equivalentes da Lockheed Martin e da Boeing, só para produzir o protótipo. O avião levou um quarto de século para entrar em serviço.[30]

A proliferação de aplicativos iPhone e Android esconde a desconfortável verdade, que é a inovação ter ficado mais lenta, mais difícil e dispendiosa, e, na maioria das áreas, ficamos muito aquém das esperanças dos nossos predecessores. Folheie um relatório escrito em 1967 pelo influente futurista Herman

CRIANDO NOVAS IDEIAS QUE IMPORTAM OU: VARIAÇÃO   121

Kahn e descobrirá que, até o ano 2000, deveríamos estar voando por aí em plataformas pessoais, curando ressacas sem punição e desfrutando de eletricidade muito barata para ser medida, e que refulge de luas artificiais.[31] Kahn não era nenhum fantasista ocioso. Era preciso em suas ideias sobre o progresso nas comunicações e na computação. Ele previu comunicadores de mão, máquina de cópias fotostáticas coloridas e a conversão de valores analógicos em valores digitais nas transações financeiras, e estava certo. Mas este é exatamente o setor da economia onde o pluralismo está vivo e passa bem.

Outro setor da economia que parecia feito para melhorias sem fim na época em que Kahn estava escrevendo é o da viagem aérea de longa distância. Quem, no fim dos anos 1960, quando o Boeing 747 foi projetado, iria esperar que o mesmo avião ainda dominasse a indústria quarenta anos depois? Se pedíssemos aos que viajavam a negócios nos anos 1960 para predizer em que seus colegas do ano 2000 votariam como "a inovação de viagem da década", eles, com certeza, pensariam em máquinas de voar individuais e portáteis ou carros voadores. Meio século mais tarde, o verdadeiro vencedor do voto foi a "fila de *check-in*".[32]

Os automóveis têm espaço interno mais confortável, melhores sistemas de segurança e sistemas de som mais potentes, mas, fundamentalmente, não são muito mais eficientes do que em 1970. A fusão nuclear está três décadas distante, como esteve durante três décadas; a China, em lugar disso, depende da menos que revolucionária tecnologia das usinas de eletricidade movidas a carvão, enquanto a energia limpa, do sol ou do vento, é cara e esporádica. Quanto à indústria farmacêutica, o número de medicamentos que foram sucessos comerciais parou de crescer pela primeira vez na última década e caiu pela primeira vez em 2007; o número de novos remédios, aprovados todos os anos nos Estados Unidos, também caiu acentuadamente.[33]

Ao longo das últimas décadas o número de pessoas empregadas em pesquisa e desenvolvimento nas economias líderes do mundo tem crescido impressionantemente, mas o aumento da produtividade tem sido pequeno. Sim, há mais pedidos de patentes — mas o número de patentes produzidas por pesquisador, ou o dinheiro investido em pesquisa, tem sido baixo.[34] Podemos ter universidades que se expandem e exércitos de trabalhadores do conhecimento, mas quando se trata de produzir novas ideias, estamos correndo para a imobilidade.

Isso é particularmente preocupante porque temos a esperança de que a nova tecnologia resolva muitos dos nossos problemas. Pense sobre a mudança climática: Bjorn Lomborg, famoso como o "ambientalista cético" que acha que nos preocupamos demais com a mudança climática e não o suficiente com água potável ou malária, argumenta que deveríamos estar gastando cinquenta vezes *mais* em pesquisa e desenvolvimento com a energia limpa e o manejo da terra.[35] Se essa é a demanda de alguém que acha que os clamores sobre mudança climática são exagerados, estamos entrando num mundo em que esperamos mais, muito mais, da nova tecnologia.

5 Os problemas com patentes

O lugar óbvio para nos virarmos em busca de soluções é o mercado, onde incontáveis empresas competem para pôr ideias novas em formatos lucrativos, de novatos a fábricas gigantes de inovação, como Intel, General Electric e GlaxoSmithKline. Como vimos, o mercado é tremendamente inovador — ao menos enquanto o cenário básico é a competição feroz para desenvolver ideias superbaratas, como software novo.

CRIANDO NOVAS IDEIAS QUE IMPORTAM OU: VARIAÇÃO   123

Mas quando tratamos de inovações dispendiosas, mais substanciais — o tipo de inovação que está se tornando cada vez mais importante —, o mercado tende a confiar num instrumento de apoio do governo há muito estabelecido: a patente. E ainda está longe de ficar claro se as patentes vão estimular as inovações de que de fato precisamos.

O conceito básico é saudável: as patentes atraem inventores ao compensá-los com um monopólio sobre o uso de suas ideias, na esperança de que o custo desse monopólio seja compensado, antes de mais nada, pelos benefícios de estimular a inovação. Se as patentes de fato equilibram é uma pergunta em aberto. Elas têm sido desacreditadas pelo aparecimento de absurdos, como a patente dos Estados Unidos nº 6.004.596, para "um sanduíche fechado sem casca", ou a patente nº 6.368.227, "um método de se balançar no suingue",[36] concedida a um garoto de 5 anos de Minnesota. Essas patentes frívolas causam pouco dano por si mesmas, mas exemplificam um sistema no qual patentes são concedidas por ideias que não são novas ou requerem pouco ou nenhum esforço de pesquisa.

Pense na patente da IBM para um "leilão com final calmo", em que o leilão é paralisado num momento imprevisível — ao contrário de um leilão no eBay, que é vulnerável a lances oportunistas nos últimos segundos. A decisão do escritório de patentes de concedê-la é intrigante, porque a ideia não é nova. De fato, é muito velha: o especialista em leilões Paul Klemperer destaca que Samuel Pepys, o mais famoso leiloeiro de Londres, registrou o uso de tais leilões no século XVII.[37] (Um alfinete era espetado numa vela acesa. Quando ele caía, o leilão acabava.) Tais erros acontecem, mas não existe um meio fácil de corrigi-los: fazer isso requer entrar em concorrência direta com a IBM, contratar um exército de advogados e arriscar a sorte. Um meio mais barato de consertar erros é essencial.

Ou considere a ideia de usar um *smartphone* para escanear barras de códigos em lojas e imediatamente ler comentários e checar se o produto está mais barato em local próximo. O conceito do telefone-escâner surgiu na cabeça de um jovem economista canadense chamado Alex Tabarrok enquanto ele tomava banho certa manhã, no auge do *boom* pontocom. Para azar de Tabarrok, pipocou na cabeça de outras pessoas também, e ele logo descobriu que a patente nº 6.134.548 tinha sido concedida pela mesma proposta poucos meses antes.[38] Isso poderia ser uma infelicidade apenas para Tabarrok, mas, de fato, todos nós sofremos: uma patente concedida como recompensa por momentos ocasionais de inspiração distribui todos os custos do monopólio intelectual sem nenhum de seus benefícios.

Pior, as patentes também fracassam em estimular algumas dentre as inovações realmente importantes. Fortes demais no caso do telefone-escâner e do leilão com final imprevisível, são fracas demais para inspirar uma vacina contra o HIV ou descobertas importantes em energia limpa. Parte do problema é a escala de tempo: é provável que muitas patentes importantes em, digamos, energia solar já tenham expirado na época em que a energia solar se tornar competitiva com os combustíveis fósseis, uma tecnologia que aumenta a vantagem inicial desde que a revolução industrial começou.

Um segundo, e irônico, problema é que as companhias temem que, se produzirem tecnologia realmente vital, os governos irão pressioná-las para liberar seus direitos de patente ou reduzir preços. Esta foi a sorte da Bayer, a fabricante do tratamento contra o antraz, Cipro, quando um terrorista desconhecido começou a mandar esporos de antraz pelo correio no fim dos anos 2001, matando cinco pessoas.[39] Quatro anos depois, como a ansiedade crescia em torno de uma epidemia de gripe aviária entre humanos, a dona da patente do Tamiflu, a Roche, concordou em licenciar a produção

CRIANDO NOVAS IDEIAS QUE IMPORTAM OU: VARIAÇÃO   125

da droga depois de pressão muito semelhante de governos em todo o mundo.[40] É bastante óbvio por que os governos têm pouco respeito por patentes em emergências reais. Entretanto, se todos sabem que governos ignoram patentes quando as inovações são vitais, não está claro por que se espera que o sistema de patentes estimule inovações vitais.

O problema da patente do sanduíche de queijo poderia ser resolvido com algumas simples melhorias administrativas, mas as dúvidas permanecem sobre se qualquer reforma do sistema de patentes poderia estimular companhias a focalizar em projetos realmente de grande escala e de longo prazo. A diminuição da velocidade da inovação provavelmente continuará.

Se as patentes sozinhas não podem estimular o mercado a liberar as inovações na escala de que necessitamos, a alternativa óbvia são os governos. Supõe-se que governos, afinal, tenham os horizontes de tempo mais compridos e o interesse em resolver nossos problemas coletivos. Mas, até agora, as concessões do governo têm falhado em realizar completamente seu potencial. Uma pista do porquê disso emerge de uma das vidas mais notáveis do século XX.

6 "Ficamos felizes por você não ter seguido nosso conselho"

As primeiras lembranças de Mario Capecchi são de oficiais alemães batendo na porta do chalé de sua mãe nos Alpes italianos e prendendo-a.[41] Eles a mandaram para um campo de concentração, provavelmente Dachau. Mario, que fora ensinado a falar tanto italiano quanto alemão, entendeu perfeitamente o que estava sendo dito pelos oficiais alemães. Ele tinha 3 anos e meio.

Lucy, a mãe de Mario, era poeta e militante antifascista e se recusara a se casar com o pai violento de Mario, Luciano, um oficial da força aérea de Mussolini. Pode-se imaginar o escândalo na Itália católica, fascista, de antes da guerra. Esperando problemas, Lucy tinha feito preparativos, vendendo muitas de suas posses e confiando os recursos a uma família de camponeses locais. Quando ela desapareceu, a família ficou com Mario. Por algum tempo, ele viveu como o filho de um agricultor italiano, aprendendo sobre a vida rural num pátio.

Depois de um ano, o dinheiro da mãe parecia ter acabado. Mario deixou a aldeia. Ele se lembra de um breve tempo vivendo com o pai e de ter decidido que preferia viver nas ruas. "Em meio a todos os horrores da guerra, talvez o mais difícil de eu aceitar como criança era ter um pai brutal comigo." Luciano morreu logo depois, numa batalha aérea.

E assim, com 4 anos e meio, Mario se tornou menino de rua. A maioria de nós fica contente se, com essa idade, nossos filhos são capazes de comer sem espalhar comida para fora do prato ou são confiantes o suficiente para serem deixados sem lágrimas numa creche. Mario sobreviveu de sobras de comida, juntou-se a gangues e entrava e saía de orfanatos. Com 8 anos passou um ano num hospital, provavelmente sofrendo de febre tifoide, entrando e saindo de surtos de febre todo dia. As condições eram sombrias: sem cobertores, sem lençóis, camas apinhadas, nada para comer exceto um pedaço de pão e café de chicória. Muitos órfãos italianos morreram nesses hospitais.

Mario sobreviveu. Em seu nono aniversário, uma mulher de aparência estranha chegou ao hospital pedindo para vê-lo. Era sua mãe, irreconhecível após cinco anos num campo de concentração. Ela passara os últimos 18 meses à procura dele. Ela lhe comprou um conjunto de roupas tirolesas tradicionais — ele ainda tem o chapéu com sua pluma decorativa — e o levou para os Estados Unidos.

CRIANDO NOVAS IDEIAS QUE IMPORTAM OU: VARIAÇÃO   127

Duas décadas depois, Mario estava na Universidade de Harvard, determinado a estudar biologia molecular com o grande James Watson, codescobridor do DNA. Sem ser um homem de elogio fácil, Watson uma vez disse que Capecchi "realizou mais como estudante graduado do que a maioria dos cientistas realiza durante toda a vida". Watson também advertiu o jovem Capecchi de que ele seria "um doido" se prosseguisse seus estudos em outro lugar que não fosse a atmosfera intelectual de vanguarda de Harvard.

Mesmo assim, após alguns anos, Capecchi decidiu que Harvard não era para ele. Apesar dos grandes recursos da universidade, dos colegas estimulantes e de ter em Watson um mentor que o apoiava, descobriu que o ambiente de Harvard demandava resultados rápidos demais. Isso estaria bem se o objetivo fosse dar passos previsíveis por caminhos bem sinalizados. Mas Capecchi sentiu que, se quisesse fazer um grande trabalho, mudar o mundo, teria de ter espaço para respirar. Ele achava que Harvard se tornara "um bastião da gratificação de curto prazo". Lá se foi ele para a Universidade de Utah, onde departamentos novos em folha estavam sendo montados. Encontrara, em Utah, uma ilha galapaguiana na qual desenvolver suas ideias.

Em 1980, Mario Capecchi preencheu um formulário solicitando bolsa do US National Institutes of Health (NIH), que usa dinheiro do governo para financiar pesquisa potencialmente salvadora de vidas. As somas são enormes: o NIH é vinte vezes maior do que a Sociedade Americana de Câncer. Capecchi descreveu três projetos em separado. Dois deles eram projetos sólidos com registros claros e o relato passo a passo do que poderiam produzir. O sucesso estava quase assegurado.

O terceiro projeto era altamente especulativo. Capecchi tentava mostrar que era possível fazer uma mudança específica, direcionada, num gene do DNA de um camundongo. É difícil exagerar o quanto esse projeto era ambicioso, especialmente nos anos 1980: o DNA de um rato contém tanta informação quanto setenta ou oitenta volumes grandes de enciclopédia. Capecchi queria executar o equivalente a encontrar e mudar uma simples sentença num daqueles volumes —, mas usando um procedimento realizado em escala molecular. Sua ideia era produzir uma espécie de gene dublê, semelhante ao que ele queria mudar. Injetaria o dublê na célula de um camundongo e, de alguma maneira, o gene encontraria o parceiro, o expulsaria do filamento do DNA e o substituiria. O sucesso não apenas era incerto, como altamente improvável.

O NIH decidiu que os planos de Capecchi soavam como ficção científica. O requerimento de Capecchi foi rebaixado e ele foi firmemente advertido a desistir do terceiro projeto especulativo. No entanto, o NIH concordou em financiar sua solicitação com base nos outros dois projetos sólidos, de resultados orientados. (As coisas poderiam ter sido piores: mais ou menos na mesma época, no Reino Unido, o Conselho de Pesquisa em Medicina rejeitou categoricamente um requerimento de Martin Evans para tentar artifício semelhante. Duas agências de pesquisa são melhores do que uma, por mais confuso que isso possa parecer, precisamente porque elas irão financiar uma variedade maior de projetos.)

O que fez Capecchi? Pegou o dinheiro do NIH e, ignorando suas previsões, aplicou-o quase todo em seu projeto arriscado de gene-alvo. Era uma grande aposta, ele recorda. Se não tivesse sido capaz de mostrar resultados iniciais fortes o bastante no prazo de três a cinco anos exigido pelo NIH, o financiamento seria cortado. Sem a aprovação oficial do NIH, poderia ter dificuldade em conseguir recursos de qualquer outro lugar. Sua carreira teria sofrido um severo retrocesso, seus assistentes de pesquisa procurariam outro trabalho. Seu laboratório poderia não sobreviver.

Em 2007, Mario Capecchi recebeu o Prêmio Nobel de Medicina por seu trabalho com o gene de camundongo. Como o painel

CRIANDO NOVAS IDEIAS QUE IMPORTAM OU: VARIAÇÃO   129

de especialistas do NIH admitiu antes, ao concordar em renovar o financiamento: "Ficamos contentes por você não ter seguido o nosso conselho."

7 "... mesmo que isso signifique a incerteza ou a possibilidade de fracasso"

A moral da história de Capecchi não é que deveríamos admirar gênios teimosos, embora devêssemos. É que não deveríamos requerer teimosia como uma qualidade de nossos gênios. Quantos avanços vitais científicos ou tecnológicos soçobraram, não porque seus desenvolvedores careciam de visão, mas simplesmente porque não tinham o caráter extraordinariamente desafiador de Mario Capecchi?

Mas antes de reprovar o NIH por sua falta de imaginação, suponha, por um momento, que você e eu nos sentássemos diante de uma folha de papel e tentássemos projetar um sistema para repartir grandes quantidades de dinheiro público — dinheiro dos contribuintes — para pesquisadores científicos. É uma grande responsabilidade. Iríamos querer uma descrição clara do projeto, naturalmente. Iríamos querer a opinião de algum especialista para verificar se cada projeto é ou não cientificamente infrutífero. Iríamos querer saber se o requerente ou outro respeitado pesquisador já havia dado os primeiros passos nessa jornada investigativa específica e obtido resultados preliminares. E iríamos querer checar o progresso do projeto com intervalos de poucos anos.

Teríamos desenhado exatamente o sistema sensato e racional que tentou impedir Mario Capecchi de trabalhar com genes de camundongos.

A avaliação racional dos projetos, liderada por especialistas e baseada em resultados, feita pelo NIH, é um meio sensato de produzir um fluxo permanente de pesquisas científicas de alta qualidade, que não dão errado. Mas esse é exatamente o modo errado de financiar projetos arriscados que oferecem uma pequena probabilidade de progresso revolucionário. É um sistema de financiamento projetado para evitar riscos — um sistema que dá mais ênfase em paralisar fracassos com antecedência do que em conquistar sucesso. Tal atitude com o financiamento é compreensível em qualquer organização, especialmente em uma que é financiada pelos contribuintes. Mas esse sistema corre muito poucos riscos, é demasiado cauteloso. Não é correto esperar que um Mario Capecchi arrisque sua carreira numa ideia salvadora de vidas porque o resto de nós não fará essa aposta.

Felizmente, o modelo do NIH não é a única abordagem para o financiamento de pesquisa médica. O Howard Hughes Medical Institute (HHMI), uma grande organização de caridade de pesquisa em medicina, estabelecida pelo excêntrico bilionário, tem um programa "investigador" que explicitamente incita "pesquisadores a correr riscos, explorar caminhos não comprovados e abraçar o desconhecido — mesmo que isso signifique a incerteza ou a possibilidade de fracasso".[42] Na verdade, uma das maiores dificuldades em obter financiamento do HHMI é convencer o instituto de que a pesquisa é suficientemente incerta.

O HHMI também apoia mais pessoas do que projetos específicos, imaginando que isso permite aos cientistas a flexibilidade para adaptar-se às novas informações que se tornam disponíveis e perseguir quaisquer que sejam os caminhos de pesquisa que se abram sem ter de justificar-se para um painel de especialistas.[43] (O general H.R. McMaster com certeza reconheceria a necessidade de adaptar-se às condições de mudança em campo.) O HHMI não exige um projeto detalhado de pesquisa — prefere ver um esboço da ideia, junto com um exemplo da melhor pesquisa recente da pessoa que requer o financiamento. Os investigadores às vezes se

CRIANDO NOVAS IDEIAS QUE IMPORTAM OU: VARIAÇÃO   131

espantam pelo fato de os recursos parecerem ser entregues com muito poucas amarras.

O HHMI pede resultados, finalmente, mas permite muito mais flexibilidade no que realmente significam "resultados" — afinal de contas, logo de saída não existia um projeto específico. Se o HHMI vê sinais convincentes de esforços, o financiamento é automaticamente renovado por outros cinco anos; somente após dez anos sem resultados é que o financiamento do HHMI é retirado — e mesmo então, gradualmente, em lugar de abruptamente, permitindo aos pesquisadores encontrarem alternativas em vez de demitir a equipe ou fechar seus laboratórios.

Isso parece uma grande abordagem quando Mario Capecchi está em primeiro plano em nossa mente. Mas o sistema do HHMI é realmente superior? Talvez leve a muitos fracassos dispendiosos. Talvez permita aos pesquisadores ficarem descansados demais, seguros no conhecimento de que o financiamento está quase assegurado.

Talvez. Mas três economistas, Pierre Azoulay, Gustavo Manso e Joshua Graff Zivin, colheram individualmente dados dos programas do NIH e do HHMI para proporcionar uma avaliação rigorosa de quanta ciência importante emerge de duas abordagens contrastantes. Compararam cuidadosamente os melhores investigadores do HHMI aos melhores cientistas financiados pelo NIH: aqueles que receberam raras bolsas e aqueles que receberam os prêmios de "Mérito" do NIH, que, como outras bolsas do NIH, financiam projetos específicos, mas são mais generosos e destinados apenas aos pesquisadores de maior destaque. Os economistas também usaram uma técnica estatística para selecionar pesquisadores de alto calibre do NIH com precedentes quase idênticos de investigadores do HHMI.

Fosse qual fosse o modo como organizavam os dados, Azoulay, Manso e Zivin encontraram provas de que as bolsas mais arriscadas e mais abertas do HHMI estavam financiando a pesquisa mais importante, incomum e influente. Os pesquisadores do HHMI — aparentemente sem maiores qualificações que seus colegas financiados pelo NIH — eram muito mais influentes, produziam duas vezes mais artigos de pesquisa altamente citados. Eles tinham maior probabilidade de ganhar prêmios e eram mais propensos a treinar estudantes que conquistariam prêmios. Eram também mais originais, produzindo pesquisa que introduzia novas "palavras-chave" no léxico de seu campo de pesquisa, mudando de objeto de pesquisa com mais frequência e atraindo mais elogios de fora de seu restrito campo de especialidade.

Os pesquisadores do HHMI também produziam mais fracassos; uma alta proporção de seus papéis de pesquisa não era citada por ninguém. Nenhuma surpresa: o programa do NIH foi projetado para evitar o fracasso, enquanto o programa do HHMI o abraçou. E, na busca por alguma pesquisa verdadeiramente original, algum fracasso é inevitável.

Eis a questão sobre fracasso na inovação: é um preço que vale a pena pagar. Não esperamos que todo bilhete de loteria pague um prêmio, mas, se queremos alguma chance de ganhar aquele prêmio, então compramos um bilhete. No jargão estatístico, o padrão de retornos inovadores é pesadamente distorcido para o lado de cima; isso significa muitos fracassos pequenos e poucos sucessos gigantescos. A abordagem mais avessa ao risco do NIH perde muitas ideias importantes.

Não é difícil ver por que um burocrata incumbido de gastar bilhões dos dólares dos contribuintes está mais preocupado em minimizar perdas do que em maximizar os ganhos. E a abordagem do NIH tem seu lugar. Lembre-se do trabalho dos teóricos da complexidade Stuart Kaufman e John Holland, mostrando que o modo ideal de descobrir caminhos num panorama de possibilidades escorregadio é combinar passinhos de bebê com saltos

CRIANDO NOVAS IDEIAS QUE IMPORTAM OU: VARIAÇÃO   133

especulativos. O NIH está financiando os passinhos de bebê. Quem está financiando os saltos especulativos? O Howard Hughes Medical Institute investe somas imensas todo ano, mas apenas cerca de 1/20 de 1% do orçamento global mundial em pesquisa e desenvolvimento. Existem algumas organizações como o HHMI, mas a maioria da P&D ou é pesquisa altamente focada na parte comercial — o oposto do pensamento não funcional — ou bolsas voltadas para metas tipificadas pelo NIH. Os passinhos de bebê estão lá; os saltos experimentais estão faltando.

Precisamos de burocratas que tomem como modelo o chefe do Estado-Maior da Aviação britânica nos anos 1930: "As empresas relutam em arriscar seu dinheiro em aventuras altamente especulativas de novos tipos... teremos que proporcionar o incentivo."[44] Este é o tipo de atitude que produz novas ideias importantes.

Infelizmente, tais burocratas são raros. Até agora, descobrimos dois princípios vitais para promover nova tecnologia. Primeiro, criar tantos experimentos separados quantos forem possíveis, mesmo que eles pareçam personificar visões contraditórias sobre o que poderá funcionar, sob o princípio de que a maioria irá falhar. Segundo, estimular alguns experimentos de poucas chances, mesmo que o fracasso seja provável, porque as recompensas ao sucesso são muito grandes. A grande fraqueza da maior parte da pesquisa financiada pelo governo é que ambas as metas são a antítese do planejamento do governo. As burocracias gostam de um grande plano, e gostam de se sentir tranquilizadas pelo fato de saberem exatamente como aquele plano será alcançado. Exceções, como o Spitfire, são raras.

O financiamento tradicional dos governos desempenha papel importante em estimular as ideias que importam, especialmente se mais dinheiro puder ser concedido segundo o modelo de tolerância ao fracasso do Howard Hughes Medical Institute. O mercado também claramente exerce um papel crítico no desenvolvimento de novas ideias e em trazer ideias para fora dos laboratórios financiados pelo governo e na direção de produtos práticos que desfrutamos na vida diária.

Mas o problema de estimular inovações dispendiosas, que mudam o mundo, permanece desanimador. Os funcionários do governo sempre tenderão a evitar riscos no gasto de grandes somas de dinheiro público, enquanto o sistema de patentes raramente inspirará esforços de pesquisa dispendiosos e de longo prazo por parte de firmas privadas. Nenhuma das duas abordagens poderá combinar os dois elementos para encorajar inovação significativa num mundo complexo: uma verdadeira abertura para novas ideias arriscadas e a vontade de pôr milhões ou até bilhões de dólares em risco. Esses dois elementos são fundamentais para a inovação no século XXI, embora pareçam mutuamente incompatíveis. Eles não são. De fato, a maneira de combiná-los está por aí, com frequência esquecida, há mais de três séculos.

8 "... para tal pessoa ou pessoas como ela descobriremos a Longitude"

O ano de 1675 marcou a fundação de uma das primeiras e mais famosas agências do governo para pesquisa e projeto. O Royal Observatory foi fundado com o objetivo de melhorar a navegação marítima e, em particular, solucionar o problema da "longitude", de descobrir o quão afastado do leste ou do oeste estava um navio no mar. (O problema da latitude foi muito mais fácil de resolver, medindo-se a duração do dia, ou a elevação do sol ou das estrelas.) Para um grande poder naval como a Grã-Bretanha, com rotas comerciais que se estendiam por todo o mundo, o significado de um capitão de navio ser incapaz de calcular sua localização dificilmente poderia ser exagerado. E,

CRIANDO NOVAS IDEIAS QUE IMPORTAM OU: VARIAÇÃO   135

hoje, o Royal Observatory alegremente se associa ao sensacional avanço que resolveu o dilema. Seu sítio original em Greenwich, East London, é bipartido pelo que o Observatório ainda orgulhosamente descreve como o "Primeiro Meridiano do Mundo" — Longitude 0° 0'0".

Existe uma história incômoda por trás dessa feliz associação, no entanto.[45] Os próprios astrônomos do Royal Observatory fracassaram, sem esperanças de solucionar o problema, por quase um século, enquanto sabotavam cruelmente o homem que conseguiu fazer isso.

A insatisfação com o desempenho do Royal Observatory tinha chegado ao máximo em 1707, com seus especialistas ainda aparentemente sem pistas após mais de três décadas de pesquisa. Numa noite de neblina, o almirante sir Clowdisley Shovell, acreditando erradamente que sua esquadra estivesse mais a oeste do continente inglês, afundou quatro navios nas ilhas da Sicília. Os cálculos errados de sir Clowdisley levaram a mais mortes que o afundamento do Titanic. O parlamento britânico voltou-se para sir Isaac Newton e o especialista em cometas Edmond Halley para aconselhar-se e, em 1714, aprovou a Lei da Longitude, prometendo um prêmio de £ 20 mil por uma solução para o problema. Comparado ao salário típico da jornada diária, isso representava mais de £ 30 milhões nos termos de hoje.[46]

O prêmio mudou o modo como o problema da longitude era atacado. Os astrônomos do Royal Observatory não eram mais os únicos pesquisadores — a resposta poderia vir de qualquer um. E veio. Em 1737, um carpinteiro de aldeia chamado John Harrison espantou o meio científico quando apresentou sua solução para a Diretoria da Longitude: um relógio capaz de manter um horário exato no mar a despeito dos balanços para cima e para baixo do navio e das mudanças extremas de temperatura e umidade. Embora ninguém ignorasse que conhecer a hora exata em Londres poderia capacitar um navegador a calcular a longitude usando o sol, acreditava-se, no entanto, que os obstáculos técnicos para produzir um relógio suficientemente acurado estavam muito além da engenhosidade humana. Harrison, estimulado por um prêmio fabuloso, provou que todos estavam errados.

Deveria ser uma lição salutar que prêmios pudessem inspirar ideias socialmente benéficas de fontes inesperadas. Infelizmente, os especialistas do Royal Observatory receberam aquilo como uma lição de que os prêmios poderiam atrapalhar gente como eles. O Astrônomo Real, James Bradley, e seu protegido, Nevil Maskelyne, foram a extremos para negar a Harrison o prêmio enquanto lutavam para fazer progressos com um método astronômico alternativo de determinar a longitude. Em primeiro lugar, Bradley usou sua autoridade para adiar experimentos no mar com o relógio de Harrison e, depois, para enviar o relógio — junto com William, filho de Harrison — para uma zona de guerra. Quando o relógio passou no teste com sucesso total, perdendo meros cinco segundos numa jornada de 81 dias para a Jamaica, insistiram em novos testes. Depois que se tornou Astrônomo Real em 1765, o próprio Maskelyne apreendeu os relógios de Harrison para "observação e teste", transportando-os numa instável carroça puxada a cavalo sobre pavimento de cantaria para Greenwich. Estranhamente, os relógios não trabalharam tão bem depois disso.

É verdade que Harrison fez a si mesmo alguns favores — não era tanto um gênio teimoso quanto irascível —, mas é difícil evitar a conclusão de que foi injustamente repelido e talvez até trapaceado.*

---

*A Diretoria da Longitude nunca deu a Harrison seu prêmio, mas lhe deu algum dinheiro de desenvolvimento. O parlamento britânico, depois que Harrison peticionou ao próprio rei, também recompensou o inventor com uma bolsa substancial no lugar do prêmio, que nunca chegou. Essa triste história é excepcionalmente contada por Dava Sobel em seu livro *Longitude*, embora Sobel tenha dado demasiado crédito a Harrison num aspecto: é possível argumentar que, por produzir um relógio que funcionava no mar, embora uma obra-prima, ele não resolveu o problema da longitude para a Marinha Real ou para a sociedade como um todo. Para fazer isso, necessitaria desenhar um projeto que um artesão habilidoso pudesse usar para fazer cópias do relógio.

CRIANDO NOVAS IDEIAS QUE IMPORTAM OU: VARIAÇÃO 137

Os relógios de Harrison finalmente tornaram-se o modo padrão de achar a longitude, mas apenas após a sua morte.

Mesmo assim, o prêmio da longitude inspirou uma solução, e a metodologia do prêmio foi amplamente imitada. Em 1810, Nicolas Appert, um chef e confeiteiro que também recebeu o crédito pela invenção do cubo de sopa, pequeno quadrado de extrato de carne, foi presenteado com um prêmio de 12 mil francos por Napoleão por inventar um método de preservar comida que ainda hoje é usado em fábricas de enlatados. Infelizmente, a espinhosa reação do meio científico do Royal Observatory também foi amplamente imitada.

Em 1820, um aristocrata francês, Baron de Montyon, legou em herança sua fortuna para a Académie des Sciences com instruções para que fosse usada no financiamento de dois prêmios anuais, um por "tornar algum processo industrial menos insalubre" e um para "melhorar a ciência médica ou cirurgia". A Académie não se impressionou com essas cansativas estipulações. Se prêmios iriam ser dados, raciocinaram de início, um pouco do dinheiro de Montyon não deveria ser gasto em apoio administrativo para aqueles prêmios, sem mencionar custos de impressão? Nos anos em que os prêmios não eram concedidos, começou-se a usar o dinheiro para comprar livros em bibliotecas e equipamento experimental — todos os quais "poderiam ser necessários no julgamento de competições".

Uma década depois da morte de Montyon, a Académie sequer fingia que respeitava seu testamento, pilhando o legado para financiar quaisquer projetos que agradassem. Finalmente, a Académie começou a recusar solicitações por prêmios, insistindo em seus direitos de conceder bolsas a projetos ou pessoas favorecidas.[47]

A França não estava sozinha. Pela Europa e pelos Estados Unidos, sociedades científicas trocaram a entrega de prêmios, que faziam em maior número, pela concessão de bolsas, que passou a ser mais frequente, ou até mesmo pelo emprego direto de pesquisadores. Os prêmios que restavam tendiam a ser concedidos retrospectivamente e em base subjetiva — o mais famoso sendo o Prêmio Nobel — em vez de, como aconteceu com o prêmio da Longitude e o prêmio de Preservação de Alimentos, pré-anunciados com o objetivo de estimular alguma solução futura. Apesar do sucesso inicial, os prêmios por inovação foram firmemente suplantados por bolsas diretas.[48] Bolsas, à diferença de prêmios, são uma poderosa ferramenta de patrocínio. Os prêmios, em contraste, são abertos para qualquer um que produzir resultados. Isso os torna intrinsecamente ameaçadores para o sistema.

Finalmente, após quase dois séculos fora de moda, os prêmios estão passando agora por um renascimento — graças a uma nova geração de empreendedores e filantropos que se preocupam mais em conseguir soluções do que com o lugar de onde vêm.

9 Buscadores e solucionadores

Netflix é uma companhia de aluguel de filmes por reembolso postal que recomenda filmes para seus clientes com base no que eles alugaram previamente ou assistiram de novo no website da companhia. Quanto melhor a recomendação, mais feliz o cliente. Então, em março de 2006, o fundador e chefe executivo da Netflix, Reed Hastings, encontrou-se com alguns colegas para discutir como poderiam melhorar o software que fazia as recomendações. Hastings tinha sido inspirado pela história de John Harrison e sugeriu oferecer um prêmio de US$ 1 milhão para qualquer um que pudesse ter resultado melhor do que o algoritmo interno, Cinematch.

CRIANDO NOVAS IDEIAS QUE IMPORTAM OU: VARIAÇÃO   139

O prêmio Netflix, anunciado em outubro de 2006, agitou a geração web 2.0. Apenas dias depois do anúncio do prêmio, algumas das melhores mentes nos campos relevantes da ciência da computação estavam no caso. Em um ano, as principais entradas haviam reduzido os erros de recomendação do Cinematch em mais de 8% — próximo da barreira de 10% de 1 milhão de dólares. Mais de 2.500 equipes de 161 países e 27 mil competidores incluídos entraram na disputa. O prêmio foi finalmente entregue em setembro de 2009 a um grupo de pesquisadores da AT&T.[49]

O uso de prêmios está pegando de novo, e rápido. Na última década, outra companhia, a Innocentive, tem promovido uma troca, na qual "buscadores" podem oferecer dinheiro a "solucionadores". Ambos os lados são anônimos. Os problemas são como os pequenos anúncios no menos romântico website de corações solitários: "Procura-se tecnologia para produzir um aroma agradável quando um filme de elastômero for esticado" (US$ 50 mil); "Requer-se química de superfície para biossensor óptico com alta capacidade de adesão e especificidade" (US$ 60 mil).

Depois vêm os prêmios mais atraentes, como aqueles sob a égide da organização sem fins lucrativos X Prixe Foundation. O Prêmio Archon X para genômica será entregue à equipe que puder sequenciar 100 genomas humanos em dez dias a um custo de US$ 10 mil por genoma. Isso é inimaginavelmente mais rápido e barato do que o primeiro sequenciamento genômico privado em 2000, que levou nove meses e custou US$ 100 milhões por um único genoma humano. (Craig Venter, o diretor daquele esforço, é um dos patrocinadores do novo prêmio.) Mas esse é o tipo de salto para frente que poderia introduzir uma era de medicina personalizada, na qual médicos pudessem prescrever remédios e aconselhar com total conhecimento das suscetibilidades genéticas de cada paciente. Outro prêmio será entregue ao fabricante de um carro popular de produção em massa que tenha uma eficiência de consumo de 160 quilômetros por galão de gasolina.

O modelo de concessão de prêmios é sempre o mesmo. A X Prize Foundation identifica um objetivo e encontra patrocinadores; anuncia um prêmio e estimula o máximo possível de entusiasmo, com o objetivo de gerar muito mais investimento do que o próprio prêmio; prêmio conquistado, a fundação entrega a recompensa com grande fanfarra e segue adiante para fixar novos desafios. O vencedor do prêmio é deixado com a propriedade intelectual intacta e pode capitalizar o valor comercial daquela propriedade intelectual, se algum valor comercial existir.

"Uma das metas do prêmio é mudar o modo como as pessoas pensam",[50] diz Bob Weiss, vice-presidente da X Prize Foundation. "Estamos tentando criar uma mudança de maré."

Eles certamente tiveram um impacto. E outros percorreram caminho semelhante. Existe, por exemplo, um "MPrize" para a criação de um camundongo que viva muito, com a esperança, finalmente, de aumentar a vida humana também. E o Clay Mathematics Institute, organização sem fins lucrativos fundada em 1998 por um homem de negócios bostoniano, está oferecendo prêmios de 1 milhão de dólares pela solução de sete problemas de matemática do "Milênio". (Nem todos respondem a tais incentivos. O primeiro desses prêmios foi concedido ao recluso gênio russo Grigory Perelman. Ele o ignorou.)[51]

Mas todos esses prêmios são ofuscados por um esquema ambicioso que promete liberar o verdadeiro potencial dos prêmios por inovação. Cinco governos nacionais e a Fundação Bill e Melinda Gates puseram US$ 1,5 bilhão num prêmio chamado "compromisso de mercado avançado" para recompensar os desenvolvedores e supridores de uma vacina mais eficaz contra doenças pneumocócicas como pneumonia, meningite e bronquite. A razão da necessidade de um prêmio é porque, mesmo com

CRIANDO NOVAS IDEIAS QUE IMPORTAM OU: VARIAÇÃO 141

uma patente, nenhuma companhia farmacêutica poderia esperar colher muita recompensa de um produto que, em grande medida, beneficiará os muito pobres. Infecções pneumocócicas matam quase 1 milhão de crianças pequenas por ano, quase todas elas em países pobres.

Como John Harrison poderia atestar, o problema com um prêmio por inovação é determinar quando o inovador fez o bastante para reclamar a recompensa. Este é especialmente o caso quando o prêmio não é para alguma conquista arbitrária, como ser o avião mais rápido num dado dia — lembre-se do Troféu Schneider, que inspirou o desenvolvimento do Spitfire —, mas para uma realização prática, como encontrar a longitude ou criar imunidade à meningite pneumocócica. Harrison foi colhido no meio de uma discussão entre proponentes do método do relógio e do método astronômico. Discussões semelhantes poderiam emergir hoje. Uma vacina pneumocócica poderia ser barata e mais rápida para o mercado; outra poderia ser mais confiável e ter menos efeitos colaterais. Quem vai decidir quem ganha o prêmio? Ou deixar que ambas vençam? Ou nenhuma?

Por essa razão, o prêmio da vacina toma a forma de um acordo para subsidiar pesadamente as primeiras grandes encomendas de uma vacina bem-sucedida.[52] Os desenvolvedores não colhem suas recompensas a menos que possam persuadir governos ou cidadãos de países pobres a comprar a vacina — ainda que por uma pechincha —, e vão receber o dinheiro lenta ou rapidamente, em parte ou todo ele, dependendo de como o mercado responde. O prêmio também substitui parcialmente o poder de fixar preços que vem com qualquer patente, porque a companhia que fabrica o remédio, se quiser receber o prêmio, terá de concordar em oferecer o remédio por preço barato.

Dado que apenas as grandes companhias farmacêuticas gastam mais de US$ 5 bilhões por ano em pesquisa e desenvolvimento, um prêmio de US$ 1,5 bilhão já deveria ser levado a sério em terrenos comerciais realistas e pragmáticos.[53] E tem funcionado: no fim de 2010, crianças da Nicarágua receberam as primeiras vacinas para doença pneumocócica financiadas com dinheiro de prêmio.[54]

E vem mais por aí. O próximo objetivo é uma vacina contra a malária, que poderia requerer um prêmio de US$ 5 bilhões para gerar interesse comercial. Entusiastas de prêmios pensam que até uma vacina contra o HIV pode ser possível e especulam sobre um financiamento de US$ 10 bilhões a US$ 20 bilhões — três vezes o gasto anual total das maiores companhias farmacêuticas.[55] Isso é muito dinheiro. Mas a coisa maravilhosa sobre prêmios é que eles não custam um centavo até o sucesso ser atingido. Isso permite a combinação perfeita: um campo completamente aberto, onde os fracassos são tolerados e a ideia mais ousada e arriscada pode ser bem-sucedida, junto com imensas somas de dinheiro que só são gastas quando o problema está resolvido.

10 "Não há mais nada a fazer em Mojave"

Em 21 de junho de 2004 — sete décadas depois que Reginald Mitchell estava virando de cabeça para baixo o senso comum sobre o que as máquinas voadoras poderiam fazer — um avião de aspecto bizarro, com uma única e impossivelmente longa asa e o nome "White Knight One", taxiou num caminho de terra no Deserto de Mojave. O White Knight One tinha sido desenvolvido pelo brilhante desenhista de aviões Burt Rutan, um gênio do molde de Mitchell, no isolamento galapaguiano de uma pequena cidade no deserto com um punhado de estabelecimentos de fast-food e postos de gasolina e um vasto estacionamento para aeronaves fora de uso. (Diz Rutan, "Inovação é o que fazemos porque não há mais nada a fazer em Mojave".)[56] Pendurado sob aquela asa fina,

CRIANDO NOVAS IDEIAS QUE IMPORTAM OU: VARIAÇÃO 143

entre os cascos gêmeos estilo catamarã do White Knight, havia um pequeno apêndice, curto e grosso, SpaceShipOne. Dentro dele estava sentado um homem de 63 anos chamado Mike Melvill. A era do voo espacial particular — e com ele o potencial para turismo espacial — estava para começar.[57]

Diante disso, prêmios por inovação merecem crédito por esse notável evento. White Knight foi um das duas dúzias de competidores que tentavam ganhar o Ansari X Prize, criado por uma fundação sem fins lucrativos. (Alguns eram desafiantes improváveis: uma equipe era orgulhosamente patrocinada por "The Forks Coffee Shop, no centro comercial de Forks".) Poucos meses depois, quando o White Knight tinha voado suas missões classificadoras em rápida sucessão, a equipe de Rutan assegurou o prêmio de US$ 10 milhões.

Mas isso está longe de ser a história toda. Também podemos dar crédito à filantropia: Paul Allen, o cofundador da Microsoft e um dos homens mais ricos do mundo, financiou o trabalho de Rutan por razões reminiscentes do HHMI: ele gostou da ideia e acreditou no talento do experimentador. Ou poderíamos igualmente agradecer ao comercialismo pragmático: Rutan uniu-se ao sir Richard Branson do Virgin Group, que está determinado a transformar o turismo espacial num negócio rentável. Desde então, Virgin Galactic encomendou uma nave maior, SpaceShipTwo, com janelas maiores e espaço para flutuar.

Veja de mais longe, e é o governo que merece um tapinha nas costas pelo alvorecer do voo espacial privado. Nos anos 1950, o avião X-15, financiado pela NACA — o breve antecessor da NASA —, voou a uma altura de 106 quilômetros, nas margens do próprio espaço, depois de pegar carona em um bombardeiro B-52. Porém, esse método de colocar as coisas no espaço caiu em desuso depois que o presidente Kennedy focou a atenção na meta de chegar à Lua, tarefa para a qual foguetes disparados do solo, com múltiplos estágios, eram a escolha óbvia. O preço que pagamos é a perda de pluralismo: uma promissora via de acesso para lançamentos confiáveis e de baixo custo de satélites — satélites lançados do ar — foi em grande parte abandonada até que a combinação de lucro, prêmios e filantropia veio para fazer reviver a tecnologia e transformá-la em algo com valor no mundo real.

Em resumo, todo o improvável projeto de pôr um homem no espaço com dinheiro privado foi bem-sucedido na esteira de uma mixórdia de influências intelectuais e uma confusa rede de recursos de financiamento. É uma confusão que deveríamos abraçar, porque produziu muitas outras coisas boas. A internet resultou de um projeto financiado pelos burocratas do Pentágono, mas dominou os dormitórios inovadores para liberar seu potencial; satélites e GPS foram projetados com o suporte do governo, mas é improvável que qualquer burocrata tivesse levado sistemas de navegação em automóvel para o mercado.

A lição é que pluralismo estimula pluralismo. Se você quiser estimular muitas inovações, combine muitas estratégias. Prêmios poderiam, em tese, substituir o sistema de patentes — os governos poderiam jogar no ferro-velho a proteção da patente, mas oferecer prêmios por invenções desejáveis. Mas explicar essa ideia é ver suas limitações. Como poderia o governo saber o bastante sobre custos, benefícios e até a própria possibilidade de uma inovação para escrever as regras e estabelecer o prêmio em dinheiro para uma competição? Sabemos que precisamos de uma vacina contra o HIV, mas ninguém sabia que precisava da internet até que a tivemos. Não poderíamos ter estabelecido um prêmio pela invenção da rede mundial de computadores.

Os prêmios percorrem um longo caminho para tapar as brechas inevitáveis deixadas por burocratas menos sábios que Henry Cave-Brown-Cave e cientistas menos corajosos que Mario Capecchi, mas deveriam acrescentar em lugar de substituir outros métodos

CRIANDO NOVAS IDEIAS QUE IMPORTAM OU: VARIAÇÃO   145

de financiamento e incentivo à inovação. É possível que os prêmios do Milênio sejam concedidos a matemáticos que já estão recebendo financiamento público. O Troféu Schneider não financiou o desenvolvimento do Spitfire, mas provou a qualidade de Reginald Mitchell e inspirou a contribuição de Lady Houston no momento exato. O financiamento para a vacina pneumocócica pode impor condições de preço às firmas farmacêuticas, mas não invalida as patentes, que ainda podem ganhar dinheiro em outros mercados ou royalties de tecnologias subsequentes. O método de tentativa e erro pode ser confuso, e assim também pode ser o entrelaçamento de instituições necessárias para encorajá-lo.

Por mais que repartamos o crédito pelo voo de Mike Melvill, deve ter sido uma jornada para se relembrar. O White Knight decolou às 6h47m e na hora seguinte subiu a uma altura de quase 15 quilômetros, mais alto do que qualquer avião comercial poderia atingir. O White Knight então liberou Melvill e seu avião, que planou por um momento antes de Melvill disparar seu motor de foguete. A SpaceShipOne empinou para cima até viajar quase verticalmente. Ela acelerou até ultrapassar a velocidade do som em 10 segundos; após 76 segundos, o motor parou completamente. A nave, já a 30 milhas, ou 50 quilômetros de altitude, continuou a se movimentar rápida e ruidosamente através da atmosfera cada vez mais rarefeita a mais de 3.220 quilômetros por hora até alcançar, apenas escassamente, a marca de 100 quilômetros, aceita como ponto em que o espaço começa. Quando chegou primeiro à fronteira do espaço, sem peso por alguns momentos em cima do arco de sua nave acima do deserto, Mike Melvill enfiou a mão entre os tubos de oxigênio para puxar um punhado de pastilhas M&M do bolso esquerdo no peito.[58] Abriu a mão e as pastilhas se espalharam e pularam em todas as direções, flutuando em volta de sua cabeça, rompendo o silêncio quando se chocavam contra as vigias da nave.

4
Descobrindo o que funciona para os pobres ou: seleção

"Como empirista, eu desejava aprender com os meus erros e com os dos outros."

— Muhammad Yunus[1]

"A barreira para a mudança não é a demasiada falta de atenção; é a complexidade."

— Bill Gates[2]

1 Se a princípio você não conseguir, tente de novo

Quando refugiados famintos do campo começaram a entrar em grande número no subúrbio mais rico da capital, o jovem professor de economia ficou chocado ao ver como os jovens e os velhos, homens e mulheres, estavam todos tão esqueléticos, a ponto de ser impossível distingui-los. "Eles estavam em toda parte, deitados, muito quietos. Não gritavam palavras de ordem. Não nos exigiam nada. Não nos condenavam pela deliciosa comida de nossos lares enquanto se deitavam ali, muito quietos, nos nossos degraus."[3] Morrer de fome, ele concluiu, era o pior modo de morrer.

O jovem professor, que ganhara uma bolsa de estudos Fulbright e um Ph.D. da Universidade Vanderbilt antes de voltar para sua terra natal, sabia que precisava fazer alguma coisa. Mas o quê? Observando que os campos em torno da capital ficavam sem cultivo durante a estação seca do inverno, devido à falta de recursos para operar bombas de irrigação, reuniu fazendeiros locais e trabalhadores agrícolas e propôs uma forma de plantar uma safra de inverno: os proprietários contribuiriam com as terras, os trabalhadores entrariam com o seu trabalho e o professor compraria sementes de alta produtividade, fertilizantes e gasolina para as bombas de água. E as três partes do acordo dividiriam em três a colheita. Após algum regateio, todos os lados concordaram. O professor lançara seu primeiro projeto de desenvolvimento.

Foi um desastre, ao menos para o professor. Apesar de safras excepcionalmente grandes, os fazendeiros não lhe pagaram. Ele perdeu quase US$ 600, soma substancial para um jovem acadêmico de Bangladesh em meados dos anos 1970. Tampouco os benefícios reverteram para os que mais necessitavam deles. O professor ficou assustado com as somas irrisórias pagas às mulheres miseráveis que trabalhavam para separar os grãos de arroz dos talos.

Sem desanimar, o professor começou a pensar em alguém mais que pudesse ser capaz de ajudar os desesperadamente pobres. Notou que as artesãs nas imediações da Universidade de Chittagong tomavam empréstimos de usurários locais para comprar matéria-prima, e estes usurários cobravam até 10% de juros ao dia; a essas taxas, a dívida de um único centavo inflaria ao tamanho da economia dos Estados Unidos em apenas um ano. Em 1976, o professor começou a fazer empréstimos a essas mulheres — menos de um dólar para cada uma ao primeiro grupo de 42 famílias, muito menos do que emprestara aos proprietários de terras locais. O professor, naturalmente, era Muhammad Yunus e aqueles primeiros 42 pequenos empréstimos foram o início do que se tornaria o Grameen Bank, hoje a organização de microfinanças mais famosa do mundo.

A história de como Yunus construiu o Grameen é amplamente conhecida, especialmente depois que ele ganhou o Prêmio Nobel da Paz por essa iniciativa em 2006. Mas seu prólogo — o dispendioso projeto agrícola de Yunus — não é. Poucas pessoas percebem que a história de sucesso do mais famoso desenvolvimento do mundo começou com tentativa e erro.

2 "Assim que o estrangeiro com uma câmera aparece... as crianças ficam animadas"

Em seu ponto mais básico, adaptar requer variação e seleção. Se o capítulo anterior enfatizou a importância da variação, este é sobre a importância da seleção. Pode ser surpreendentemente difícil distinguir entre o que está funcionando e o que não está, e em nenhum lugar isso é mais verdadeiro do que na área do desenvolvimento econômico — e, particularmente, da ajuda ao desenvolvimento. Isso acontece em parte porque, quando o desafio é tão grande quanto o problema da pobreza, nosso desejo por histórias simples parece entrar em marcha acelerada: não perguntamos o que funciona, simplesmente gravitamos em torno do que soa miraculoso.

Um exemplo foi a forma pela qual o próprio Yunus quase foi santificado como o Santo Padroeiro do Desenvolvimento. Isso é estranho em vários níveis. Yunus é certamente um homem carismático e admirável. Até mesmo antes de Grameen, causava bastante impacto como o ambicioso e jovem chefe da cadeira de economia da Universidade de Chittagong. Tirou os móveis de sua espaçosa sala para criar uma sala comum da equipe, lançou uma reclamação na imprensa nacional sobre os absurdos horários dos ônibus, o que significava que a universidade ficava vazia diariamente depois das duas da tarde, e divulgou um influente abaixo-assinado, conclamando o governo a mostrar mais liderança ao lidar com o problema da fome. (Sua facilidade para a solução pragmática de problemas era visível até em idade precoce, quando Yunus encontrou um método sorrateiro de garantir as edições de sua revista favorita, *Shuktara* — roubando a identidade de um assinante.)[4] Mas não é que Yunus tenha sido a única pessoa a ter a ideia de pequenos empréstimos não lucrativos (a ACCION International fazia microempréstimos no Brasil em 1973 e a Opportunity International fazia empréstimos não lucrativos na Colômbia em 1971.) O Grameen sequer é o maior emprestador do mundo em microfinanças e nem mesmo o maior emprestador em Bangladesh;[5] o BRAC, Bangladesh Rural Advancement Committee, é gigantesco.

Yunus descobriu por acaso a microfinança porque estava desejoso de experimentar e aceitar seus tropeços iniciais. Estava em boa posição para fazer isso. Assim como Peter Palchinsky, viajara muito, conquistando seu Ph.D. nos Estados Unidos, mas havia voltado para suas raízes para mostrar num contexto local que entendia muito melhor do que qualquer conselheiro estrangeiro seria capaz de entender. Yunus advoga o que chama de "a visão do olho da lagarta".

"Achei que deveria olhar as coisas bem de perto antes e, assim, poderia vê-las nitidamente", explica.[6] "Se eu encontrasse algum obstáculo ao longo do caminho, o contornaria, como uma lagarta, e, dessa forma, certamente conquistaria meu objetivo e realizaria alguma coisa."

Há algo muito impressionante acerca da "visão do olho da lagarta". Em parte é a humildade em se ajustar aos obstáculos, mudar de curso até que o caminho para o sucesso esteja livre. Mas é também ver esses obstáculos "nitidamente... bem de perto". Isso é incomum. Desenvolvimento é atualmente o negócio de governos nacionais, que, com frequência, estão bem distantes, tanto do ponto de vista da responsabilidade quanto do ponto de vista ideológico, e de doadores internacionais, mais distantes ainda. Desenvolvimento é um campo cheio de surpresas. Muitos sucessos

DESCOBRINDO O QUE FUNCIONA PARA OS POBRES OU...   151

aparentes não são o que parecem, e as pessoas que os financiam estão frequentemente em posição ruim para localizar as falhas e encerrá-los. No negócio da ajuda externa, raramente chegamos a verificar as coisas com nossos próprios olhos.

Analise a PlayPump, uma ideia que soa muito inteligente, na qual um poço profundo é ligado a uma bomba acionada por crianças num carrossel como um meio de levar água potável a comunidades isoladas. Enquanto as crianças brincam, o carrossel gira e a bomba enche um grande tanque que pode ser usado sempre que necessário. A PlayPump elimina a necessidade tanto de bombas movidas à eletricidade não confiável quanto de horas de trabalho de trabalhadores: a água limpa simplesmente aparece como um produto secundário de uma brincadeira inocente.

Ou não? Por ser uma alternativa cara e mecanicamente ineficiente em comparação com uma bomba manual, a PlayPump se justifica apenas se as crianças da aldeia realmente gastarem grande parte do tempo brincando no carrossel. Pelas fotos enviadas da África rural, parece que elas fazem isso. Mas a África rural é um lugar onde poucos de nós passamos muito tempo, então é difícil ter certeza. Owen Scott, jovem engenheiro canadense, de fato gasta seu tempo na África rural. Ele vive em Malawi e trabalha para Engenheiros sem Fronteiras, então pode ver facilmente o que acontece quando uma PlayPump é instalada:

"Todas as vezes que visitei uma PlayPump, sempre encontrei a mesma cena: um grupo de mulheres e crianças lutando para girar o carrossel à mão para poderem tirar água. Nunca encontrei ninguém brincando nele", explica.[7] Mas aí vem o momento Kodak: "Assim que o estrangeiro com uma câmera aparece... as crianças ficam animadas. E quando se animam começam a brincar. Em cinco minutos, a coisa parece um sucesso."

Às vezes a PlayPump substitui uma bomba manual tradicional. Scott comparou o tempo que levava para encher um balde de 20 litros com uma bomba manual tradicional (28 segundos) e com uma PlayPump (três minutos e sete segundos de árdua e vagamente humilhante correria circular). Scott também perguntou aos moradores locais, nas aldeias malawianas esparsamente povoadas, se preferiam as novas PlayPumps ou as velhas e tradicionais bombas manuais. Eles foram claros: as bombas manuais faziam o trabalho muito melhor.

O problema é que nem todo mundo é tão perguntador como Owen Scott. E aquelas fotos de estrangeiros tiradas após cinco minutos são de fato convincentes, para não dizer animadoras. Logo as PlayPumps ganharam um prêmio prestigioso do Banco Mundial. Foram rapidamente apoiadas pelas agências americanas USAID e PEPFAR, por fundações privadas, pela mulher do então presidente George Bush, Laura Bush, e pelo empresário de rap Jay-Z.

Owen Scott se opõe a um razoável conjunto de chefes de torcida, mas conseguiu causar impacto postando entrevistas em vídeo com professores malawianos no YouTube — "a mensagem é parar imediatamente... as PlayPumps estão criando problemas para Malawi".[8]

Um dos financiadores das PlayPumps, a Fundação Case, agora diz que descobriu que as bombas "funcionam melhor em certos assentamentos comunitários, tais como grandes escolas primárias, mas não são necessariamente a solução correta para outras comunidades" e está buscando novas abordagens — um excelente exemplo de adaptação ao fracasso.

Sucesso e fracasso em desenvolvimento são, com frequência, separados por distinções sutis. Yunus emprestou dinheiro a fazendeiros para matérias-primas e perdeu vários meses de salário. Depois, emprestou dinheiro para artesãs comprarem matéria-prima, inspirou um movimento global e ganhou um Prêmio Nobel. As PlayPumps podem funcionar em cidades pequenas, mas não em aldeias; ou talvez elas trabalhassem melhor ligadas a gangorras em vez de carrosséis. O desafio é imaginar isso num mundo em que muito do dinheiro circulante vem de governos estrangeiros, músicos milionários e milhões de ocidentais bem-intencionados

DESCOBRINDO O QUE FUNCIONA PARA OS POBRES OU... 153

sem nada para orientá-los, exceto algumas palavras e fotos bem escolhidas quando tentam fazer melhor uso de suas doações.

Mas existe outro campo em que os profissionais têm tentado ajudar aqueles que necessitam por muito mais tempo. Como especialistas em desenvolvimento, eles lutam com problemas complexos que mal compreendem e, como especialistas em desenvolvimento, são capazes de causar grandes danos com as melhores intenções. Eles são médicos.

3 "Vamos ver quantos funerais teremos de cada lado"

Não me lembro, mas me disseram que, assim como a maioria dos bebês nascidos em 1973, eu dormia com o rosto virado para baixo no berço. Este era o conselho padrão, que se tornou famoso com Benjamin Spock nos anos 1950. Na edição de 1956 de sua bíblia para os pais *Baby and Child Care* [*Meu filho, meu tesouro*], ele advertiu contra colocar o bebê para dormir de barriga para cima: "Se vomitar, será mais provável que sufoque com o vômito... Acho preferível acostumar o bebê a dormir sobre o estômago desde o início."[9] *Baby and Child Care* foi um dos livros mais vendidos da história. Dezenas de milhões de pessoas leram esse pronunciamento e inúmeras outras o receberam de segunda mão.

Sabemos agora, por meio de famílias infelizes, que esse conselho bem-intencionado foi fatal. Dormir de rosto para baixo raramente é fatal — eu sobrevivi a isso e, afinal de contas, a maioria dos bebês sobreviveu. Mas, por causa dessa baixa taxa de mortes, levou anos para se descobrir a verdade sobre pôr bebês para dormir com o rosto para baixo: é perigoso, triplica a probabilidade da síndrome da morte súbita de bebês por sufocação no berço. Dezenas de milhares de crianças morreram em consequência de serem postas para dormir sobre seus pequeninos estômagos.

Seria injusto censurar o próprio doutor Spock por isso, em parte porque ele era a voz mais influente entre muitos pediatras que aconselhavam dormir com o rosto voltado para baixo, mas, principalmente, porque em 1956 as provas eram irregulares tanto para um caso quanto para outro. Os pediatras discutiam aguerridamente a questão desde meados dos anos 1940 e não era absurdo que um especialista como Spock desse o seu melhor palpite. Mas demorou tempo demais revisar sistematicamente todas as provas, que teriam apontado conclusivamente os perigos de dormir com o rosto para baixo já em 1970. Foi apenas em 1988 que os novos pais começaram a ser advertidos de que pôr o bebê para dormir com o rosto para cima era melhor.[10] O atraso entre 1970 e 1988 matou 60 mil bebês.

Hoje, os médicos dão importância a provas rigorosas, porque sabem que mau conselho pode matar e boas intenções não salvam ninguém. E os médicos também perceberam que selecionar tratamentos com base apenas em teoria ou senso comum pode ser perigoso: provas rigorosas com frequência anulam anos de prática.

A profissão médica percorreu um longo caminho desde o século XVII, quando um cientista belga chamado Jan Baptiste van Helmont desafiou os curandeiros da época a provar que sangrias e purgantes faziam algum bem. Propôs um julgamento justo e estava até preparado para apostar 300 florins no resultado:

Vamos tirar dos hospitais, dos acampamentos ou de qualquer outro lugar duzentas ou quinhentas pessoas pobres, que tenham febres, pleurisias etc. Vamos dividi-las em dois grupos, ficando uma metade delas sob os meus cuidados e a outra sob os cuidados de vocês; eu as curarei sem sangrias ou simples evacuação; mas vocês façam como sabem... Vamos ver quantos funerais teremos de cada lado.[11]*

---

*A tentativa de Van Helmont não foi sequer a primeira registrada. Ben Goldacre aponta uma tentativa médica descrita na Bíblia (Daniel 1:16).

DESCOBRINDO O QUE FUNCIONA PARA OS POBRES OU... 155

A história não registra se alguém aceitou a aposta de Van Helmont, embora o fato de a sangria ter prosseguido por mais três séculos pareça um indício de que não aceitaram. Porém, mais de um século depois, o cirurgião naval James Lind de fato conduziu uma cuidadosa tentativa — talvez o primeiro exemplo significativo do gênero. Lind queria encontrar um tratamento decente para escorbuto, doença horrível que tem como primeiros sintomas manchas na gengiva e, depois, feridas abertas, sangramento interno e, finalmente, morte. A doença, que ainda aflige pessoas mal nutridas em todo o mundo, era então especialmente comum entre marinheiros. Várias curas foram propostas. O almirantado, que comandava a Marinha Real, era a favor do vinagre. O Colégio Real de Médicos tomou um caminho diferente: em sua opinião especializada, o ácido sulfúrico era o tônico certo. Outras sugestões incluíam água do mar, noz-moscada, cidra e frutas cítricas.[12]

Na primavera de 1747, após oito semanas no mar a bordo do navio de guerra Salisbury, Lind escolheu uma dúzia de marinheiros entre três dúzias que estavam sofrendo de escorbuto. Para tornar o teste mais íntegro possível, tentou pegar homens cuja doença parecia estar mais ou menos no mesmo estágio. Então, dividiu-os em seis pares e deu a cada par um tratamento diferente. O par que recebeu laranjas e limões teve uma boa recuperação; aqueles que tomaram cidra, ácido ou salmoura não se recuperaram muito bem. Não foi um perfeito teste clínico randômico pelos padrões de hoje, mas deu resultado. Escorbuto, agora sabemos, é causado por falta de vitamina C, então laranjas e limões são um tratamento sensato. Os navios começaram a levar grandes carregamentos dessas frutas e muitos marinheiros nas viagens subsequentes deveram suas vidas ao experimento de Lind.[13]

O teste de Lind destaca, entretanto, algumas das dificuldades em colher e revisar provas. Para começar, se Lind tivesse sido tentado a se basear em dados coletados por alguém para algum outro propósito — o que é mais rápido e mais barato do que organizar um teste sob encomenda —, poderia ter fracassado. Dados bons com frequência não estão disponíveis: sabemos pelo relato de Lind que trinta ou quarenta marinheiros sofriam de escorbuto e seis homens morreram durante a viagem, mas os registros oficiais anotam apenas duas doenças. Às vezes não existe escolha a não ser executar você mesmo um experimento.

Mesmo com dados melhores, a verdade nem sempre é aparente. Por exemplo, Lind especulou que a doença estava relacionada com a cerveja, porque notou que o escorbuto sempre atacava quando o estoque de cerveja de um navio acabava. Mas isso era uma coincidência: ambos eram resultados de uma longa viagem, mas o escorbuto nada tem a ver com a deficiência de cerveja. A correlação é um guia traiçoeiro para as causas.

Existe, naturalmente, uma questão ética em tudo isso. Dez dos doze homens de Lind que sofriam de escorbuto viram sua doença deteriorar-se enquanto bebiam água salgada, ácido sulfúrico e outras substâncias que se mostraram inúteis como curas para o escorbuto. Quando não temos realmente uma ideia de qual é o tratamento certo, há poucas desvantagens: com a possível exceção do par que tomou ácido sulfúrico, os outros dez marinheiros doentes não ficaram em pior situação com Lind a bordo. Mas quando temos uma forte suspeita de qual é o melhor tratamento, surge o problema ético. Se alguém quisesse checar o resultado de Lind repetindo o experimento em outra viagem, os marinheiros atingidos por escorbuto a quem se negassem laranjas e limões, para, em lugar disso, alimentá-los com vinagre ou cidra, teriam motivo para se sentir lesados.

A dificuldade ética em tais experimentos continua hoje, mas é surpreendente que as opiniões continuem bastante contrárias aos testes, mesmo quando existem dois tratamentos aparentemente equivalentes.[14] Um médico que queira conduzir um experimento apropriadamente controlado para testar essas duas opções precisa da aprovação de um comitê ético. Um médico que prescreve de modo arbitrário um ou outro (não existindo nenhuma outra base para a decisão), e que não faz qualquer anotação especial dos resultados, não precisa satisfazer nenhuma autoridade mais alta. Ele é simplesmente visto como alguém que faz seu trabalho.

4 "Você precisa parar com seu experimento imediatamente..."

Poucas pessoas se levantaram contra esse duplo padrão com mais determinação do que Archie Cochrane, um notável epidemiologista que, quando não estava combatendo o fascismo na guerra civil espanhola, pregava incansavelmente por melhores padrões de comprovação na medicina. Cochrane queixava-se do "complexo de Deus" dos médicos que não precisavam conduzir experiências porque sabiam o curso correto de tratamento — mesmo quando alguns de seus colegas médicos estavam publicando conselhos contraditórios com igual confiança. A crítica que Cochrane recebia desses médicos era muitas vezes áspera e injusta, e lança luz sobre algumas fortes paixões que se levantam atualmente em debates sobre ajuda aos pobres.

Nos anos 1970, Cochrane publicou um livro influente chamado *Effectiveness and Efficiency* [Efetividade e eficiência]. Ele inspirou a criação da Biblioteca Cochrane, que hoje conta com os esforços voluntários de 28 mil pesquisadores médicos para reunir as melhores provas disponíveis sobre tratamentos efetivos. Mas foram os testes clínicos feitos pela primeira vez por Archie Cochrane, realizados em condições desesperadoras na Segunda Guerra Mundial, que continuam a ser uma de suas mais reveladoras conquistas.

Cochrane, que fala alemão fluentemente, era prisioneiro de guerra num campo alemão em Salonica quando os prisioneiros foram atacados por uma severa epidemia de bexiga — um horrível inchaço de fluido sob a pele das pernas. Sem saber com que doença estava lidando, e ele próprio sofrendo terrivelmente, Cochrane não tinha muita esperança. Apesar de tudo, improvisou um teste com os dois tratamentos potenciais à sua disposição: seu estoque pessoal de pílulas de vitamina C e alguma Marmite que conseguira comprar no mercado negro. (Apreciada por muitos britânicos, Marmite é uma pasta de sabor forte, salgada, que parece petróleo cru e é feita de vegetais e fermento.) Ele não sabia se os dois tratamentos funcionariam. Dividiu vinte casos severos da doença em dois grupos de dez, e, após quatro dias, oito homens no grupo de dez que comia Marmite se sentiram melhor; ninguém do grupo da vitamina C se sentiu melhor. Cochrane não tinha certeza de por que a Marmite estava ajudando, mas podia ver que estava. Registrou meticulosamente os dados e os levou aos alemães que administravam o campo.

Ele não estava otimista em obter muito resultado. As relações entre os guardas e os prisioneiros estavam muito ruins. Alguns guardas tinham o hábito de atirar para dentro do campo ao menor pretexto. Um guarda, pouco tempo antes, havia lançado uma granada na latrina dos prisioneiros, repleta de homens doentes, porque ouvira "risadas suspeitas". Cochrane esteve entre os que ajudaram a limpar as horríveis consequências do ato.

Mas um jovem médico alemão viu além do escocês ictérico, subnutrido, inchado e barbudo que estava diante dele e estudou os dados.[15] Ficou profundamente impressionado com o cuidado do teste clínico e os incontroversos resultados. Enquanto Archie Cochrane voltava para o alojamento e chorava, presa de uma completa desesperança, não sabia que o jovem alemão insistia em que seria um crime de guerra não tomar providências e exigia que generosos suprimentos de fermento fossem entregues no campo. Eles foram entregues, e os prisioneiros começaram a se recuperar.

DESCOBRINDO O QUE FUNCIONA PARA OS POBRES OU... 159

Foi o início de um entusiasmo para toda a vida por provas rigorosas na medicina. Mas quando pressionava por experimentos controlados, os motivos de Cochrane com frequência eram mal interpretados. Numa ocasião, propôs um experimento randômico para testar a forma mais efetiva de punir escolares por mau comportamento — uma repreensão séria, uma detenção ou um castigo com uma vara. Ele não conseguiu persuadir ninguém a incorporar garotos castigados com vara num experimento controlado, e a ideia parecia perturbadora de início. Cochrane via as coisas de maneira diferente: em todo o país, escolares eram castigados com vara todos os dias, e Cochrane duvidava sinceramente que as sovas eram medidas dissuasivas efetivas. Não esperava provar que essa brutalidade fosse boa ideia; suspeitava que poderia desacreditá-la produzindo provas rigorosas de que não funcionava. (Incidentalmente, as outras partes do teste foram adiante: revelou-se que as reprimendas verbais eram mais efetivas do que as detenções em impedir que os alunos chegassem atrasados.)[16]

Numa ocasião, Cochrane vinha tentando fazer um experimento randômico em unidades de tratamento coronariano em hospitais. Ele se perguntava se isso fazia bem aos pacientes, em comparação com a recuperação em casa. Médicos de uma cidade bloquearam o teste por razões "éticas", mas ele seguiu adiante em outra cidade. Notando que seus colegas médicos pareciam insistir em que ele aderia a padrões morais mais elevados do que os deles, Cochrane lhes pregou uma peça maliciosa quando informou sobre os primeiros resultados. Mostrou-lhes provas de que o grupo de tratamento em casa estava levando a mais mortes — ainda não estatisticamente significativas, mas um desenvolvimento preocupante.

"Archie", eles disseram, "sempre pensamos que você era antiético. Você precisa parar com seu experimento imediatamente...", recordou Archie Cochrane. "Eu os deixei ter razão por algum tempo." Depois, Cochrane revelou que havia invertido as estatísticas. Eram as unidades de tratamento coronariano que estavam mostrando sinais de serem mais perigosas, e o tratamento em casa estava começando a parecer mais seguro. Os médicos consultores em coronárias agora reclamariam que suas próprias unidades fossem imediatamente fechadas? "Houve um silêncio mortal, e eu fiquei bastante aflito, porque, afinal de contas, eles eram meus colegas médicos."[17]

É fácil ver por que a ideia de experimentos controlados em pacientes em tratamento coronariano poderia deixar as pessoas desconfortáveis. O que Archie Cochrane teve a coragem de entender é que a alternativa a experimentos controlados são experimentos sem nenhum controle. Estes são piores, porque nos ensinam pouco ou nada.

Mais tarde, na guerra, depois de seu experimento improvisado com vitamina C e Marmite, Cochrane foi internado no Elsterhorst, um hospital para prisioneiros de guerra. Um jovem soldado russo foi levado à sua ala tarde da noite. O homem estava em terríveis condições e gritava sem cessar; Cochrane levou-o para o seu próprio quarto porque não queria que ele acordasse o resto da ala. Mas sentiu que não podia fazer nada pela dor do homem, a qual atribuía à pleurisia, uma atormentadora deterioração dos pulmões e da cavidade pulmonar.

"Eu não tinha morfina, apenas aspirina, que não fez efeito. Senti-me desesperado. Eu sabia muito pouco russo e não conhecia ninguém na ala que soubesse. Por fim, instintivamente, me sentei na cama e o tomei em meus braços, e os gritos cessaram quase imediatamente. Ele morreu pacificamente em meus braços algumas horas depois. Não era a pleurisia que causava os gritos, era a solidão. Foi uma maravilhosa educação sobre o cuidado com os que estão morrendo."[18]

Archie Cochrane insistia em colher provas do que funciona em lugar de se curvar às pretensões ao "complexo de Deus" de figuras com autoridade. Não era porque ele não se importasse. Era porque se importava.

5 "Se não sabemos se estamos fazendo algum bem, então não somos nem um pouco melhores do que os médicos medievais com suas sanguessugas"[19]

A ideia de usar experimentos randômicos na ajuda externa tem uma história muito mais curta do que na medicina — em particular porque em si mesma a história da ajuda externa é mais curta. (O Banco Mundial só fez seu primeiro empréstimo em 1949 — para a França.) Mas experimentos controlados em desenvolvimento internacional decolaram recentemente graças a um grupo de jovens pesquisadores, agora apelidados de randomistas. "Se não sabemos se estamos fazendo algum bem, então não somos nem um pouco melhores do que os médicos medievais com suas sanguessugas", diz Esther Duflo, uma das principais randomistas. "Às vezes, o paciente melhora, às vezes morre. São as sanguessugas? É alguma outra coisa? Não sabemos."

Um fascinante trio de experimentos feitos no Quênia, no final dos anos 1990, mostra por que os testes randômicos podem ser tão úteis no desenvolvimento. Uma organização holandesa de caridade, a International Christelijk Steunfonds (ICS), criou um "programa de assistência escolar" para o governo queniano nas regiões de Busia e Teso, do Quênia. A ICS pagou para que 25 escolas recebessem livros didáticos oficiais de inglês, ciência e matemática. No entanto, em lugar de simplesmente escolher as escolas que mais mereciam — ou talvez as escolas que tivessem mais ligações com pessoas de prestígio ou influência —, a ICS fez algo melhor, sob a orientação dos três randomistas: Michael Kremer, de Harvard, Paul Glewwe, da Universidade de Minnesota, e Sylvie Moulin, do Banco Mundial. Eles escolheram 25 escolas ao acaso de uma lista de cem escolas entregue pelo governo queniano.

Todos os métodos estatísticos tradicionais sugeriam que os livros didáticos davam um grande empurrão nas notas escolares dos garotos. Mas, à semelhança da hipótese de James Lind de que o escorbuto é uma doença causada por deficiência de cerveja, tal conclusão poderia muito bem se dever a manipulações de dados. Escolas com livros didáticos também podem ter pais mais ricos ou professores mais ligados a pessoas influentes, que — se alguns desses fatores fossem invisíveis para o estatístico — produziriam uma conexão espúria entre livros didáticos e realização acadêmica.

Sem dúvida, quando Glewwe, Kremer e Moulin analisaram o experimento randômico encontraram poucos indícios de que os livros didáticos eram úteis, ao menos nesse contexto.[20] As crianças mais brilhantes desfrutavam de alguns benefícios, mas a maioria não. Talvez isso acontecesse porque os livros didáticos eram destinados a se ajustar às necessidades das crianças mais privilegiadas de Nairobi e eram escritos em inglês, a terceira língua para a maior parte das crianças pobres.

A maioria das organizações de desenvolvimento jamais teria conduzido um trabalho tão cuidadoso. Elas teriam, em lugar disso, apontado para a pesquisa que mostrava que os livros didáticos pareciam promissores e produziriam livros de alta qualidade, explicando quantos livros didáticos tinham sido distribuídos. A ICS, na verdade, chegou ao ponto de perguntar se o programa de livros didáticos merecia ser apoiado e descobriu que não merecia.

Em vez de desistir ou produzir as revistas de alta qualidade de qualquer maneira, a ICS lançou um segundo experimento em que professores receberam folhetos ilustrados como ajuda visual para usar nas aulas. Os folhetos cobriam ciência, saúde, matemática, geografia e agricultura, além de fornecer uma abordagem muito mais atraente do que os livros didáticos: com imagens gráficas arrojadas, os folhetos ofereciam alguma coisa para os estudantes que não conseguiam ler direito ou para os que absorviam informação visualmente. Os métodos estatísticos padrão também sugeriam que eles seriam um grande sucesso. A ICS pegou uma lista de 178

DESCOBRINDO O QUE FUNCIONA PARA OS POBRES OU... 163

escolas e distribuiu folhetos na metade delas, escolhidas randomicamente. Os folhetos foram um fracasso.[21]

Sem desanimar, a ICS financiou um terceiro experimento nas salas de aula quenianas. Desta vez, deram dinheiro para que as crianças fossem tratadas de vermes intestinais.[22] Esta não é a ideia de promoção da educação de todos, mas — assim como com os folhetos e os livros didáticos — parecia uma ideia lógica. Vermes intestinais são parasitas que causam má nutrição e paralisam o crescimento. As crianças são particularmente propensas à infecção porque — em aldeias onde as latrinas são escassas — elas muitas vezes brincam em áreas que outras crianças usaram como banheiro. Desta vez, a ICS executou o tratamento contra vermes em 75 escolas. As primeiras 25 receberam o tratamento imediatamente, as 25 seguintes, depois de dois anos, e o terço final, dois anos depois. O programa foi um enorme sucesso, aumentando a estatura das crianças, reduzindo os níveis de infecção e também reduzindo em um quarto o absenteísmo escolar. E foi barato.

Melhor ainda, também foi fácil para a ICS tornar rigoroso o experimento da vermifugação. Sem dinheiro para distribuir vermífugos para todo aluno em Busia e Teso, a ICS teria sempre de estender gradativamente o projeto. Simplesmente assegurar que a extensão gradual fosse feita ao acaso criou os dados perfeitos para Michael Kremer e seu colega Edward Miguel produzirem um teste legítimo para saber se o projeto de vermifugação era um tremendo sucesso ou, como projetos anteriores que soaram plausíveis, um desapontamento inesperado.

Apesar disso, assim como os colegas médicos de Archie Cochrane, algumas pessoas ficam profundamente inseguras com esse tipo de coisa. A ICS e os randomistas estavam *experimentando* em pessoas, na verdade fazendo experiências com crianças. Isso realmente pode ser ético? Afinal, se temos alguma razão para acreditar que uma política ou um tratamento são benéficos, não deveríamos estar dando a todo mundo esse tratamento? E, se não temos razão para acreditar que uma política ou um tratamento sejam benéficos, que barbaridade praticamos ao enfiá-los garganta abaixo em pessoas vulneráveis?

Uma abstenção de muito destaque na metodologia do teste randômico é Jeffrey Sachs, um economista do desenvolvimento altamente influente sediado na Columbia University. Sachs é a força carismática por trás das "Aldeias de Desenvolvimento do Milênio", um esquema piloto cujo objetivo é testar um complexo pacote de intervenções de ajuda local em agricultura, saúde, educação e energia renovável em mais de uma dúzia de aglomerados de mais ou menos 40 mil pessoas espalhados pela África. Sachs diz que isso é necessário não apenas porque pessoas pobres têm muitas necessidades, como também porque haverá "sinergias importantes".

A efetividade dessa abordagem multifacetada poderia, em princípio, ter sido testada em base randômica, com alguns recebendo todo o pacote de intervenções e outros, escolhidos ao acaso, colocados num grupo de controle. Mas esta não foi a decisão de Jeffrey Sachs. Sachs questiona se é ético ter grupos de controle que são questionados e avaliados, mas não recebem nada. "Dói estar numa aldeia que não tem mosquiteiros nas camas", ele explicou ao *New York Times*.[23]

Mas os testes randômicos normalmente não funcionam desse modo. O grupo de controle não precisa ser de pessoas que não recebem nada. É muito mais comum para um experimento médico comparar uma nova droga com o melhor tratamento existente. Um experimento randômico nas Aldeias do Milênio poderia comparar o pacote inteiro com uma transferência de ajuda de custo similar (as somas são substanciais), mas de uma forma muito mais simples — o limite lógico sendo dar aos moradores das aldeias o dinheiro para que gastassem como quisessem.[24]

DESCOBRINDO O QUE FUNCIONA PARA OS POBRES OU...   165

Todos que participassem de tal experimento seriam beneficiados, e o mundo veria se os resultados foram impulsionados simplesmente pela injeção de dinheiro ou se a abordagem montada por especialistas, multifacetada, é essencial, como alega Sachs. É difícil ver o que existe de preocupante nisso, exceto para pessoas que se convenceram — como os colegas com "complexo de Deus" de Cochrane — de que já sabem a resposta.

Tudo isso é importante por causa do problema PlayPump: existe um forte incentivo para o desenvolvimento focar projetos que pareçam bons e soem como tal. Como indica Madeleine Bunting do *Guardian*, "Aldeias-modelo de todos os tipos e em todos os lugares têm sido sempre atraentes para doadores; em seu estado sem disfarces, com frequência parece bom. Pode-se melhorar um lugar concentrando recursos. Há coisas para ver. Mas a realidade é que elas não se mostraram sustentáveis".[25]

Um exemplo recente disso é o projeto do sudoeste da China. Este era um pacote de intervenções em nível de aldeia apoiado pelo Banco Mundial nos anos 1990. Na época, parecia que funcionava brilhantemente. Cinco anos depois que o projeto se encerrou, outras aldeias da região haviam suspendido o projeto: os benefícios tinham sido transitórios.

Não podemos assumir como fato consumado a efetividade de projetos complexos de ajuda e, por essa razão, especialistas em avaliação como Esther Duflo e Edward Miguel têm criticado a avaliação das Aldeias do Milênio.[26] Elas podem estar funcionando brilhantemente e podem não estar, mas sem um teste randômico será difícil saber.

É perturbador defender quem irá receber um novo programa luxuoso jogando uma moeda para saber a resposta. Mas a triste verdade é que, à diferença de testes clínicos ocidentais, que têm lugar em ambientes de relativa abundância, testes randômicos de projetos de desenvolvimento acontecem contra um pano de fundo de ampla privação. A maioria das pessoas não conseguirá a ajuda de que necessita, caso o teste exista ou não. O experimento simplesmente fez da necessidade uma virtude. Para início de conversa, sem a vontade de testar da ICS, naturalmente, a doação de pílulas vermífugas poderia não ter ocorrido para criança alguma. Todo o dinheiro poderia ter ido para empurrar livros didáticos e folhetos inúteis para mais e mais escolas.

6 "Nossas crianças eram raptadas, havia helicópteros sobrevoando nossas cabeças, mas tivemos um bom Natal"

O problema ético em usar experimentos randômicos no desenvolvimento internacional é real, mas parece insignificante comparado com a objeção a seguir adiante com o pouco conhecimento que se tem. Mas há outro obstáculo poderoso à abordagem do experimento randômico, que é a existência de "questões fundamentalmente não identificadas" ou, como o econometrista Josh Angrist indelicadamente colocou, "questões que são completamente 'FUQed'".[27]* Uma questão "FUQed" é aquela que não pode ser respondida por um experimento — por exemplo, o efeito das emissões de dióxido de carbono sobre o clima da Terra. Podemos medir e calcular, extrapolar a partir do conhecimento existente, mas uma coisa que não podemos fazer é um experimento controlado. Não sabemos exatamente o que as emissões de dióxido de carbono fazem com o clima até que já tenham feito; mesmo então, não saberemos com certeza se um curso diferente de ação teria levado a algum efeito diferente.

Alguns especialistas em desenvolvimento argumentam que a abordagem dos randomistas é fatalmente limitada porque dema-

---

*Fodidas, trocadilho com a palavra *to fuck* = copular. [*N. da T.*]

DESCOBRINDO O QUE FUNCIONA PARA OS POBRES OU... 167

siadas questões no desenvolvimento são "FUQed". A pobreza, argumentam, tem uma mistura complexa de causas — corrupção, opressão das mulheres, falta de crédito, laços sociais rompidos — que só podem ser consertadas com um pacote completo de ajuda. O nó é simplesmente muito apertado para ser desfeito por experimentos randômicos.

Qualquer pesquisador cientista social irá, no final das contas, se opor a tais questões. Mas muitas questões do desenvolvimento que antes apareciam como fundamentalmente não identificadas têm sucumbido à notável engenhosidade e ambição dos pesquisadores. A chave para desatar um nó apertado é conhecida como "estratégia de identificação" — como identificar o que causa o quê. Se as colheitas crescem mais à sombra de uma árvore infestada de gralhas é porque se beneficiam da sombra ou do excremento das aves?* Os econometristas, braço estatístico da profissão de economista, perguntam uns para os outros "Qual é a sua estratégia de identificação?", da mesma forma que adolescentes perguntam "Você chegou à segunda base?".** Se Steven Levitt é famoso para um público maior como o pesquisador de *Freakonomics*, que fez a pesquisa sobre os traficantes de drogas e os lutadores de sumô, para outros economistas ele é famoso pelo brilho de suas estratégias de identificação. (A mais famosa analisava as taxas de criminalidade e a legalização do aborto, reunindo provas tanto ao olhar os estados americanos individualmente ao longo do tempo, como também mudando as relações entre os estados.) Mas a mais clara estratégia de identificação de todas é um experimento randômico, com circuitos permanentes de identificação no desenho do próprio projeto do experimento. E os randomistas agora estão conduzindo experiências que antes pareciam impossíveis.

---

*Esse exemplo vem de um famoso artigo de Ed Leamer sobre o assunto, "Let's take the con out of econometrics" [Vamos remover a objeção da econometria], na *American Economic Review*, 1983.
**Uma das posições do jogador no campo de beisebol. [*N. da T.*]

168 ADAPTE-SE

A corrupção parece ser um exemplo de questão "FUQed". Todos concordam que a corrupção retarda significativamente o desenvolvimento, mas, por razões óbvias, é difícil medir precisamente quanto dinheiro público — ou dinheiro de ajuda — termina no bolso de trás de alguém. É por isso que a corrupção é tipicamente medida de forma indireta, perguntando-se aos visitantes de um país se eles acham que o país é corrupto ou se alguém pediu propina a eles. Em 2003, o jovem economista de Harvard Benjamin Olken organizou um experimento impressionantemente ambicioso para medir diretamente quanto dinheiro estava sendo roubado de um grande projeto — financiado pelo Banco Mundial e pelo Departamento de Desenvolvimento Internacional do Reino Unido — para construir mais de seiscentas estradas ligando aldeias indonésias remotas à rede rodoviária existente. Foi uma escolha lógica: projetos de estradas são especialmente notórios por estarem infestados de corrupção e, entre os gigantes mundiais emergentes, a Indonésia é percebida como um dos mais corruptos.

Olken recrutou uma equipe de supervisores especialistas e engenheiros para verificar as estradas. Eles colheram amostras dos trechos mais importantes para conferir a qualidade dos materiais usados, estimaram o custo local do trabalho e dos suprimentos e entregaram a Olken uma estimativa do custo de construção de cada uma das estradas e de todas elas. Olken obteve do Banco Mundial o que os administradores do projeto na Indonésia alegaram ter gastado na estrada. A diferença era uma medida objetiva de corrupção — uma medida muito tosca para tirar a dúvida, mas, com mais de seiscentas estradas em separado, Olken poderia ter certeza de que as estimativas de custo para mais e para menos iriam contrabalançar umas às outras. Ele também conferiu a exatidão das estimativas das equipes de engenharia, fazendo com que avaliassem o custo de construção de estradas de que ele já tinha conhecimento. Olken descobriu que, num projeto típico de

DESCOBRINDO O QUE FUNCIONA PARA OS POBRES OU... 169

estrada para uma aldeia indonésia, mais de um quarto do dinheiro era desviado.[28]

Olken também queria descobrir se havia alguma cura para essa corrupção endêmica. Fez um experimento com duas abordagens principais: de cima para baixo e de baixo para cima. No sistema de cima para baixo, foi dito aos aldeões que seu projeto certamente seria auditado pelo órgão de vigilância do governo contra a corrupção, em lugar da probabilidade habitual de uma em 25 chances de auditoria. Na abordagem de baixo para cima, a equipe de Olken organizava encontros em que todos eram convidados a compartilhar seus pontos de vista sobre como estava indo a construção da estrada. Em algumas das aldeias de baixo para cima, os moradores também recebiam cartões para expressar suas preocupações em comentários anônimos. (A maioria dos aldeões sabia escrever.) As aldeias de cima para baixo e de baixo para cima eram escolhidas ao acaso antes de qualquer estrada ser construída.

Talvez surpreendentemente, a abordagem de baixo para cima foi quase inteiramente inútil, com ou sem comentários. Nos encontros de aldeões raramente eram tomadas medidas sérias para lidar com a corrupção, porque talvez fosse fácil para os trapaceiros roubar algo com que os aldeões não se importavam — materiais de construção —, em lugar de coisas com as quais se importavam — salários. A abordagem de cima para baixo, ao contrário, foi impressionantemente efetiva. Ela reduziu o volume de gastos não registrados em quase um terço, tornando o projeto como um todo de 8% a 9% mais eficiente. Dados os gastos em projetos de construção de estradas, vale muito a pena saber disso. Olken conseguiu algo notável: um teste vasto, rigorosamente avaliado e limpo de dois caminhos plausíveis para lutar contra a corrupção.

(Esse resultado poderia soar inesperado: já vimos que de baixo para cima sempre é melhor do que de cima para baixo, e até veremos exemplos mais poderosos dessa tendência mais adiante.

Mas este é o ponto: o mundo é complicado. O que funciona no Exército dos Estados Unidos pode não funcionar numa aldeia rural javanesa. A lição é continuar a experimentar e adaptar, porque um único sucesso pode ou não ser duplicado em outros contextos.)

Uma estratégia de identificação igualmente engenhosa lançou luz sobre a corrupção num cenário bastante diferente. Quatro randomistas — Marianne Bertrand, Simeon Djankov, Rema Hanna e Sendhil Mullainathan — abordaram indianos que estavam aprendendo a dirigir: a alguns ofereceram bônus em dinheiro se passassem no exame de motorista, enquanto outros recebiam lições de direção subsidiadas.[29] Depois que os sujeitos tinham feito seus testes de habilitação, os pesquisadores os surpreenderam mandando-os dar uma volta com um segundo examinador, independente. Os estudantes que tiveram aulas de direção subsidiadas tinham menos probabilidade de passar nos testes, mas mais probabilidade de dirigir melhor. De alguma forma — e não é difícil imaginar como — o grupo que recebeu bônus em dinheiro para obter uma habilitação tinha conseguido persuadir examinadores do governo a lhes dar a habilitação apesar de não serem capazes de dirigir.

Ou pense em outro debate antigo: os emprestadores de dinheiro exploram ou ajudam os pobres? A questão parece imponderável, mas os economistas Dean Karlan e Jonathan Zinman provocaram uma resposta convencendo uma companhia financeira sul-africana de crédito ao consumidor a conceder ao acaso empréstimos à metade dos requerentes que, de outra maneira, teriam seus pedidos rejeitados. Em comparação com a metade rejeitada, os que tomaram o empréstimo tinham mais probabilidade de ficar em situação melhor até mesmo depois de pagar um empréstimo a taxas de juros anuais (200% APR) punitivas pelos padrões ocidentais. Ao entrevistar os tomadores de empréstimos, Karlan e Zinman descobriram por quê: muitos haviam utilizado o crédito para despesas únicas que os preveniam de perder seus trabalhos, como

DESCOBRINDO O QUE FUNCIONA PARA OS POBRES OU... 171

comprar algumas roupas novas modernas ou consertar a bicicleta motorizada da família.

Parece haver poucos limites ao que os randomistas podem tentar. Duflo e Hanna conduziram um experimento para lidar com professores faltosos na Índia rural, mostrando que a solução era mandar câmeras com marcação de horário à prova de falsificação para metade das escolas. Os alunos fotografavam o professor com a classe no início e no fim de cada dia escolar. O absenteísmo dos professores desabou, e as notas escolares da classe melhoraram acentuadamente.[30]

Outro experimentador perguntou: são boas as oportunidades de investimento disponíveis para empreendedores de pequena escala no Sri Lanka, oportunidades que permanecem inexploradas por falta de fundos? Parece uma pergunta vaga e misteriosa de responder, mas foi notavelmente simples produzir uma resposta clara. Os pesquisadores descobriram mais de quatrocentos negócios muito pequenos — como oficinas de conserto de bicicleta ou pequenas barracas — e usaram um processo de randomização para dar US$ 200 a uns, US$ 100 a outros e absolutamente nada aos demais.[31] Concluíram que o retorno do investimento era de cerca de 6% ao mês, o que é quase 90% ao ano.

Outros randomistas se uniram a um banco nas Filipinas para ajudar agricultores a poupar mais — mandando lembretes em texto-mensagem.[32] Aldeões selecionados randomicamente em Rajasthan estão desfrutando peças com música ao vivo, fantoches e mensagem política sobre a liderança feminina.[33] A questão é se as atitudes em relação às mulheres melhoraram nas aldeias que viram a peça. "Se ela tem efeito positivo, significa que podemos educar as pessoas", explicou Esther Duflo. "Se não tem efeito, então será interessante também, porque isso mostrará que você deve levá-las a experimentar mulheres em ação."

Existem muitos outros exemplos igualmente inventivos, mas poucos são mais ambiciosos do que os organizados em países devastados pela guerra pelo cientista Macartan Humphreys e seus colegas

A Libéria é um desses países: um lugar com um nome auspicioso e uma história cheia de ódio. Fundada por antigos escravos americanos na primeira metade do século XIX, na margem sul do bojo ocidental da África, a Libéria hoje está atolada em desesperadora pobreza — os liberianos têm um sexto da renda miserável que é a média da África subsaariana — e se recupera vagarosamente de um par de guerras civis particularmente cruéis.[34] Quando Charles Taylor, o ex-rebelde que se tornou presidente, foi a julgamento por crimes de guerra em Haia, seu antigo lugar-tenente "ZigZag" Marzah o acusou de ordenar atos ultrajantes, como comer os órgãos de inimigos "com sal e pimenta" ou abrir o ventre de mulheres grávidas.[35] Cinco anos depois que as hostilidades cessaram, um quarto dos liberianos ainda se considerava desalojado de seus lares. No Condado de Lofa, no norte da Libéria, 85% das pessoas haviam fugido de suas aldeias pelo menos uma vez; uma em cada dez pessoas tinha sido morta ou ferida durante as guerras civis, e uma em cada vinte era combatente, muitas forçadas a lutar contra a vontade.[36]

Como podem comunidades como Lofa, rasgadas em pedaços pela guerra, ser remendadas novamente? Uma abordagem chamada reconstrução impulsionada pela comunidade (ou CDR, sigla de *community-driven reconstruction*) se torna cada vez mais popular em círculos de desenvolvimento; estima-se que só o Banco Mundial emprestou mais de US$ 2 bilhões para CDR em 2003, o ano em que a última guerra civil liberiana terminou, e acredita-se que a CDR é a única forma de fazer o desenvolvimento funcionar em lugares como o Afeganistão. A ideia é bastante simples: uma instituição beneficente de desenvolvimento primeiro se envolve numa comunidade para pedir cooperação, depois faz substanciais doações à comunidade vinculadas a um conjunto simples de condições — um conselho deve ser eleito democraticamente pela comunidade para decidir como o dinheiro será gasto. Em teoria,

DESCOBRINDO O QUE FUNCIONA PARA OS POBRES OU... 173

isso assegura que as pessoas irão tomar decisões informadas sobre suas necessidades e serão capazes de ficar de olho para prevenir a corrupção; isso não deverá apenas regenerar a economia local, mas, acima de tudo, reconstruir o espírito comunitário ao dar às pessoas um incentivo para participar da tomada de decisões. Se as comunidades não demonstrarem alguma habilidade em se unir, vão perder dinheiro. E isso estimula as instituições a crescer de baixo para cima e não de cima para baixo.

A política é plausível e atraente, mas assim eram muitas outras políticas que não funcionaram tão bem. Então, podem esses projetos de CDR promover boa vontade, ou são apenas outra moda passageira que será abandonada novamente no devido tempo? Parece uma questão nebulosa demais para se responder com outra coisa senão o relato de um caso ou conjeturas. Mas Macartan Humphreys, com seus colegas James Fearon e Jeremy Weinstein, inventou um experimento para obter uma resposta mais vigorosa.

Os três pesquisadores se associaram ao International Rescue Committee (IRC), uma grande instituição beneficente de desenvolvimento que tem projetos CDR em execução na Libéria financiados pelo DFID, a agência britânica de ajuda. Eles persuadiram o IRC a alocar randomicamente seus escassos recursos por meio de uma loteria em que os chefes locais de comunidades igualmente merecedoras estavam representados. Se os moradores das aldeias vencedoras estabelecessem primeiro um "conselho de desenvolvimento da comunidade" com membros eleitos, o IRC lhes fazia doações que podiam chegar a US$ 17 mil — cem vezes a renda anual de um liberiano médio. (Este era um incentivo e tanto. Num país rico, um projeto de cem vezes a renda anual de uma pessoa média estaria na faixa de US$ 2 milhões a US$ 5 milhões.)

Com comunidades escolhidas ao acaso recebendo as doações — e um grupo de controle para comparar com elas —, Fearon, Humphreys e Weinstein precisavam, então, de uma maneira de medir se o projeto tinha feito alguma diferença. Recrutaram uma equipe de pesquisadores liberianos locais inteiramente separados da operação do IRC para conduzir o tipo de experimento de teoria dos jogos que se poderia esperar nos laboratórios de pesquisa do MIT. Eles escolheram, randomicamente, 24 pessoas de cada aldeia, um total de quase 2 mil indivíduos no Condado de Lofa. A cada pessoa foi oferecida uma escolha: poderia ganhar 5 dólares para si (na verdade, três notas de cem dólares liberianos, um bom salário semanal) ou poderia contribuir com uma parte ou com todo esse dinheiro para a comunidade — e, para cada dólar de que abrisse mão, a comunidade receberia duas ou cinco vezes isso. Foi dado a cada pessoa um envelope que poderia ser devolvido à equipe de pesquisadores sem que ninguém pudesse ver se havia ou não alguma cédula de dinheiro dentro dele. Foi um teste para ver o quanto as pessoas eram cooperativas, capazes de autossacrifício e preocupadas com a comunidade. E foi significativo: pesquisadores de ajuda com frequência descobrem que os moradores de aldeias aprendem rapidamente a dizer o que os doadores querem ouvir, mas, neste caso, atuar cooperativamente custaria uma semana de salário, então seria mais do que apenas satisfazer os doadores.

Macartan Humphreys é um irlandês conversador com um arco-íris de credenciais acadêmicas: o prêmio máximo em economia do curso de mestrado intensivo de Oxford, um Ph.D. em governo de Harvard, mais qualificações em história e política de Dublin e Lille. Quando conversei com ele sobre esse experimento, Humphreys estava muito impressionado com a vontade do IRC de aprender. "Cada vez mais, quando as organizações abordam você, é porque estão sob pressão dos doadores para provar que podem fazer o serviço", explicou. "O IRC é uma honrosa exceção. Eles realmente queriam melhorar o modo como trabalhavam."

Mas Humphreys também estava francamente cético quanto ao projeto do IRC poder fazer muito efeito. Havia uma agradável

DESCOBRINDO O QUE FUNCIONA PARA OS POBRES OU... 175

surpresa reservada para ele: na verdade, os projetos de desenvolvimento da comunidade mudaram a forma como as pessoas agiam em relação à comunidade. Nas comunidades que não haviam recebido dinheiro do IRC existia um impressionante espetáculo de espírito comunitário: mais de 60% desses indivíduos muito pobres desistiam de tudo o que lhes havia sido oferecido para que a comunidade pudesse beneficiar-se. (Podiam estar devastados pela guerra, mas não lhes faltava generosidade e solidariedade.) Mas nas comunidades que haviam estabelecido um conselho eleito para gastar a doação do IRC, esse número subia a mais de 70%. Essa melhora na cooperação foi estatisticamente robusta e grande o bastante para ser importante. Foi uma boa notícia para os propositores da reconstrução impulsionada pela comunidade: o projeto do IRC parecia funcionar.

Humphreys entra agora numa pesquisa ainda mais ambiciosa com o IRC na República Democrática do Congo. A pesquisa requer atualmente equipes de bravos e dedicados pesquisadores locais para visitar aldeias remotas no leste do Congo que serão designadas randomicamente para receber, ou não, outro projeto do IRC de desenvolvimento da comunidade. Primeiro, devem localizar as aldeias, o que não é tarefa fácil: os pesquisadores têm quatro listas separadas e inconsistentes de onde as aldeias podem estar localizadas, às vezes do outro lado de um rio em que precisam construir uma ponte, ou num pântano que precisam vadear um dia inteiro com água até os ombros. E tudo isso num país denominado "capital mundial do estupro" pela alta funcionária das Nações Unidas Margot Wallstrom e onde se estima que 5 milhões de pessoas morreram numa guerra que tragou a maior parte dos vizinhos do Congo e só terminou em 2003.[37]

"São áreas problemáticas", diz Humphreys, o que é um pouco de eufemismo. Muitas pessoas são assassinadas no Congo e, algumas vezes, assassinadas nas aldeias que receberam dinheiro. Isso

176 ADAPTE-SE

é algo para ser investigado à medida que pesquisas e experiências de campo continuem. Mas "as pessoas ficam muito excitadas porque finalmente terão voz. Ouviremos comentários como: 'Nossas crianças eram raptadas, havia helicópteros sobrevoando nossas cabeças, mas tivemos um bom Natal.'"

Tais experimentos são bastante ambiciosos e muito importantes, mas o experimento congolês é particularmente espantoso. Mesmo sem as dificuldades de operar no coração da África, é um experimento controlado numa escala colossal. Quase 2 milhões de pessoas vivem em comunidades que vão receber doações, outros 2 milhões em comunidades que não receberão. Archie Cochrane tinha propostas muito mais modestas "tratadas como indignas de atenção", como comparar duas filosofias para o ensino médico designando randomicamente estudantes para universidades próximas às cidades britânicas.[38] Se Cochrane vivesse hoje, até ele poderia espantar-se com os projetos que os randomistas estão conseguindo deslanchar agora.

7 "Não deveríamos tentar projetar um mundo melhor. Deveríamos criar melhores circuitos de feedback"[39]

Ao olhar para a adaptação do Exército americano no Iraque e o desenvolvimento de inovações vitais como o Spitfire de Mitchell, a técnica genética de Capecchi e o relógio de Harrison, pusemos muita ênfase em abrir espaço para as novas ideias emergirem — para a "variação". Mas adaptar também requer seleção, a separação das boas e das más abordagens.

O problema da seleção — responder à pergunta "O que funciona?" — está sempre presente num mundo complexo. Em nenhum outro lugar isso é mais verdadeiro do que no desenvolvimento, onde

DESCOBRINDO O QUE FUNCIONA PARA OS POBRES OU... 177

muito dinheiro é gasto por estrangeiros bem-intencionados que estão muito longe do "olho da lagarta". Os médicos persistiram nas sangrias por três séculos depois que Van Helmont os desafiou a provar que sua técnica funcionava. No negócio da ajuda para o desenvolvimento, há mais vidas ainda em jogo, e o feedback entre os receptores finais da ajuda e os doadores é extremamente fraco. Há muitas maneiras de experimentar e distinguir os sucessos, e um teste randômico é uma das ferramentas disponíveis mais poderosas.*

Mas os testes randômicos cobrem apenas uma parte do caminho. Quando sabemos quais são as ideias que funcionam, ainda temos de nos assegurar de que aquelas ideias sejam aceitas mais amplamente. Em muitas outras áreas da vida isso não é um problema. Se uma cafeteria oferece uma combinação melhor de serviço, variedade de comidas, preços, decoração, mistura de cafés e assim por diante, então os fregueses irão se aglomerar mais lá do que à porta do café vizinho — que, inevitavelmente, terminará copiando as técnicas do concorrente ou fechando o estabelecimento e vendo o concorrente tomar conta do território.

Quando entramos nos serviços públicos, não é tão direto. O especialista em desenvolvimento Owen Barder — que uma vez foi conselheiro do primeiro-ministro britânico Tony Blair — destaca que, enquanto o mercado dá um feedback rápido e forte, nos serviços públicos o feedback é demorado e vago. Se os pais não gostam da escola local, podem queixar-se aos políticos locais ou fazer lobby com o diretor diretamente. Também podem transferir o filho para outra escola, mas esse ato tem menos consequências diretas para a escola do que para uma cafeteria.

---

*A randomização não é o único meio de criar um experimento controlado. Às vezes pode ser melhor variar sistematicamente o tratamento e os grupos de controle do que fazer isso ao acaso. Ao usar o "teste randomizado" para defender qualquer teste cuidadosamente controlado, estou falando de maneira geral e espero que os técnicos no assunto me perdoem por isso.

Na ajuda para o desenvolvimento, os circuitos de feedback são mais compridos ainda, e muito frágeis. Enquanto numa escola os contribuintes que pagam pelo ensino são quase sempre pais de alunos que dependem dela, na ajuda ao desenvolvimento os contribuintes e doadores de instituições de caridade que proveem o dinheiro provavelmente nunca conhecerão os beneficiários. Se o projeto está falhando por alguma razão, é difícil para os beneficiários se queixarem a uma longa cadeia de intermediários — o problema PlayPump. E, enquanto algum benefício estiver chegando até eles, os beneficiários têm pouca razão para reclamar, por medo de que o projeto seja inteiramente suspenso — mesmo se a maior parte do dinheiro estiver sendo desperdiçada ou roubada. Owen Barder conclui que, se é para a ajuda ao desenvolvimento adaptar-se e evoluir, "não deveríamos tentar projetar um mundo melhor. Deveríamos criar melhores circuitos de feedback".

Jakob Svensson, um economista do desenvolvimento da Universidade de Estocolmo, vem estudando os circuitos de feedback em Uganda há anos. Num influente estudo com Ritva Reinikka, do Banco Mundial, investigou um programa de doação em dinheiro para escolas: o governo de Uganda dava uma doação para escolas com base no número de alunos, mas Reinikka e Svensson descobriram que 80% do dinheiro sumia em algum lugar entre o governo central e a sala de aula, tipicamente porque funcionários locais o estavam roubando.

Quando a escala do roubo ficou clara, o governo de Uganda respondeu com um experimento realmente brilhante: começou a publicar em dois jornais detalhes da quantia exata de dinheiro que estava sendo mandada por mês para cada escola. A situação começou a mudar rapidamente. Armados com a informação de quanto dinheiro deveria chegar, os pais começaram a reclamar furiosamente. Em seis anos, o percentual de subvenções que chegavam às escolas havia subido de 20% para 80%.[40] A campanha

DESCOBRINDO O QUE FUNCIONA PARA OS POBRES OU... 179

do jornal parece ter sido em grande parte responsável por isso: embora Reinikka e Svensson não pudessem conduzir um teste randomizado, foram capazes de mostrar que as escolas em que os pais tinham mais acesso aos jornais também foram as que mostraram a maior redução no roubo.

Uma segunda investigação de Svensson, com Martina Björkman, usou um teste randomizado para estudar a introdução do monitoramento comunitário nas clínicas de Uganda. De modo semelhante ao estudo de Benjamin Olken sobre a construção de estradas indonésias, Björkman e Svensson organizaram uma forma de as comunidades locais informarem de volta se estavam recebendo um tratamento de saúde decente nessas clínicas. Mas tiveram um resultado diferente. Nesse contexto, a monitoração comunitária era muito efetiva, provavelmente porque qualquer um sabe se o médico apareceu para trabalhar ou não. (O roubo de material de construção de Olken era mais difícil de localizar.) As clínicas eram mais limpas, um número muito menor de médicos e enfermeiras faltava ao trabalho e menos medicamentos eram roubados. Muito significativamente, as taxas de vacinação subiram quase 50% e um terço a menos de crianças pequenas morreu nas áreas onde o monitoramento comunitário foi introduzido.[41] Esses são efeitos dramaticamente efetivos. O feedback é importante e, se conseguimos melhorar os laços de realimentação no desenvolvimento, podemos criar incentivos muito mais fortes para a ajuda ao desenvolvimento melhorar, evoluir e adaptar-se.

8 Explorações no "espaço do produto"

Mas se a ajuda estrangeira deveria ser testada com mais frequência mediante testes randômicos e melhorada por meio de feedback mais robusto das pessoas que supostamente deve beneficiar, existe uma questão muito maior assomando. Os processos econômicos que agora ocorrem na China e na Índia, ou os que previamente industrializaram a Coreia e o Japão, a Europa e os Estados Unidos, parecem muito mais complexos e amplos até mesmo do que a maior parte dos mais ambiciosos projetos de ajuda estrangeira pode estimular.

Talvez não. Muitos economistas acreditam que passos pequenos são suficientes, se um país dá uma quantidade suficiente deles na direção certa: Numa palestra em 1755, Adam Smith declarou que "pouca coisa mais é requisitada para levar um estado do mais baixo barbarismo ao mais alto grau de opulência do que paz, impostos baixos e uma administração tolerável de justiça: todo o resto sendo produzido pela ordem natural das coisas". Em outras palavras, se o governo consegue acertar nas coisas básicas, tudo o mais ocorrerá no devido tempo, e a ajuda estrangeira pode ajudar — se ao menos for apropriadamente testada.

Mas o que era verdade em 1755 pode hoje não ser verdade. Imagine uma executiva da varejista Amazon analisando se deve montar uma subsidiária num novo país. Ela fará perguntas centradas no tipo de economia, que seriam: quantas pessoas têm cartões de crédito? Quantas estão ligadas à internet? Os empregados dos correios costumam roubar a correspondência? As pessoas têm endereços viáveis? Com os elementos básicos certos, o modelo de negócios da Amazon é factível. De outra forma, não é. E pior, se vários elementos básicos estão faltando, pode não existir um mecanismo político direto que os proporcione. Se uma única regulamentação está bloqueando sua entrada num novo mercado, a Amazon poderia reclamar ao governo. Mas se existe uma dúzia de problemas diversos, a companhia provavelmente dará de ombros e procurará outro lugar.

Se isso é verdade não apenas para um varejista, mas para muitas indústrias diferentes, alguns países pobres podem estar

DESCOBRINDO O QUE FUNCIONA PARA OS POBRES OU... 181

presos numa armadilha: talvez não exista uma progressão gradual daquilo que fazem agora para o que precisam fazer para ser ricos. Governos e doadores talvez tenham de intervir e coordenar o progresso — um "grande empurrão", no jargão desenvolvimentista, consertando simultaneamente os correios, o sistema bancário e a infraestrutura de internet, ou capacitando firmas privadas a fazer isso juntas. Como esse esforço de coordenação gigantesco poderia estar sujeito às forças do processo de tentativa e erro?

Mas estamos nos adiantando. Antes de perguntar como um "grande empurrão" adequadamente experimental poderia ser possível, deveríamos perguntar primeiro se ele é necessário. É perfeitamente possível que cada um desses elementos econômicos fundamentais seja desenvolvido gradualmente, e separadamente, sem a ajuda do governo. A resposta sobre se um grande empurrão é necessário vem de uma fonte inesperada: um jovem físico fascinado pela natureza das conexões.

César Hidalgo nunca estudou economia, mas sabe mais do que a maioria dos economistas como as economias se desenvolvem.[42] Hidalgo é uma pessoa curiosa: um físico cujas redes geradas por computador têm sido exibidas como trabalho de arte.

"Enquanto é trivial que tudo esteja interligado", ele diz, "a estrutura e a natureza dos sistemas conectados não são triviais." A arte de Hidalgo cria representações visuais de registros médicos, chamadas de telefones celulares, migração — e até a expressão de genes em vermes nematoides. "Todas elas são subprodutos de ilustrações produzidas para publicações científicas", acrescenta. O cabelo comprido de Hidalgo e seu cavanhaque são praticamente um padrão entre físicos de menos de 30 anos de idade, mas ele rompeu o molde de outras maneiras. Unido aos economistas Ricardo Hausmann e Bailey Klinger e ao grande fisicista especialista em redes Albert-László Barabási, Hidalgo tem produzido meios notáveis e reveladores de visualizar o processo de desenvolvimento econômico.

A base foi assentada pelo National Bureau of Economic Research, que desmembrou as exportações de cada país em 775 produtos distintos, como: "carne de animais bovinos congelada" e "ventiladores e coifas com ventilador". As exportações são uma medida significativa, porque, se você exporta um produto, isso significa que alguém mais está querendo pagar por ele. Ricardo Hausmann e Bailey Klinger então usam os dados para mapear o "espaço do produto" de cada país do mundo, estimando o quanto cada produto é similar a outro produto. A ideia é que, se todo grande exportador de maçãs também exporta peras, e se todo grande exportador de peras também exporta maçãs, então os dados demonstram que maçãs e peras são similares. Presumivelmente, ambas as economias teriam solos férteis, agrônomos, instalações refrigeradas de empacotamento e portos.

Então, César Hidalgo e Albert-László Barabási interferiram para transformar os dados de Hausmann e Klinger num mapa de relações entre diferentes produtos, não geograficamente, mas num espaço econômico abstrato. Maçãs e peras aparecem juntas no mapa de produtos porque muitos países exportam ambos os produtos e muitos países não exportam nenhum deles. A produção de petróleo está muito longe de qualquer outra coisa no espaço abstrato de produtos, porque o fato de um país exportar ou não petróleo revela muito pouco sobre o que mais ele poderia exportar.

César Hidalgo foi responsável por produzir a própria visualização. Ao primeiro olhar, seus mapas do espaço de produtos parecem um pouco uma pintura de Jackson Pollock, com uma rede de linhas ligando uma dispersão de grandes e pequenas bolhas, com bolhas da mesma cor aglomeradas, como se pelo efeito de um movimento repentino do pulso do artista. Esses aglomerados na verdade indicam grandes subconjuntos de espaço de produtos, como têxteis, veículos ou frutas; as bolhas são produtos mais específicos.

DESCOBRINDO O QUE FUNCIONA PARA OS POBRES OU...   183

Os pesquisadores não estavam interessados apenas no espaço do produto em si mesmo, mas no que ele lhes mostrava sobre a capacitação dos países. Hidalgo usa um truque matemático que chama de "método de reflexões" para inferir capacidades a partir do espaço do produto mediante a programação de um computador para circular para trás e para diante entre os produtos e os países que os produzem.

Hidalgo começa observando que alguns produtos são ubíquos: muitos países os produzem e, portanto, esses produtos, presumivelmente, não são especialmente desafiadores para serem produzidos. Pode-se presumir que países que exportam *apenas* produtos ubíquos, como meias, sejam deficientes em muitas capacidades complexas. Países que também exportam produtos que são feitos por poucos outros, como componentes de helicópteros e chips de memória, provavelmente têm capacidades mais sofisticadas. O método de reflexões, então, leva essa informação de volta para o espaço do produto: produtos produzidos em economias simples tendem a ser produtos simples, ao passo que aqueles produtos produzidos apenas em economias sofisticadas tendem a ser produtos sofisticados. Parece um raciocínio circular, mas não é: um produto específico (digamos, ouro) poderia a princípio parecer sofisticado porque apenas uma lista seleta de países o produz, porém, à medida que o processo matemático se movimenta para trás e para frente entre produtos e economias, torna-se claro que não há correlação entre ser uma economia sofisticada e ser um produtor de ouro.

O método de reflexões finalmente converge para uma lista de produtos mais simples e mais complexos e para uma classificação das economias mais simples e mais complexas que os produzem. A sofisticação econômica está estreitamente relacionada à renda, mas não exatamente dessa maneira. Alguns países têm capacidades mais sofisticadas do que renda, o que sugere que têm "espaço para crescer". Um exemplo, de dados coletados em 2000, é a Coreia do Sul: a décima oitava economia mais sofisticada do mundo, mas ainda não tão rica quanto aquela sofisticação poderia sugerir que ela se tornaria. China e Índia também têm muito espaço para crescer. De modo oposto, existem economias relativamente ricas, mas simples, que estão numa posição menos sustentável: intrigantemente, elas incluem Grécia e Emirados Árabes Unidos, entre eles Dubai.

Por mostrarem como as economias se desenvolvem de uma maneira que nenhum pesquisador foi capaz de ver anteriormente, os bonitos mapas de rede de Hidalgo proporcionam uma nova percepção sobre a forma como as economias crescem. Ao destacar os produtos que um país em particular exporta no mapa universal de produtos, Hidalgo mostra cada economia nessa rede de produtos. Países ricos têm economias maiores e mais diversificadas, e produzem grande quantidade de produtos — especialmente aqueles produtos próximos do coração densamente conectado da rede. As economias dos "tigres" do leste da Ásia aparecem de modo muito diferente, com seus mais recentes jorros de crescimento ilustrados por grandes aglomerados em torno de manufaturas têxteis e eletrônicas e — contrariamente à publicidade — não muita atividade nos produtos produzidos pelos países mais ricos. Países africanos tendem a produzir alguns poucos produtos espalhados sem grande similaridade com outros. E isso poderia ser um grande problema.

Os mapas de rede mostram que as economias tendem a se desenvolver através de produtos estreitamente relacionados. A Colômbia é um exemplo de país que já tem produtos bem conectados à rede. Isso significa que, se a Colômbia pudesse conquistar a paz, impostos baixos e justiça, então a riqueza se seguiria, exatamente como Adam Smith prometeu, porque há muitas oportunidades para as firmas privadas perseguirem. Um exemplo contrastante é a África do Sul. Muitas de suas exportações — diamantes, por

DESCOBRINDO O QUE FUNCIONA PARA OS POBRES OU... 185

exemplo — não são similares a coisa alguma. Se a África do Sul for desenvolver novos produtos, isso significará dar um grande salto nesse espaço abstrato de produtos.

Os dados sugerem que tais saltos são incomuns: à medida que vai clicando nas imagens dos mapas de produtos em seu laptop, Hidalgo revela que as economias tendem a se desenvolver espalhando-se de um aglomerado para um aglomerado próximo. Para alguns países, os saltos necessários através do espaço dos produtos podem ser gigantescos se não houver algum tipo de "grande empurrão".

É possível encontrar exemplos em que governos lançaram incursões bem-sucedidas através do espaço de produtos. Em 1982, o governo do Chile patrocinou um esforço para aprender mais sobre a criação de salmões e atraiu as melhores companhias internacionais para as águas chilenas; nos 25 anos seguintes, a indústria de salmão do Chile cresceu dez vezes — com firmas domésticas também crescendo fortemente — e se tornou o maior exportador mundial de salmão, à exceção da Noruega.[43] (Esse crescimento pode ter sido rápido demais — em 2007 o progresso do Chile sofreu um recuo causado por uma irrupção de doença, que alguns atribuíram a padrões negligentes.) O governo de Taiwan identificou as orquídeas como uma possível cultura para algumas terras previamente dedicadas ao açúcar — uma resposta mais inteligente ao barateamento do açúcar brasileiro do que estampar uma tarifa sobre ele, como a União Europeia e os Estados Unidos fizeram. Eles construíram uma infraestrutura — área de embalagem, redes elétricas, estradas, um salão de exposições e até um laboratório genético — e convidaram firmas privadas a aparecer e ter acesso a ela. Taiwan é hoje o maior exportador mundial de orquídeas.[44]

Mas existe um dilema real aqui. A lição da pesquisa de Hidalgo é que um grande empurrão do governo pode, às vezes, ser necessário. A experiência da indústria de salmão chileno e de orquídeas taiwanesas mostra que um grande empurrão também pode ser efetivo. Mas o registro mais amplo de tentativas do governo de pilotar a economia tem sido frequentemente catastrófico em países com governos ditatoriais ou corruptos — e sem eficácia até mesmo em governos democráticos ricos. Por exemplo, um fundo de capitais de risco suportado pelo governo na Dinamarca, com o objetivo de apoiar novos e empolgantes negócios, perdeu 60% de seu valor em prazo rápido. Um fundo de desenvolvimento no Reino Unido foi um fracasso ainda mais espetacular, dando um jeito de perder 94%. A média britânica para tais fundos regionais foi um retorno negativo de 15%; na Europa, menos 0,4%. Os capitalistas de risco do Vale do Silício não precisam perder muito sono.[45]

O problema parece ser que os governos adoram apoiar perdedores: pense nos grandes bancos e nas companhias automobilísticas. O candidato ideal para receber apoio do governo parece ser uma companhia muito grande e muito malsucedida. Esta é a fórmula perfeita para a falência sustentada. Talvez seja por isso que, historicamente, as políticas de "grande empurrão" têm sido com frequência incompetentes — um empurrão de um penhasco em vez de um lançamento em órbita.

Mas se a defasagem entre produtos simples e produtos complexos for grande demais para ser cruzada em passos pequenos, o que os mentores da política governamental devem fazer? De alguma forma, os governos têm de oferecer os recursos e a paciência a que apenas eles têm acesso, sem cometer a asneira de se associar a projetos que são indisfarçadamente elefantes brancos. E isso significa encontrar uma nova ferramenta para selecionar políticas que funcionem, uma ferramenta que opere numa escala mais ampla do que qualquer coisa que os randomistas podem fornecer.

9 "Uma fórmula para criar ordem no caos e prosperidade em meio ao atraso"

Lübeck é agora uma pequena cidade na costa norte da Alemanha, mas em 1158 era pouco mais do que um castelo numa costa infestada de piratas. Henrique, o Leão, um dos governantes locais, conquistou o lugar, tomou o castelo, executou o chefe pirata local e começou a transformar Lübeck na mais rica cidade do norte da Europa. Seu método era simples: estabeleceu um conjunto diferente de regras que se aplicariam apenas em Lübeck. Aos que pretendiam ser cidadãos era oferecida uma carta de "direitos cívicos muito honoráveis"; os dominantes feudais foram chutados para fora e substituídos por um conselho local; uma casa da moeda garantia dinheiro confiável; impostos excessivos foram proibidos e uma área de livre comércio foi arranjada, a partir da qual comerciantes poderiam atingir cidades como Munster, Magdeburg, Nuremberg e até Viena. Henrique então espalhou a notícia no norte da Europa de que comerciantes experientes seriam recebidos de braços abertos. Eles acorreram em bando ao chamado e Lübeck se transformou na Hong Kong ou Xangai de seus dias — um súbito e espantoso sucesso. O próprio imperador do Sacro Império, Carlos IV, considerava Lübeck uma das "cinco glórias do Império", junto com Roma, Pisa, Veneza e Florença.[46]

Lübeck foi amplamente copiada. Cidade após cidade ao longo da costa do Báltico adotou uma variante da carta de Henrique, entrando numa era de prosperidade. Lübeck tornou-se a capital da Liga Hanseática, uma aliança que listava duzentas cidades e durou até o século XVII. (A própria Lübeck reteve alguma independência ainda no século XX: o senado da cidade recusou-se a permitir que Adolf Hitler fizesse campanha lá em 1932. Ele se vingaria transformando a cidade num subúrbio administrativo de Hamburgo.)

Com o mundo urbanizando-se rapidamente, talvez tenha chegado o tempo de copiar Lübeck novamente. Como destaca o jornalista Sebastian Mallaby, o projeto de Henrique para Lübeck foi "um pouco como tentar construir uma nova Chicago no Congo ou no Iraque modernos" — e isso é bem o que o economista Paul Romer quer fazer agora. Romer é o fundador do movimento das "cidades que têm sua própria carta de direitos" e argumenta que o mundo necessita de cidades inteiramente novas com sua própria infraestrutura e, em particular, com suas próprias regras de democracia, impostos e governança corporativa. Essas cidades, como Lübeck, seriam governadas por um conjunto de regras destinadas a atrair gente ambiciosa. De acordo com Mallaby, Lübeck representou "uma fórmula para criar ordem no caos e prosperidade em meio ao atraso" na Idade Média. É justamente uma fórmula como essa que Paul Romer está promovendo agora.

Existem indícios suficientes de que as cidades com carta funcionariam no mundo de hoje. Há Cingapura, cidade-Estado independente há muito tempo, na costa da Malásia; Hong Kong, por muitos anos um enclave britânico no mar do sul da China; mais recentemente, Shenzhen, trinta anos atrás uma aldeia de pescadores não distante de Hong Kong e agora uma rival da própria Hong Kong depois de ser designada a primeira "zona econômica especial" da China. Além do sudeste da Ásia, Dubai provou — apesar da bolha imobiliária — que se pode construir uma cidade bem-sucedida em qualquer lugar. O que as quatro cidades têm em comum com Lübeck, além do assentamento litorâneo, é que foram governadas por regras diferentes das que vigoravam nas áreas em torno.

Então, sabemos que cidades-Estados independentes podem sobreviver e prosperar numa economia globalizada. Sabemos que é fisicamente impossível montar uma infraestrutura impressionante num espaço curto de tempo. Sabemos que a urbanização é boa

DESCOBRINDO O QUE FUNCIONA PARA OS POBRES OU... 189

para o planeta (porque promove um modo de vida compacto, casas menores e uso do transporte público), e que isso está acontecendo, de qualquer modo. Em outras palavras, novas cidades-Estados com algum grau de autonomia são viáveis econômica, arquitetônica, ambiental e socialmente.

Mas Romer levou o conceito da cidade com carta de direitos ao limite quando sugeriu que as cidades poderiam ser administradas por países estrangeiros.[47] Num de seus mais fantasiosos exemplos, Cuba, Estados Unidos e Canadá concordam em transferir a Baía de Guantánamo para os canadenses, que estabelecem uma Hong Kong no Caribe: os cubanos ganham um portal para o capitalismo do século XXI; os americanos se livram de um problema de relações públicas; os canadenses ganham influência e riqueza. Economicamente isso é plausível. Politicamente é quase inconcebível.

Romer não carece de autoconfiança: um brilhante e influente estudioso do desenvolvimento econômico, ele se afastou da pesquisa para fazer uma pequena fortuna como empresário da internet, antes de se tornar economista-chefe do Banco Mundial para pregar a ideia das cidades com carta de direitos.[48] Mas é necessária a versão extremada da ideia da cidade com carta de direitos que ele tem? Romer acha que sim: ele argumenta que a propriedade estrangeira poderia ser um caminho para os governos instáveis importarem credibilidade, em muito semelhante ao modo como os políticos democraticamente eleitos às vezes entregam o controle das taxas de juros para tecnocratas no banco central ou cedem alguma soberania para instituições internacionais.[49]

Mas talvez isso coloque demasiada ênfase no problema da credibilidade. Afinal de contas, Lübeck — o exemplo de Sebastian Mallaby da cidade com carta de direitos original — era um assunto inteiramente doméstico: Henrique, o Leão, não precisou assinar um contrato com o papa ou com Henrique II da Inglaterra ou com alguém mais. Ele apenas fez uma promessa aos cidadãos em perspectiva, e aquilo pareceu o bastante.

Cidades com carta de direitos têm um atrativo inteiramente diferente, que Henrique, o Leão, capturou perfeitamente com Lübeck: elas permitem tanto variação quanto seleção em grande escala. A variação emerge porque as cidades com carta são zonas nas quais tarifas, leis e impostos são diferentes daqueles que vigoram no resto do país. Isso não tem nada a ver com propriedade estrangeira como tal. Shenzhen, por exemplo, é um caso inteiramente chinês, mas as regras em Shenzhen são diferentes das regras em outros lugares da China.

Contemple New Songdo City, uma metrópole modesta do tamanho de metade de Manhattan que está sendo construída desde o início sobre um aterro sanitário a cerca de 64 quilômetros de distância de Seul, na Coreia do Sul. A cidade é um projeto empresarial apoiado pelas autoridades sul-coreanas, mas financiado e administrado pela sul-coreana Posco, talvez a siderúrgica mais bem-sucedida do mundo, e por Gale, incorporador dos Estados Unidos. A cidade se gaba de ter o maior arranha-céu da Coreia do Sul, um campo de golfe projetado por Jack Nicklaus, canais (uma inspiração veneziana), apartamentos luxuosos com redes de comunicação, infraestrutura digital exclusivamente fornecida pela Cisco e muito espaço verde. Deve ser entregue por volta de 2015.

O que realmente intriga acerca de New Songdo não é a arquitetura de espaços vazios — isso frequentemente foi disfuncional no passado —, e sim que New Songdo exista numa bolha legal e regulatória. É uma zona econômica livre com leis trabalhistas menos restritivas do que no resto da Coreia do Sul e regulações mais atraentes para corporações estrangeiras, como o direito de usar documentos oficiais em inglês.[50] A infraestrutura é apenas a base: New Songdo vai viver ou morrer por sua habilidade de agir como um sistema de plataformas para empreendedores. Funcio-

DESCOBRINDO O QUE FUNCIONA PARA OS POBRES OU... 191

nários sul-coreanos admitem que reformar as regulações do país é um processo difícil, mas instalar uma cidade pequena onde regulações mais simples se aplicam é uma forma fácil de testá-las.

Shenzhen e New Songdo poderiam ser olhadas como oficinas de inovação gigantescas: exatamente como Reginald Mitchell, Burt Rutan e Mario Capecchi precisavam de proteção contra a tendência dominante para desenvolver inovações, às vezes a economia de uma cidade precisa ser protegida das políticas entrincheiradas do próprio país hospedeiro. As cidades com carta de direitos, então, oferecem a habilidade de adaptar-se numa escala promissora: são experimentos grandes o bastante para fazer diferença, mas pequenos o suficiente para que dúzias ou centenas existam em paralelo. Como tal, oferecem uma resposta ao dilema do desenvolvimento, ou seja, que grandes empurrões quase sempre falham, enquanto passos pequenos podem não ser suficientes.

Existe um segundo componente-chave da ideia da carta: não apenas variação, mas também seleção. Henrique, o Leão, estabeleceu sua carta de direitos e abriu as portas para qualquer um que quisesse ir para Lübeck (nada da compulsão de Magnitogorsk, quase oitocentos anos depois). O mesmo poderia ser verdade sobre as cidades com carta de direitos do século XXI: os governos criariam a cidade e veriam se alguns de seus cidadãos iriam querer viver e trabalhar sob as novas regras. É o mecanismo de seleção definitivo: se as regras, instituições e infraestrutura física de uma cidade podem ser projetadas para oferecer aos cidadãos uma qualidade de vida decente, a libertação do medo do crime e a chance de uma boa renda, então as cidades vão atrair as pessoas de que necessitam para prosperar.

As cidades com carta de direitos sem dúvida são um salto corajoso, mas surpreendentemente elas satisfazem as condições para a adaptação. Permitem que novas abordagens sejam testadas. Sua escala é pequena o bastante para que, caso alguma cidade fracasse, e falhe em atrair cidadãos ou negócios, esse fracasso possa ser superado. E existe um mecanismo interno para distinguir os sucessos dos fracassos: pessoas comuns, decidindo por conta própria. Essa ideia final é, tristemente, algo que tem estado inteiramente ausente da maior parte das iniciativas de desenvolvimento nos últimos sessenta anos.

Mas aproveitar o poder de pessoas comuns como mecanismo de seleção não se limita à ideia das cidades com carta de direitos. Poderia também ser a resposta para um dos maiores desafios globais de todos: o desafio da mudança climática.

5
Mudança climática ou:
mudando as regras para o sucesso

"Acho que vamos descobrir, com mudança climática e tudo o mais — coisas como aquecimento global e deus sabe mais o quê e o custo do combustível para começar —, que as coisas vão ficar muito complicadas."

— Príncipe Charles[1]

"A evolução é mais inteligente do que você."

— Leslie Orgel[2]

1 O efeito estufa, 1859

John Tyndall tinha um problema. Palestrante esplêndido da Royal Institution de Londres em seus dias vitorianos de glória, o cientista irlandês de costeletas extravagantes era um habilidoso experimentador, famoso por suas demonstrações públicas de princípios científicos usando o equipamento técnico mais moderno da época.[3] (Tyndall estudara com Robert Bunsen, o inventor do bico de gás Bunsen.) Em 1859, seu novo experimento envolvia uma bomba a vácuo, um longo tubo de estanho obturado em cada extremidade com uma pedra de sal e um termômetro sensível chamado *termomultiplicador.*

O objetivo de Tyndall era resolver um quebra-cabeça colocado pelo cientista francês Joseph Fourier três décadas antes. Fourier havia calculado quanta energia do Sol chegava à Terra e quanta era irradiada para o espaço pela Terra. Quanto mais quente a Terra, mais radiação seria emitida, e Fourier acreditava que a radiação da Terra equilibraria o calor absorvido do Sol a uma temperatura de cerca de 15°C (60°F). Fourier estava ameaçado de ter um choque, porque, de acordo com seus cuidadosos cálculos, o equilíbrio efetivo de energia implicava que a temperatura média do planeta seria de *menos* 15°C (5°F). Em resumo, o planeta deveria ser uma gigantesca bola de neve.

Tyndall calculava que a resposta a esse enigma era que a atmosfera da Terra deveria estar retendo calor como uma estufa, e ele decidiu medir o efeito. Primeiro, retirou o ar de seu tubo de estanho e introduziu seu *termomultiplicador* nele, descobrindo, como esperava, que o vácuo não absorvia calor irradiado. Então, acrescentou uma mistura de oxigênio e nitrogênio, os dois gases que juntos compõem mais de 99% da atmosfera do planeta. E aí o problema dele começou — porque oxigênio e nitrogênio também não absorvem muito calor. A atmosfera não parecia funcionar como uma estufa. Então, o que estava acontecendo?

Uma das obsessões de Tyndall era a pureza do ar. (Outro de seus experimentos incluía a purificação do ar mediante o revestimento do interior de um contêiner com uma glicerina pegajosa. Depois de alguns dias, as impurezas do ar haviam grudado na glicerina, e o ar circulante ficava tão puro que os alimentos não se deterioravam dentro do contêiner, mesmo após meses. Também inventou uma forma de medir as impurezas do ar observando a forma como uma luz brilhante se espalhava quando passava através de alguma coisa.) Neste caso, entretanto, era a própria pureza do ar o problema de

MUDANÇA CLIMÁTICA OU: MUDANDO AS REGRAS... 195

Tyndall, porque a atmosfera terrestre contém resquícios de outros gases além do oxigênio e do nitrogênio.[4] Contém cerca de 0,4% de vapor d'água e 0,04% de dióxido de carbono, juntamente com argônio e alguns outros gases residuais. Tyndall imaginou que essas impurezas, insignificantes como pareciam, poderiam estar fazendo a diferença. Acrescentou um pequeno volume de vapor d'água, metano e dióxido de carbono em seu tubo e, subitamente, o calor irradiado foi absorvido.

Tyndall ficou surpreso com o tamanho do efeito; apesar da diminuta presença do vapor d'água e do dióxido de carbono, o tubo estava absorvendo muitas vezes mais o calor irradiado. Ele escreveu: "Comparando um único átomo de oxigênio ou nitrogênio com um único átomo de vapor aquoso, podemos inferir que a ação do último é 16 mil vezes maior do que a do primeiro. Este foi um resultado muito surpreendente, e naturalmente despertou oposição."[5]

John Tyndall havia descoberto o efeito estufa.

Um século e meio depois, o efeito não está sob dúvidas sérias. O que está em discussão é o quanto deveríamos nos preocupar com isso e o que deveríamos fazer. A primeira parte da pergunta, como vimos no último capítulo, é "fundamentalmente não identificada" ou "FUQed" — simplesmente não pode ser resolvida por outro experimento de laboratório como o de Tyndall. Existem complicações demais: nuvens podem formar-se numa atmosfera mais quente, refletindo mais calor; mas o gelo branco vai derreter, refletindo menos; mas, quando a tundra ártica derrete e apodrece, ela pode liberar metano, um poderoso gás de efeito estufa. Por causa desses laços de feedback, alguns dos quais deveriam diminuir o efeito, enquanto outros provavelmente o aumentariam, os resultados prováveis são incertos. Alguns resultados desastrosos são plausíveis.

Sabemos que a concentração pré-industrial de dióxido de carbono era de 280 partes por milhão (0,028%); agora está em torno de 390 ppm, e negociadores internacionais elogiam falsamente a ideia de manter a concentração abaixo de 450 ppm. Mas não sabemos qual é o nível que significa desastre. Alguns cientistas climáticos consideram 450 ppm alto demais. Existe uma pequena minoria que é muito mais relaxada: Richard Lindzen, um meteorologista opositor do MIT, diz que as concentrações atmosféricas de dióxido de carbono poderiam ultrapassar 10 mil ppm com segurança.[6] A grande incerteza é um argumento para a ação, mais do que para a inação: é a própria incerteza que torna a catástrofe possível.

Este capítulo faz uma pergunta diferente: o que há para fazer? Nossa jornada envolverá um paradoxo aparente: o problema de lidar com a mudança climática é muito mais complicado do que tendemos a pensar, e falhar em considerar essa complexidade é precisamente o que nos impede de seguir adiante com uma solução relativamente simples.

2 "Não poderia ser mais simples!"

Esse aparente paradoxo engana muitos ativistas da mudança climática. Um par de anos atrás, após falar brevemente num encontro de gurus da política ambiental, fui abordado por um ativista da mudança climática que estava quase sem fala de tanta raiva. Como eu podia dizer que lidar com a mudança climática era complicado? "Não poderia ser mais simples!", declarou, e começou a recitar estatísticas — sobre a população do planeta e o seu crescimento, o gelo derretendo no Polo Norte — que provavam tanto que ele dominava o tema quanto que não o compreendia. Estava determinado a me convencer de que a mudança climática era muito importante: havia confundido a importância do problema com a simplicidade da solução.

De forma muito parecida com essa, uma grande parte da discussão sobre mudança climática confunde alvos com políticas. Os

MUDANÇA CLIMÁTICA OU: MUDANDO AS REGRAS... 197

negociadores da mudança climática discutem se os países deveriam comprometer-se a reduzir as emissões de gases de efeito estufa como metano e dióxido de carbono em 10%, 15% ou 20%. Os ativistas exigem cortes muito maiores, e muitos cientistas pensam que eles estão certos. Mas debater se os cortes deveriam ser de 15%, 50% ou 80% faz o problema soar como se fosse de pura força de vontade, e a pura força de vontade não está nem perto de resolver o problema. Devemos imaginar também como esses objetivos devem ser alcançados. Mesmo com modestas reduções nos gases de efeito estufa, o que está sendo prescrito é uma re-organização por atacado da economia que nos rodeia todos os dias. Há quase 7 bilhões de pessoas no planeta, muitas das quais fazem dúzias de escolhas diárias que afetam as emissões de gases de efeito estufa. Uma apreciável redução dos gases de efeito estufa vai requerer bilhões de decisões individuais todos os dias no mundo inteiro, bilhões de ações humanas por hora, para a mudança. "Não poderia ser mais simples!" É mesmo?

Qualquer resposta virá ou porque indivíduos voluntariamente mudam o seu comportamento, ou porque os governos mudam as regras. Os ativistas com frequência apontam para as grandes corporações também. Certamente, algumas empresas têm *lobbies* poderosos que são bem-sucedidos em bloquear a ação do governo em relação à mudança climática. Mas isso ainda é política, em lugar da atividade diária da empresa. Não deveria haver confusão a respeito de onde se encontra a maior responsabilidade pela ação. Dirigimos automóveis não porque a ExxonMobil nos diz para fazer isso, mas porque achamos que os carros são convenientes e votamos em qualquer político que faz muito para impingir essa conveniência. A mudança virá quer por parte dos governos que elegemos, quer através de qualquer um de nós voluntariamente mudando nossos hábitos.

198   ADAPTE-SE

Poderia o voluntarismo individual mudar o planeta? Parece uma simples questão de força de vontade: sabemos o que devemos fazer e nosso desafio é fazer isso. Isso ao menos soa parecido com "não poderia ser mais simples". Veremos.

3 Um dia na vida de um ambientalista convertido

Não é todo dia que um filme muda a sua vida; especialmente um filme que, em grande parte, é uma apresentação em PowerPoint. Mas isso foi o que acabou de acontecer com Geoff.[7] Geoff é o tipo do sujeito direto: 26 anos, solteiro, vive em Londres, trabalha no escritório de uma companhia de seguro e, até doze horas atrás, tinha muito pouco interesse em mudança climática. Na noite passada, Geoff deixou que uma paixão passageira pela amiga de seu companheiro de apartamento, Jude, influenciasse seu comportamento. Jude é uma ambientalista radical — embora uma ambientalista muito atraente — e mostrou a Geoff o documentário de Al Gore, *Uma verdade inconveniente*. E esta manhã — depois de dormir irregularmente, entre sonhos de que ele e Jude haviam ido morar juntos, mas o esfacelado lençol de gelo da Antártica estava a ponto de submergi-lo numa aterrorizante parede de água — é o primeiro dia do resto de sua vida: uma vida como ambientalista convertido.

Geoff começa o dia, como sempre faz, enchendo a chaleira para um café. Mas, em seguida, lembra que a chaleira é uma glutona de energia, então, no lugar do café, toma um copo de leite gelado. Poupa mais energia comendo sem tostar as duas fatias diárias de pão. Quando sai do apartamento — tirando o carregador de celular da tomada —, apanha as chaves do carro, depois pensa melhor e caminha até o ponto de ônibus. Quando salta do ônibus em frente ao escritório, a falta do café da manhã o incomoda, então dá um pulo ao Starbucks para um cappuccino. Na hora do almoço,

MUDANÇA CLIMÁTICA OU: MUDANDO AS REGRAS...   199

interroga o dono da delicatessen local sobre a proveniência dos ingredientes e opta por um cheeseburger feito com carne bovina local. Há um período durante a tarde em que o trabalho diminui, então navega pela internet, faz um pedido de um panfleto sobre um Toyota Prius e combina com um instalador de moinhos de vento em telhados para ir até sua casa e fazer um orçamento. Está cansado no fim do dia e, distraído, deixa o computador do escritório em *standby* antes de ir para o ponto de ônibus.

De volta para casa, após esperar séculos por um ônibus, vai de carro ao supermercado — apenas uma viagem curta, e ele se lembrou de levar suas próprias sacolas plásticas — e compra um pacote de lâmpadas elétricas de baixo consumo de energia e uma caixa de sabão em pó sem fosfato para pôr suas roupas de trabalho de amanhã na lavadora e secadora. Compra costeletas de cordeiro orgânico local, tomates e batatas cultivados localmente e uma garrafa de vinho (que não tinha viajado metade do mundo para vir do Chile) para o jantar. Depois de comer, poupa mais eletricidade, evitando o lava-louça e lavando ele mesmo os pratos. Decide instalar as novas lâmpadas de baixo consumo de energia e depois reflete que isso envolveria jogar no lixo lâmpadas perfeitamente boas; então, põe as novas lâmpadas dentro de uma gaveta, para ir substituindo as outras à medida que queimarem. Naquela noite, Geoff dormiu o sono dos justos, sonhando com Jude rindo alegremente, os cabelos agitados pela brisa do teto solar aberto, sentada no assento do carona do novo Prius dele.

Você sem dúvida adivinhou que o dia de preservação do ecossistema de Geoff não foi tão bem-sucedido quanto ele gostaria de pensar.

Vamos começar com o leite, que requer uma peça crítica de equipamento para ser manufaturado: uma vaca. As vacas emitem um bocado de metano.[8] (Coloco a questão delicadamente. Se isso servir de consolo, a maior parte das emissões é pela boca da vaca,

200 ADAPTE-SE

em lugar da rota alternativa.) E o metano é um gás de efeito estufa mais potente que o dióxido de carbono: ao produzir cerca de 250 ml de leite, uma vaca expele 7,5 l de metano, que pesa cerca de 5 g, o equivalente a 100 g de dióxido de carbono.* Todos os outros insumos do leite — alimento para as vacas, transporte, pasteurização — e os 250 ml que Geoff bebeu produziram cerca de 300 g de dióxido de carbono.[9] Ao não usar a chaleira, por outro lado, ele poupou apenas 25 g de dióxido de carbono.[10] Sua primeira decisão salvadora do planeta, evitando uma xícara de café em favor de um copo de leite, aumentou as emissões de gases de efeito estufa de sua bebida matinal em doze vezes. Laticínios são tão ruins para o planeta que Geoff teria feito melhor em tostar sua torrada, mas não passar manteiga nela, em vez de passar manteiga, mas não tostá-la.[11]

Como a carne depende do mesmo equipamento emissor de metano que os laticínios, não surpreende que a escolha de Geoff por um cheeseburger (2.500 g de dióxido de carbono por quarto de libra) tenha sido pobre.[12] As costeletas de cordeiro que jantou (digamos outras 2.500 g) foi uma escolha tão ruim quanto a do almoço: os carneiros também produzem metano. Geoff teria feito melhor se tivesse escolhido porco ou galinha, que emitem cerca de metade de CO_2 — e, melhor ainda, peixe, especialmente os que nadam perto da superfície (arenque, cavala, pescadinha) e, à diferença do bacalhau e do atum, continuam abundantes.[13] Melhor que tudo para o planeta, Geoff poderia ter um jantar rigidamente vegetariano, mas será preciso mais do que Al Gore e um rosto bonito para persuadir Geoff de que esta é uma boa ideia.[14]

---

*Estou usando uma regra prática entre os estudiosos da política ambiental de que metano é cerca de vinte vezes mais potente que dióxido de carbono. É complicado, no entanto. Alguns cientistas — por exemplo, Drew Shindell, do NASA Goddard Institute — acreditam que o metano é mais daninho do que a regra prática diz. De qualquer maneira, o metano retém mais calor que o dióxido de carbono, mas também se decompõe em poucos anos (em dióxido de carbono e vapor d'água). O grau de perigo de um gás de efeito estufa depende do horizonte de tempo que usamos para fazer os cálculos.

MUDANÇA CLIMÁTICA OU: MUDANDO AS REGRAS...   201

Geoff estava ansioso para comprar comida local, orgânica. Isso ajudou — mas só um pouco. Escolher comida orgânica corta de 5% a 15% dos números do cheeseburger e das costeletas de carneiro. Comprar a produção local significa reduzir os "alimentos-milha", mas isso com frequência é um exercício contraproducente. Embora seja claramente verdade que o frete de alimento em todo o mundo consome energia, o impacto é menor do que você poderia pensar: a maior parte dele viaja de navio; quando viaja de avião, não obtém uma grande poltrona com espaço suficiente para as pernas e champanhe grátis (o termo "alimentos-milha" lembra enganosamente "milhas aéreas", com suas conotações de indulgência para executivos em vez de contêineres eficientemente carregados); e, provavelmente, foi produzido num clima muito mais lógico.

A escolha de Geoff de cordeiro britânico em lugar do da Nova Zelândia poderia ter liberado *mais* dióxido de carbono — quatro vezes mais, se acreditarmos numa equipe de pesquisadores acadêmicos (reconhecidamente baseados na Nova Zelândia).[15] Os números são discutíveis, mas o ponto de vista básico, não: gasta-se mais combustível fóssil para produzir cordeiro no Reino Unido do que na Nova Zelândia, que tem uma estação graminosa maior e mais energia hidrelétrica, e isso deveria ser comparado às emissões provenientes do transporte. A escolha de tomates britânicos em lugar de espanhóis foi certamente errada.[16] O dióxido de carbono emitido pelo transporte rodoviário da Espanha é profundamente compensado pelo fato de a Espanha ser ensolarada, enquanto os tomates britânicos necessitam de estufas aquecidas. Quanto a evitar o vinho chileno, transportar vinho por metade do mundo acrescenta apenas cerca de 5% às emissões de gases de efeito estufa envolvidos em sua produção, antes de mais nada.[17]

Geoff gostou de levar suas próprias sacolas plásticas para o supermercado, mas uma sacola plástica é responsável por apenas um milésimo das emissões de carbono da comida que se põe dentro dela.[18] Isso não chega perto de compensar a concessão que fez a si mesmo de ir de carro ao supermercado, que teria gerado mais de 150 g de dióxido de carbono por milha, mesmo que ele já estivesse dirigindo seu novo e cobiçado Prius. Mas até mesmo esse número seria lisonjeiro porque presume um trajeto sem engarrafamento, o que é improvável de ser o caso em Londres; e seja o que for que os fãs do Prius acreditem, revela-se que os Prius de fato têm uma forma robusta, e um Prius num tráfego congestionado causará mais emissões indiretamente ao atrasar outros carros do que emitirá diretamente.[19]

Mesmo assim, vamos dar a Geoff algum crédito por tomar o ônibus para ir ao trabalho. Mas não demasiado crédito. O típico ônibus londrino tem apenas 13 pessoas dentro dele, apesar do tamanho da cidade e do entusiasmo pelo transporte público. Carros levam, em média, 1,6 pessoa e, a essa taxa de ocupação, na verdade emitem menos dióxido de carbono por passageiro-milha do que um ônibus com sua ocupação típica.[20] Alguns dizem que isso é irrelevante porque o ônibus viajaria com ou sem ocupantes e, portanto, a contribuição de Geoff para o efeito estufa foi próxima de zero. Pela mesma lógica, Geoff poderia desfrutar um voo de longa distância livre de culpa porque o avião também viajaria do mesmo jeito. O ponto é que a compra de uma passagem de longa distância por Geoff contribuiria para a decisão da linha aérea sobre quantos voos futuros deveria haver nessa rota. A menos que os itinerários dos ônibus sejam inteiramente insensíveis às demandas dos passageiros — o que é, deve-se admitir, uma possibilidade —, então, o mesmo argumento se aplica a pegar o ônibus.

Geoff estava, naturalmente, planejando ir de carro sozinho em vez de com mais 0,6 outra pessoa, então, ao tomar o ônibus, provavelmente poupou cerca de 100 g de dióxido de carbono por milha — digamos, 300 g num percurso diário de 5 quilômetros

MUDANÇA CLIMÁTICA OU: MUDANDO AS REGRAS...   203

de ida ao escritório e volta para casa. Infelizmente, gastou quase o mesmo volume ao cozinhar as batatas com a panela destampada.

Geoff fez bem em comprar as lâmpadas de menor consumo de energia, mas errou ao esperar para instalá-las; as velhas gastam eletricidade tão rápido que é mais amigável do ponto de vista ambiental jogá-las fora imediatamente.[21] Ele não deveria ter desprezado o lava-louça, que produz menos carbono do que a típica lavagem da louça à mão — comprovadamente muitas vezes mais eficiente.[22] O sabão em pó livre de fosfato poderia ser boa notícia para a saúde dos lagos próximos, mas, quando se trata de mudança climática, o que importa é que Geoff deveria ter usado uma lavagem em baixa temperatura e deixado suas roupas por tempo suficiente no varal para secar em lugar de depender da secadora — usando assim 600 g de dióxido de carbono em lugar de 3.300 g.[23]

Jude provavelmente não ficará impressionada com nada disso. Mas o plano do moinho de vento poderá salvar o romance até agora imaginário de Geoff? É improvável. Um pequeno moinho de vento de telhado num ambiente urbano gera uma média de 8 W, então Geoff necessitaria de doze deles meramente para pôr em funcionamento uma lâmpada de 100 W; um desses moinhos de brinquedo irá poupar apenas 120 g de dióxido de carbono por dia.[24] Ele gastou cinco vezes mais do que isso ao deixar inadvertidamente seu computador de mesa em *standby* no escritório — o que pode ser feito facilmente até pelo mais comprometido ambientalista, como posso ver ao olhar o computador que minha mulher se esqueceu de desligar esta manhã no nosso escritório compartilhado.[25] E que tal o carregador de celular que Geoff tirou da parede quando saía de casa? Isso consome apenas meio watt, um centésimo de um computador em *standby*; até o moinho de vento poderia aguentar isso. Tirar o carregador da parede poupa 6 g, magnificamente insignificantes, de dióxido de carbono por dia.[26]

Resumindo: apesar das boas intenções de Geoff e da passageira familiaridade com o tipo de coisa que provoca emissões de gases de efeito estufa, ele tomou algumas decisões que pouparam muito menos carbono do que imaginou, e outras foram ativamente contraproducentes. Não poderia ser mais simples? Não, a menos que você devote a vida a estudar as emissões de carbono — e, talvez, nem assim. Euan Murray pode atestar isso.

4 "Se eu pergunto ao meu pai 'Qual é a pegada de carbono de uma ovelha?', ele me olha como se eu estivesse doido"

Euan Murray trabalha para The Carbon Trust, uma organização criada pelo governo britânico para ajudar as empresas a reduzir as emissões de carbono. Ele é responsável pela "pegada de carbono" — o estudo de quanto dióxido de carbono é liberado no curso de produção, transporte, consumo e disponibilidade de um produto. Murray despende sua vida de trabalho fazendo o tipo de cálculo no qual me baseei para estimar o dia de Geoff, e ele faz isso para clientes corporativos que vão de um banco (200 g de dióxido de carbono por conta bancária) à PepsiCo (75 g de dióxido de carbono por um pacote de batata frita).[27] Jovem escocês de cabelos vermelhos e olhos azuis, Murray é o rosto moderno da ação da mudança climática — usa uma elegante camisa com abotoaduras, é confiante e desembaraçado, familiarizado com detalhes técnicos das emissões de carbono sem precisar proteger-se com jargão. Cresceu numa fazenda de criação de ovelhas na Escócia, o que lhe dá uma perspectiva com os pés na terra, adequada à confusa tarefa de calcular emissões de carbono. "Se eu pergunto ao meu pai 'Qual é a pegada de carbono de uma ovelha?', ele me olha como se eu estivesse doido", explica. "Mas ele pode falar comigo sobre a densidade do rebanho,

MUDANÇA CLIMÁTICA OU: MUDANDO AS REGRAS...   205

a alimentação das ovelhas e pode responder a essas perguntas como parte de seu negócio." É bem assim: a pegada de carbono tem tudo a ver com esse tipo de especificidades.

Escolho perguntar a Euan Murray sobre o momento de fraqueza de Geoff ao comprar um cappuccino revigorante antes de entrar no escritório. (Leitores do meu primeiro livro, *A volta do economista clandestino*, podem ter notado um retorno a um tema favorito.)[28] Um cappuccino é facilmente um produto tão complexo quanto a torradeira de Thomas Thwaites: não apenas depende de uma máquina de café expresso — um equipamento impressionante —, como também requer uma vaca, grãos de café, um copo de papelão, uma tampa de plástico etc. Avaliar a pegada de carbono de um cappuccino requer uma estimativa da pegada de carbono de todas essas partes diferentes do todo. Pode-se ver por que eu queria ajuda especializada.

Mas Murray só foi capaz de me ajudar até certo ponto. A pegada de carbono é um trabalho que consome tempo e, mesmo adotando uma visão muito ampla do que constitui um produto, existem muitos milhares de candidatos ao tratamento da pegada de carbono. (Lembre-se da estimativa de Eric Beinhocker de que as economias modernas oferecem cerca de 10 bilhões de produtos distintos. Só o Starbucks afirma ter 87 mil bebidas diferentes.)[29] The Carbon Trust não recebeu a encomenda de calcular a pegada de um cappuccino até agora, então Murray recua para conjeturas conhecidas.

"O transporte será pequeno. As emissões daí são efetivamente zero, porque você pode acomodar um bocado de grãos de café e de cubos de açúcar num barco." Ele começa a rabiscar enquanto pensa nas possibilidades. "E açúcar e café não requerem consumos maciços de energia ou de outros materiais." Depois de alguns minutos esboçando as principais emissões possíveis de gás de efeito estufa na produção de um cappuccino, Murray oferece uma conclusão que se acrescentará às aflições relacionadas com os laticínios de Geoff. "Meu palpite é que o leite tem a parte do leão na pegada de carbono."

A referência de Murray é uma barra de chocolate ao leite Cadbury, um produto para o qual a Carbon calculou a pegada completa. O leite é apenas um terço da massa da barra de chocolate, mas, mesmo depois de reconhecer o custo de transportar e processar grãos de cacau e açúcar, derreter o chocolate em moldes na fábrica e transportar o produto final, o leite é responsável por dois terços da pegada de carbono do chocolate. Leite é, naturalmente, quase o único ingrediente de um cappuccino. Se Euan fosse responder à minha pergunta de forma tão completa quanto faz para seus clientes corporativos, teria que deixar de lado alguns números precisos e adotar todo um lote de informações e, mesmo assim, teria nas mãos alguns complicados problemas filosóficos: damos crédito ao Starbucks porque Geoff chegou lá de ônibus a caminho do escritório, em lugar de fazer uma viagem especial de carro? Provavelmente, não. Mas a viagem do garçom conta? E que tal a viagem do fazendeiro de café aos campos? Imaginamos uma pegada de carbono mais baixa se a cafeteria tem janelas de vidro duplo? O humilde cappuccino mostra por que "não poderia ser mais simples" não poderia estar mais errado.

Ao menos agora Geoff sabe sobre o leite, mas não poderia pedir um expresso duplo? O café de filtro negro poderia ser melhor do que o horror de um *soya latte*? Mesmo que Geoff devotasse cada minuto de seu tempo desperto para pesquisar como poderia ajudar melhor o planeta — mesmo que estivesse permanentemente ao telefone com Euan Murray — ele ainda cometeria erros. É inevitável: ao avaliar onde o dia virtuoso dele foi errado, tive de escolher entre descobertas sobre as quais até os especialistas discordam. Tenho visto figuras afirmarem que dirigir nas condições típicas de quem viaja diariamente para o trabalho — até mesmo um Prius — emite muitas vezes mais do que eu sugeri por causa do congestionamento. Mike Berners-Lee, autor de *How Bad are Bananas?*, me diz que as bananas são um alimento de baixa pegada de carbono. Geoff Beattie, autor de *Why Aren't We Saving the Planet?*, observa que bananas são um produto com alta pegada de carbono. Vi pesquisas dignas de crédito sugerirem que carne — se criada do jeito certo — poderia não contribuir nem perto do que contribui hoje para a mudança climática. Pode-se pensar muito sobre esse assunto e se sentar com uma pilha de papéis de pesquisa e mesmo assim não chegar a uma conclusão firme.

O que Geoff deve fazer? Quando busquei o conselho de amigos verdes, um opinou que o melhor meio de reduzir o impacto climático de uma visita ao Starbucks era abster-se completamente de consumir lá. Isso não vai impressionar um Geoff faminto de cafeína e menos ainda pessoas que não estão tão preocupadas com o planeta como Geoff está, o que quer dizer a maior parte das pessoas. (Uma pesquisa recente de opinião perguntou às pessoas qual era a principal coisa que estavam fazendo para combater a mudança climática. Trinta e sete por cento disseram "nada", e a maioria do resto só mencionou as lâmpadas elétricas ou reciclagem.) Mas enquanto é possível abster-se de tomar um cappuccino, é impossível abster-se completamente de consumir, então a questão de *o que* consumir vem à tona de novo rapidamente. O projeto de simplesmente exortar as pessoas a salvar o planeta mudando seu comportamento é inerentemente limitado.

5 O cálculo do carbono a partir de uma base de dados da internet

Podemos sonhar com uma solução high-tech para ajudar a guiar Geoff no meio da confusão — alguma espécie de aplicativo para smartphone que reconheceria qualquer um dos cerca de 10 bilhões de produtos e serviços na cidade dele e calcularia a quantidade de dióxido de carbono ou metano embutida em sua composição. Geoff tiraria uma foto instantânea ou escanearia uma barra de código de preços e, em alguns momentos, receberia um relatório sobre exatamente o quanto seria daninho o cookie, ou o expresso, ou o cheeseburger.

Talvez isso seja possível algum dia. Mas imagine o trabalho de processamento: o programa de aplicativos do telefone certamente ajudaria a prevenir alguns dos erros mais tolos de Geoff, mas, para muitos outros, os obstáculos para obter o número certo são formidáveis. Se, como aponta Euan, a fonte do leite importa para a pegada de carbono do leite, a rede Starbucks precisaria postar on-line dados sobre seus fornecedores de leite — sem mencionar a milhagem de seus caminhões de suprimento, suas contas de eletricidade e fornecedores, e muito mais coisas. Um calculador superficial de carbono poderia ser programado em qualquer telefone, e ajudaria. Mas um aplicativo que calculasse toda a pegada de carbono de qualquer produto parece uma fantasia.

Mesmo que fosse possível reunir a colossal base de dados necessária, o problema estaria longe de ser resolvido. Apenas ambientalistas verdadeiramente comprometidos se dariam ao trabalho de escanear tudo. E apenas ambientalistas estariam motivados a acompanhar de perto os resultados. Para a maioria das pessoas — os 37% que dizem que não estão fazendo "nada" a propósito da mudança climática, ou a proporção muito maior que está fazendo quase nada — a informação que piscaria na tela do smartphone seria fácil e indolor de ignorar.[30]

Mas talvez exista um meio de fazer dessa fantasia uma realidade, provendo informação em tempo real para qualquer um que puxasse sua carteira de dinheiro para fazer uma compra — sem nenhuma necessidade de escâner ou de uma base de dados central para cada produto no planeta. Como isso funcionaria?

MUDANÇA CLIMÁTICA OU: MUDANDO AS REGRAS. 209

Imagine que os governos dos maiores produtores de combustíveis fósseis do mundo concordassem com a seguinte abordagem: cada um pagaria um imposto de cerca de US$ 50 por tonelada de carbono contido em qualquer combustível fóssil escavado ou extraído — mais ou menos US$ 14 por tonelada de dióxido de carbono. Isso representaria, mais ou menos, US$ 5 adicionais por barril de petróleo e quase US$ 40 por tonelada de carvão.*

Essa decisão pode parecer não ter nada a ver com um programa aplicativo para telefone de cálculo de carbono, mas, na verdade, tem tudo a ver. O imposto sobre o carbono recairia sobre o sistema de preços de mercado, que atua como uma vasta rede analógica de computação, puxando e empurrando recursos para onde quer que tenham o maior valor. Um imposto de US$ 50 sobre o carbono aumentaria o preço da gasolina em cerca de US$ 0,12 o galão, criando um pequeno incentivo para se dirigir menos e de forma mais eficaz e comprar carros mais eficientes. Aumentaria o preço do kW/h de eletricidade — em cerca de 1,5 centavo se a energia vem do carbono, mas apenas em três quartos de um centavo se a energia vem do gás natural. Isso criaria um pequeno incentivo para se usar menos eletricidade, para se instalar isolamento térmico em casa e para as companhias de energia construírem usinas de energia de gás natural em lugar de usinas de energia movidas a carvão — ou, de fato, investirem na capacidade nuclear ou em fontes renováveis de energia.[31]

Isso seria apenas o começo. Como o preço relativo da energia de diferentes fontes começou a mudar, e o preço médio da energia aumentou, qualquer produto de uso intensivo de energia começaria a refletir isso. Os tomates espanhóis aumentariam de preço por

---

*Não estou advogando um determinado nível de carvão aqui, meramente explicando o princípio. Uma cifra de US$ 50 por tonelada de carvão não é completamente fora de propósito, tendo em vista estimativas informadas de um preço de carvão sensato, embora o leque de estimativas seja amplo.

causa do custo da energia de transportá-los da Espanha; mas os tomates britânicos aumentariam de preço por causa do custo de aquecimento da estufa.

Isso não aconteceria por causa de nenhum grande plano. Simplesmente aconteceria: um chofer de caminhão que ignorasse o preço mais alto do diesel ao fixar seus preços de transporte simplesmente sairia do negócio; da mesma forma que um cultivador de tomate que tentasse absorver o custo de aquecer uma estufa, em lugar de aumentar seus preços. Dito isso, se um produtor de tomate viesse para o mercado com tomates locais cultivados em estufa sem aquecimento, descobriria que o imposto sobre o carbono lhe teria dado uma vantagem sobre os rivais famintos de energia. Geoff, chegando ao supermercado com a intenção de comprar tomates, não precisaria apontar seu smartphone para quaisquer códigos de barras: simplesmente olharia o preço. Quanto mais o tomate necessitar de consumo intensivo de energia, maior será o preço. E o preço seria algo que Geoff iria querer considerar, independente de como ele se sinta sobre mudança climática.

O que o imposto sobre o carbono faria, então, seria recriar a fantasia do aplicativo calculador de carbono e mostrar sua utilidade. Nenhuma central de dados seria necessária. Todos os produtos do mundo mudariam de preço de acordo com a pegada de carbono da energia que o produzisse, e isso daria a cada tomador de decisões, da companhia de eletricidade ao próprio Geoff, um incentivo para reduzir a pegada de carbono usando quaisquer táticas que lhe ocorressem.

Mesmo que o imposto sobre o carbono esteja no ar, como proposta, há muitos anos, é uma ideia que ainda tem que fazer muito progresso. Existem alguns países com impostos sobre o carbono em pequenos setores da economia. A União Europeia tem um esquema "limitar e negociar" (*cap-and-trade*) com efeitos similares aos de um imposto sobre o carbono, mas o esquema tem enfrentado

MUDANÇA CLIMÁTICA OU: MUDANDO AS REGRAS... 211

problemas e omite grandes áreas da economia. A Índia tem um imposto sobre o carbono, mas ele é pequeno. Nenhuma grande economia introduziu um preço substancial do carbono em toda a economia, e as negociações internacionais continuam difíceis.

Então, vamos recuar um pouco em relação ao imposto sobre o carbono por um momento e olhar, em vez disso, o que os governos parecem adotar como alternativa: regulações destinadas a reduzir as emissões de dióxido de carbono de cima para baixo.

6 As consequências inesperadas da Regra Merton

A "Regra Merton" foi inventada em 2003 por Adrian Hewitt, um funcionário de planejamento local em Merton, na região sudoeste de Londres.[32] A regra, que Hewitt criou com outros dois colegas e persuadiu o conselho da cidade a aprovar, foi que qualquer empreendimento imobiliário que fosse além de uma escala pequena teria que incluir a capacidade de gerar 10% das exigências de energia do edifício, ou os incorporadores teriam negada a permissão para construir. A regra parecia simples e pegou logo, com mais de uma centena de conselhos locais seguindo a ideia em poucos anos. Em Londres, o prefeito na época, Ken Livingstone, introduziu a "Merton Plus", que aumentou a adesão para 20%. O governo nacional, então, adotou a regra com mais amplitude.[33] Adrian Hewitt tornou-se uma celebridade no pequeno mundo dos conselhos de planejamento locais, e o conselho de Merton começou a ganhar prêmios por sua liderança ambiental.

É fácil ver por que a regra se tornou popular. É um modo simples e intuitivo de estimular algo que a maioria das pessoas concorda que é desejável — o crescimento da indústria de energia renovável. Ela pode estimular incorporadores a instalar novas tecnologias altamente visíveis e de aparência bonita, como painéis solares, em lugar de coisas monótonas, como isolamento térmico. E os custos são invisíveis. A regra não custa nada para o governo (um conselho adotou a regra depois de verificar que as implicações financeiras seriam "zero" — presumivelmente os conselheiros pensavam nas implicações financeiras para o conselho, e não para qualquer outra parte). Isso também custa pouco para os incorporadores, uma vez que, num mercado competitivo, vão transferir a maioria dos custos para os construtores do edifício. E o comprador final do imóvel não percebe, na verdade, os custos extras da regra no meio de custos muito mais amplos de ser dono de um imóvel ou alugá-lo.

Mas nem tudo está bem com a Regra Merton. A desvantagem que deveria ser mais óbvia é que só o fato de a capacidade estar instalada não significa que será usada. Uma opção simples pela energia renovável é frequentemente a instalação de um aquecedor que usa dois tipos de combustível e pode queimar tanto gás natural quanto biomassa, como, por exemplo, bolinhas de madeira. E ele pode ser instalado sem nenhuma mudança drástica nos projetos de um incorporador, satisfazendo assim o texto da Regra Merton. Naturalmente, uma vez que esse aquecedor esteja instalado, será mais simples e mais barato queimar gás natural e esquecer completamente a madeira. Capacidade instalada de energia renovável: 10%. Energia renovável produzida: zero. Perversamente, a regra "Merton Plus" de 20% faz com que esse resultado seja mais provável, porque existem menos alternativas no local para a biomassa que podem atingir a meta mais desafiadora.

Com uma forte dose de supervisão burocrática, talvez as regulações possam ser ajustadas para tornar compulsório o uso da capacidade renovável. Essa tampouco poderia ser uma ideia maravilhosa. Falei com Geoffrey Palmer, que, além de ardoroso ambientalista, é o diretor-gerente da firma de engenharia Roger Preston Partners. Palmer foi contra a Regra Merton quando restaurava a Elizabeth House, um grande bloco de edifícios do

MUDANÇA CLIMÁTICA OU: MUDANDO AS REGRAS... 213

lado da estação Waterloo de Londres: "Trabalhamos com várias opções", suspirou Palmer, "mas sempre soubemos que acabaria sendo biomassa." Para cumprir a regra em relação ao tamanho do edifício, a equipe de Palmer projetou um aquecedor de biomassa com um galpão de armazenamento do tamanho de uma piscina de 25 metros — e isso garantia apenas 14 dias de abastecimento. Palmer calculou que, para manter o reservatório cheio de pedaços de madeira, bolinhas e toras de madeira Ikea, seriam necessários dois caminhões de 30 a 40 toneladas por semana para dirigir direto para o coração de Londres e descarregar no reservatório de Elizabeth House. Esse pode não ser o tipo de coisa que gostaríamos de ver executada com muita rigidez.

Nem os donos da construção serão muito rápidos em consertar fontes alternativas de energia dispendiosas se elas quebrarem. Até mesmo a melhor maquinaria exigirá consertos eventualmente, e, como são jovens, as tecnologias renováveis poderão ser especialmente propensas a problemas. "Se você instala painéis solares de PVC no seu telhado, e eles quebram logo depois dos cinco anos de garantia", diz Geoffrey Palmer, "você não vai pagar para reinstalá-los."

Há outros problemas com a Regra Merton. Ao exigir que a capacidade de energia renovável esteja instalada no mesmo local do edifício, ela fecha oportunidades. Uma grande turbina de vento numa montanha próxima poderia ser muito eficiente, mesmo quando confrontada com 2 bilhões de anos de recursos de energia concentrados na forma de carvão ou petróleo. Uma pequena turbina de vento num telhado, protegida por todos os lados por outros edifícios, nunca fará muito mais do que manter o seu telefone carregado. Geoffrey Palmer trabalha num sistema de biomassa para uma nova incorporação da simbólica Battersea Power Station de Londres; como ela está à margem do rio Tâmisa e pedaços de madeira podem facilmente ser transportados por barcaças até ela, isso poderia prover energia renovável suficiente não apenas para todas as suas próprias necessidades, como potencialmente para outros empreendimentos imobiliários próximos também. Mas a Regra Merton não leva em consideração tais experimentos locais idiossincráticos.

Vimos repetidamente que o contexto local é importante: ele normalmente tornará absurdos planos que parecem bons no papel, enquanto sugere ideias que parecem estranhas, mas funcionam perfeitamente no contexto. A Regra Merton não toma conhecimento do que é exequível num lugar específico. Analise um supermercado fora da cidade, que pode ser uma catástrofe ambiental em miniatura, mas oferece um grande telhado plano, perfeito para painéis solares; um lugar grande que também pode comportar uma turbina de vento de tamanho decente; e um grande potencial abaixo do estacionamento para centrais de aquecimento ou refrigeração que bombeiam calor do solo ou para o solo. Dez por cento de capacidade renovável pode ser um objetivo ridiculamente pequeno para um desenvolvimento como esse. O outro lado da moeda, empreendimentos de escritórios de muitos andares como o Elizabeth House, são naturalmente eficientes em energia porque cada andar provê calor para o andar acima dele — e quando situados junto a uma estação ferroviária, como o Elizabeth House, estimulam os trabalhadores a usar o transporte público em lugar de automóveis. E é razoável exigir de Elizabeth House exatamente a mesma geração local de energia renovável que exigimos de um grande supermercado?

Existe algo perverso em relação a tudo isso. A Regra Merton parece, em todos os seus detalhes, tão desajeitada como Geoff, o ambientalista amador. De certa maneira, é ainda mais desajeitada: ao menos Geoff é capaz de aprender com seus erros ao longo do tempo, mas as regulações do governo, por sua própria natureza, tendem a ser um tanto impenetráveis à possibilidade de melhora.

E a Regra Merton está longe de ser um caso isolado. Olhe para as políticas de país após país e verá as regulações ambientais co-

MUDANÇA CLIMÁTICA OU: MUDANDO AS REGRAS... 215

metendo os mesmos erros. Às vezes, essas regulações são piores do que inúteis; algumas vezes, são meramente muito menos efetivas do que poderiam ser.

Um exemplo famoso é o conjunto de padrões CAFE nos Estados Unidos. CAFE é a sigla de *corporate average fuel efficiency* [eficiência corporativa média de combustível], e os padrões, adotados em 1975, foram projetados para aumentar a eficiência energética dos carros americanos. Mas as regras CAFE sofriam das mesmas desvantagens da Regra Merton. Incorporavam padrões em separado e menos rigorosos para "caminhões leves" — na época, uma categoria de nicho que cobria veículos amplamente comerciais projetados para transportar carga. Mas os fabricantes perceberam que era possível construir um carro que parecia um caminhão leve para o regulador, evitando, assim, as regras onerosas. O resultado foi que os padrões CAFE estimularam ativamente a emergência de uma nova geração de carros maiores, mais pesados, e a eficiência dos novos carros vendidos nos Estados Unidos caiu firmemente entre 1988 e 2003.

O CAFE sofreu de outras fraquezas da Regra Merton. Uma delas foi que não há incentivo para os fabricantes irem além do padrão. Então, uma vez que os padrões CAFE eram atingidos, as melhorias na tecnologia das máquinas que poderiam produzir carros mais eficientes eram, em vez disso, usadas para fazer carros maiores e mais rápidos. Uma exclusão para veículos que usavam etanol criou uma classe de carros que consumiam etanol em teoria, mas raramente punham essa capacidade em prática — reminiscência muito semelhante aos aquecedores que usavam dois combustíveis, adequados à Regra Merton. E por cima de tudo isso, mesmo que os padrões CAFE tivessem criado uma nova geração de carros supereficientes, eles não teriam encorajado seus motoristas a dirigi-los menos.[34]

Um terceiro exemplo de tais consequências não intencionais vem da European Union's Renewable Energy Directive [Diretiva da União Europeia de Energia Renovável], que determina que cada

Estado-membro da UE se certifique de que 10% da energia para o transporte venha de fontes de energia renovável.[35] Em princípio, isso poderia referir-se a carros elétricos movidos por moinhos de vento e painéis solares. Na prática, a opção mais simples e barata é abastecer carros levemente modificados ou convencionais com combustíveis líquidos, como biodiesel e etanol. As consequências são agora bem conhecidas: terra arável para produzir alimento pode ser usada para cultivar milho para produzir etanol.

Enquanto isso, a contribuição real para combater a mudança climática dos carros movidos a etanol é altamente variável. O etanol da cana-de-açúcar pode, na verdade, baixar as emissões e proteger contra subprodutos daninhos, como o metano; o etanol de milho pode, na verdade, ser pior do que a gasolina, e o biodiesel de óleo de palma cultivado em terras de antigas florestas tropicais pode ser responsável pela liberação de *vinte vezes* mais dióxido de carbono do que a velha e boa gasolina. Todo o impacto de produzir biocombustível depende das safras cultivadas e de como são processadas; as regulações europeias não refletem isso ainda, e, se tentarem, terão de lutar para fazer justiça à complexidade.[36] Três regulações ambientais separadas, projetadas para lidar com três problemas separados e promulgados por três instituições muito diferentes — o Congresso dos Estados Unidos, a Comissão Europeia e o Conselho Distrital Merton —, todos sofrem de fraquezas semelhantes. Isso sugere que existe alguma ligação importante que explica por que é difícil conseguir consertar essas regulações.

7 Buldogues econômicos

Lembre-se, por um momento, do capítulo 1 e do vídeo de Karl Sims das estranhas criaturas que evoluíram dentro do computador dele. O processo evolucionário foi impressionantemente poderoso:

MUDANÇA CLIMÁTICA OU: MUDANDO AS REGRAS... 217

"Agarre o cubo vermelho", disse Sims, e uma enorme variedade de estratégias diferentes evoluiu; "Nade", decretou, e emergiram criaturas que podiam nadar, algumas chocantemente familiares e algumas usando técnicas que pareciam bastante estranhas. Como disse o bioquímico Leslie Orgel em sua observação célebre, "A evolução é mais inteligente do que você", querendo dizer que, se um processo evolucionário é liberado sobre um problema, ele frequentemente encontrará soluções que nenhum projetista humano teria sonhado.

Mas existe um inútil corolário à máxima de Orgel: se o problema está erradamente exposto, então a evolução provavelmente encontrará fendas que poucos de nós teríamos imaginado. Na evolução biológica, naturalmente, não há ninguém para declarar erradamente o objetivo. Os genes são bem-sucedidos se transmitidos por gerações. Mas na evolução virtual de Karl Sims, foi Sims quem estabeleceu os critérios para o sucesso reprodutivo e os resultados, às vezes, foram perversos. Existe um momento revelador no vídeo que exibe uma criatura que evoluiu para se movimentar rapidamente em terra. A criatura, o pedaço tosco de um corpo com dois blocos presos folgadamente a ele, simplesmente roda sem parar num círculo amplo, com a "cabeça" imóvel, enquanto as "pernas", cruzando-se e descruzando-se, assinalam a linha do círculo. A criatura virtual parece um dos perdedores da vida, mas não é. É um vencedor, porque está atingindo a meta que Karl Sims colocou: movimentar-se rapidamente em terreno plano.

No capítulo 1, descobrimos que a economia em si mesma é um ambiente evolucionário, no qual emerge uma imensa variedade de engenhosas estratégias de busca de lucro mediante um processo descentralizado de tentativa e erro. Como a regra de Leslie Orgel sugere, o que emerge é muito mais brilhante do que qualquer planejador isolado poderia ter sonhado. Mas, como prediz o lado desagradável da regra de Orgel, se as regras do jogo econômico são mal escritas, a evolução econômica encontrará as brechas. Eis por que as regras ambientais de aparência sensata podem produzir resultados perversos: a floresta tropical derrubada para plantar óleo de palma; os caminhões carregados de pedaços de madeira enfrentando o congestionamento do centro de Londres; a ascensão contínua dos veículos utilitários. A evolução é mais inteligente do que nós, e a evolução econômica tende a passar a perna nas regras que erigimos para guiá-la.

Talvez a mascote dessas consequências desagradáveis devesse ser o grande buldogue britânico. As mandíbulas churchillianas dessa criatura a tornaram um dos mais carismáticos e amados entre todos os cães puros-sangues. A raça tem um característico nariz curto, pernas arqueadas e dobras de pele que fazem a cara do cachorro parecer um pedaço de veludo amassado. Ele não adquiriu essas características acidentalmente: o buldogue é produto de mais de um século de cuidadosa procriação seletiva para produzir os narizes mais curtos, as pernas mais arqueadas e as caras mais amassadas, de maiores queixadas. Lamentavelmente, a raça sofre de problemas que são consequência direta de aparência física cuidadosamente selecionada. Muitos buldogues não podem procriar sem ajuda por causa de razões puramente anatômicas. A inseminação artificial é uma solução. Mobilizar três ou quatro pessoas para segurar o cachorro é outra possibilidade. Armações especiais também estão disponíveis, e os fabricantes se gabam de que, com uma dessas armações, o acasalamento de buldogues se torna um trabalho para uma pessoa só — se for um dos que ainda requerem dois buldogues, um macho e uma fêmea. Mas, mesmo quando as fêmeas engravidam, elas com frequência precisam de uma incisão cesariana, porque os buldogues têm cabeças grandes e canais de nascimento menores. Os buldogues, à diferença da maioria dos cães, não conseguem regular a temperatura interna

MUDANÇA CLIMÁTICA OU: MUDANDO AS REGRAS... 219

ao ofegar, então correm o risco de ataque cardíaco. As adoráveis dobras da pele em volta dos olhos os tornam vulneráveis a infecções do canal lacrimal. Por terem as passagens habituais de respiração comprimidas, os buldogues frequentemente respiram através de suas laringes, danificando-as. A evolução — e suas consequências perversas — é mais inteligente do que criadores de cães de pedigree.[37]

Assim como Karl Sims e os criadores de buldogues podem fazer criações mal formadas prosperarem ao mudar as regras do jogo, os governos também podem. Nos anos 1970, desenvolveu-se uma nova e bizarra geração de negócios: a "indústria de montagem de televisores", que abordava fabricantes japoneses e lhes encomendava que reunissem os componentes para os televisores e os despachassem, classificados ordenadamente e com instruções em inglês, para a Nova Zelândia.[38] (Isso tendia a desorganizar os japoneses, então os *kits* eram mais caros que os aparelhos de televisão prontos.) O governo determinara que os aparelhos de televisão fossem produzidos localmente, proposta proibitivamente dispendiosa para uma economia tão pequena. Empresários locais imaginaram o meio mais fácil de fazer o trabalho. A evolução econômica foi mais inteligente do que o governo da Nova Zelândia — e produziu um espetacular buldogue econômico.

O lado desagradável da lei de Leslie Orgel significa que, sempre que saltamos para conclusões sobre como uma solução em particular ficaria — edifícios com capacidade de energia renovável embutida ou automóveis movidos a biocombustível —, estamos propensos a descobrir consequências indesejáveis. A Regra Merton, os padrões CAFE e outras regulações ambientais produziram uma série de buldogues econômicos — edifícios e carros que cumprem todas as exigências regulatórias, mas despendem dinheiro em tecnologia que nunca será usada e deixam de lado oportunidades para poupar emissões de dióxido de carbono de outras maneiras.

8 Alterando o campo de atuação

Embora todos esses exemplos sejam deprimentes, também são perversamente inspiradores. Se a canetada de um legislador pode causar o envio de componentes de televisão japoneses para a Nova Zelândia a custo maior do que as televisões japonesas, ou empurrar caminhões cheios de lascas de madeira para as ruas congestionadas do centro de Londres, ou derrubar florestas tropicais em nome da salvação do planeta, então tudo isso é um testamento para a engenhosidade inesperada que pode ser liberada quando as pessoas têm de adaptar-se a novos conjuntos de regras. Regras melhores deveriam virar a lei de Orgel em nosso benefício, protegendo um processo engenhoso de descobertas ao acaso para produzir soluções ambientais a partir das fontes mais inesperadas.

A causa de origem do problema da brecha é algo que também encontramos com a Regra Merton: a diferença crucial entre a letra e o espírito da lei. Esse ponto foi enfatizado para mim durante um café salvador do mundo (eu tomei um expresso; ele tomou um cappuccino de soja) com o economista ambiental Prashant Vaze, autor de *The Economic Environmentalist* [O ambientalista econômico]. Vaze estava entusiasmado com o conceito da "cutucada" proposto pelo economista comportamental Richard Thaler e pelo conhecedor de leis Cass Sunstein. A ideia é que influências sutis poderiam ser usadas para orientar comportamentos descuidados enquanto preservam conscienciosamente os direitos individuais à escolha. Por exemplo, lâmpadas incandescentes — que são um meio muito dispendioso de produzir luz, mas preferido por pessoas com visão parcial e pele sensível à luz — poderiam ser removidas de prateleiras abertas, mas estariam disponíveis no estoque para pedidos especiais. Ninguém compraria essas lâmpadas por descuido, mas alguém que realmente quisesse uma lâmpada incandescente poderia procurar por uma sem demasiado problema.

MUDANÇA CLIMÁTICA OU: MUDANDO AS REGRAS... 221

A própria ideia da cutucada é muito inteligente. A ideia de legislar uma cutucada é mais difícil. Vaze apontou alegremente para trás de si, na direção do balcão da cafeteria, enquanto relatava a clássica cutucada Thaler-Sunstein. O governo poderia decretar que as saladas saudáveis da cafeteria fossem colocadas em posição mais destacada e as sobremesas engordativas guardadas em algum lugar menos acessível.

O único problema era: a cafeteria *não vendia* saladas.

Não é uma coincidência que a maioria dos melhores exemplos que Thaler e Sunstein sugerem seja de inovações nos setores privado ou voluntário, usualmente de pessoas com a habilidade de aplicar o espírito da lei, assim como a letra dela. A cutucada da salada em posição destacada poderia funcionar bem como impulso para o consumo de comida saudável numa cafeteria no local de trabalho, mas qual seria o efeito se você tentasse introduzir isso por legislação? Talvez os legisladores pudessem ordenar que todas as cafeterias oferecessem saladas, mas isso começa a parecer tolo, se estamos falando de uma cafeteria em uma plataforma de trem. Uma alternativa é dizer que, caso as cafeterias de fato ofereçam saladas, então as saladas devem ser dispostas com destaque. Mas e se as saladas são interesse da minoria, e os bolos e as tortas são o que vende mais? Nesse caso, a cutucada poderia ser uma perdedora de dinheiro; diante da escolha de exibir saladas com destaque ou não oferecer salada alguma, as cafeterias poderiam desistir inteiramente da opção saudável. Poderia ser outro buldogue econômico.

Uma cutucada desajeitada é melhor que um empurrão desajeitado ou uma proibição desajeitada, mas ainda é desajeitada. E desde que a linguagem da "cutucada" entrou na moda, ela própria sofreu definições negligentes. Recentemente visitei o Tesouro britânico e descobri que funcionários falavam entusiasmados sobre cutucar por meio da "edição da escolha". "Quando se diz 'edição da escolha'", perguntei, "isso significa 'proibição de coisas'?" A resposta foi embaraçadamente afirmativa.

O que nos traz de volta à ideia do imposto sobre o carbono — ou mais precisamente, um preço do carbono, uma vez que o preço de bens de consumo intensivo de carbono pode ser levantado tanto mediante impostos quanto por um sistema de permissão negociável. (As diferenças entre um esquema de permissão de carbono e um imposto sobre o carbono são insignificantes em relação às diferenças entre ter algum tipo de preço do carbono e não ter.)

Pôr um preço no carbono é uma tentativa de aproveitar a lei de Orgel ao focar naquilo que pensamos que seja o objetivo final: a redução do gás de efeito estufa emitido na atmosfera ao custo mais baixo possível. Para colocar de outra maneira, pôr preço no carbono pega carona numa espantosa rede de informações descentralizadas na internet — os mercados que fazem a economia mundial — para dar feedback a bilhões de experimentos individuais, todos voltados para cortar emissões de carbono, porque cortar emissões de carbono poupa dinheiro.

Naturalmente, não é assim *tão* simples. A proposta do preço do carbono levanta muitas questões. Felizmente, como a ideia está disponível há algum tempo, um exército de estudiosos de políticas teve muito tempo para imaginar algumas respostas. A pergunta mais importante parece ser: "Quem deveria pagar o preço do carbono?" E a resposta inesperada é: "Não importa." Numa estimativa por alto, se o preço do carbono é de 5 centavos por quilo de dióxido de carbono — e considerando-se que as emissões de metano podem ser incluídas — então o preço do carbono elevará em 12 centavos o preço dos cheeseburgers. Os consumidores pagarão mais, e os produtores vão receber menos, depois que o imposto for pago. Mas, surpreendentemente, quem é atingido não depende de saber se a pessoa que escreve o cheque para o governo é o fazendeiro de gado, a cadeia de fast-food ou o consumidor individual.

Há questões mais legítimas em relação aos detalhes de como um preço do carbono deveria ser administrado, mas, de longe, a

MUDANÇA CLIMÁTICA OU: MUDANDO AS REGRAS... 223

questão mais desafiadora é saber se um acordo internacional poderia ser alcançado. Tal acordo é necessário, porque o dióxido de carbono é um poluente global — não faz sentido ser mais severo em relação às emissões de dióxido de carbono e metano num país, se outros países vão optar por não participar do acordo. Mas o acordo não precisa ser uma alocação unânime para todos os países no próximo século. Até um acordo informal de que cada país arrecadará e desfrutará das rendas de seu próprio imposto sobre o carbono, em níveis mais ou menos alinhados com os impostos dos outros, faria muito bem.

Um preço do carbono — mesmo que pudesse ser estendido além dos combustíveis fósseis para refletir problemas como emissões de metano, ou emissões de dióxido de carbono diretas da agricultura e da produção de cimento — não resolveria o problema climático em si mesmo. Sabemos, pela experiência da crise de energia nos anos 1970, que preços altos de energia impulsionam patentes para poupar energia em todos os campos, desde permutadores de calor até painéis solares.[39] Mas, como vimos no capítulo 3, o sistema de inovação poderia, provavelmente, usar alguma ajuda — acima e além do efeito de um preço do carbono. Prêmios por inovações em tecnologias de baixo consumo de carbono são outro caminho essencial para estimular uma vasta variedade de experimentos diferentes, cada um com o objetivo de prover solução para uma parte do problema.

Ninguém sabe como se pareceria uma economia com um preço significativo do carbono — e esse é o ponto. A lei de Orgel nos diz que a evolução econômica, com o campo de jogo inclinado pela nova regra, "Gases de efeito estufa são dispendiosos", irá produzir meios inteiramente inesperados para reduzir gases de efeito estufa. É provavelmente uma aposta segura de que os carros se tornariam mais eficientes, os edifícios seriam construídos com mais isolamento térmico e aquecimento passivo e sistemas de resfriamento, e veríamos um uso maior de tecnologias como a nuclear, hidrelétrica e até "captura de carbono" — impedindo o dióxido de carbono de emergir de uma usina elétrica movida a carvão. Mas quem sabe quais seriam as outras mudanças que poderíamos ver? As cadeias globais de suprimento poderiam ser reorganizadas. Centenas de milhões de pessoas poderiam mudar-se para lugares onde o clima ou a geografia permitam um estilo de vida mais eficiente em termos do consumo de energia.

Ou as ideias salvadoras do planeta poderiam emergir de fontes ainda mais inesperadas. Se houvesse algum meio de reduzir o metano expelido por vacas e carneiros — quase um décimo da contribuição total para as emissões de gases de efeito estufa —, então isso seria uma enorme realização.[40] Os cientistas australianos observaram que cangurus não emitem metano e estão, até agora, tentando imaginar como colocar uma bactéria dos intestinos do canguru no estômago de vacas.[41] Pode ser um beco sem saída. Pode não ser. Mas o preço apropriado em gases de efeito estufa iria estimular a exploração de todos os caminhos, mesmo que uma das questões seja simplesmente fazer vacas expelirem metano como cangurus.

O preço do carbono vai funcionar porque representa um objetivo global — reduzir as emissões de gases de efeito estufa — e delega esse objetivo. Indivíduos como Geoff conhecem suas próprias circunstâncias e prioridades. Negócios entendem seus custos. Empreendedores e engenheiros têm miríades de ideias esperando para que o ambiente certo de negócios as torne lucrativas. Os governos sabem muito pouco disso — mas de fato têm a perspectiva de longo prazo e a autoridade para fazer o que for melhor para a sociedade. Os governos não deveriam estar colhendo e escolhendo, em nossas complexas economias, meios específicos de salvar o planeta. Deveriam estar inclinando o campo de jogo para nos estimular a tomar nossas decisões com o planeta em mente.

6
Prevenindo colapsos financeiros ou: separando

"Nós nos envolvemos numa confusão colossal, cometendo erro grave no controle de uma máquina delicada cujo funcionamento não compreendemos."

— John Maynard Keynes[1]

"Qualquer idiota inteligente pode tornar as coisas maiores, mais complexas e mais violentas. É preciso um toque de gênio — e um bocado de coragem — para ir na direção oposta."

— Atribuído a E.F. Schumacher

1 Quando o fracasso é impensável

Na manhã de 6 de julho de 1988, trabalhadores de manutenção em Piper Alpha, o maior e mais antigo oleoduto e gasoduto no Mar do Norte, desmontaram uma bomba de reserva para checar uma válvula de segurança. O trabalho se arrastou por todo o dia, e os trabalhadores pararam de trabalhar no início da noite, selando o tubo e preenchendo um formulário, observando que a bomba era imprestável. Um engenheiro deixou o formulário na sala de controle, mas a sala estava cheia e havia interrupções constantes. Mais tarde, durante a noite, a bomba primária falhou e — pressionado pelo tempo, sem saber sobre a manutenção e incapaz de encontrar qualquer motivo pelo qual a bomba de reserva não pudesse ser usada — o operador do gasoduto ligou a bomba meio desmantelada. Vazou gás, que pegou fogo e explodiu.

A explosão, séria em si mesma, foi composta de várias outras falhas. Normalmente, um gasoduto como o Piper Alpha teria detonado paredes para conter explosões, mas o Piper Alpha tinha sido projetado originalmente para bombear petróleo, que é inflamável, mas raramente explosivo. O projeto aperfeiçoado também colocou os riscos próximos demais da sala de controle do gasoduto, que a explosão imediatamente danificou. Bombas de combate a incêndios, projetadas para deixar entrar imensos volumes de água do mar, não começaram a funcionar imediatamente por causa de uma medida de segurança destinada a proteger mergulhadores de serem sugados para dentro do conduto da bomba. O mecanismo de segurança poderia ter sido desativado da sala de controle, mas a sala de controle tinha sido destruída. Isso também significava que nenhuma evacuação poderia ser coordenada, então os trabalhadores da plataforma recuaram para o bloco de alojamentos da plataforma.

Dois gasodutos próximos continuaram a bombear petróleo e gás para o incandescente Piper Alpha, enquanto seus operadores observavam o inferno e atormentavam-se por não ter autoridade para tomar a dispendiosa decisão de paralisar a produção. De qualquer maneira, isso não teria feito muita diferença, devido à presença de grande quantidade de gás de alta pressão nas linhas de suprimento. Quando esse gás explodiu, uma bola de fogo da altura de metade da Torre Eiffel engolfou a plataforma. A explosão matou até dois homens que tinham vindo para o resgate num barco próximo, junto com a tripulação do gasoduto que

PREVENINDO COLAPSOS FINANCEIROS OU: SEPARANDO 227

haviam retirado da água. Outros gasodutos se romperam com o calor, alimentando o fogo e afastando outro barco de resgate de bombeiros. Era impossível aproximar-se, e, menos de duas horas após a explosão inicial, todo o bloco de alojamentos escorregou da plataforma que se derretia para dentro do mar. Morreram 167 homens. Muitos dos 59 sobreviventes saltaram de dez andares de altura para dentro de ondas mortalmente geladas. A plataforma queimou por mais três semanas, murchando como flores velhas numa exposição de massa, aço e engenharia.[2]

Especialistas em segurança industrial estudaram de perto o que havia acontecido de errado com o Piper Alpha e aprenderam lições para prevenir futuras tragédias. Mas menos lições parecem ter sido aprendidas de acidente correlato: um colapso dos mercados financeiros desencadeado pela destruição de Piper Alpha. Esta foi a "espiral LMX" e quase destruiu o venerável mercado de seguros Lloyd's.

Os seguradores com frequência assinam contratos em que um segurador concorda em cobrir perdas extraordinárias de outro segurador num pedido de indenização específico. Esses contratos de "resseguro" têm uma saudável lógica de negócios e uma longa história. Mas, no mercado do Lloyd's, em que diferentes sindicatos de resseguros negociavam risco uns com os outros, os resseguradores tinham começado a segurar as perdas totais de outros seguradores, em lugar de perdas sobre uma indenização única. Essa distinção sutil mostrou-se importante. Os contratos de resseguro empurravam as perdas de um sindicato para um segundo, depois para um terceiro — e talvez, depois do terceiro, de volta para o primeiro. Os sindicatos de seguros poderiam descobrir, e de fato descobriram, através de um círculo de intermediários, que eram seus próprios resseguradores.

A espiral estava enrolada e pronta para saltar quando Piper Alpha foi destruído. Os sindicatos de seguros que comerciavam no Lloyd's foram atingidos por uma conta inicial de cerca de 1 bilhão de dólares, um dos maiores pedidos isolados de indenização da história. Mas, então, alguns pedidos de resseguro foram disparados, e outros, e depois outros, numa reação em cadeia. O total final de pedidos que resultaram da perda bilionária foi US$ 16 bilhões. Alguns seguradores infelizes descobriram que haviam segurado Piper Alpha várias vezes. Partes da espiral ainda se saltam, mais de duas décadas depois.[3]

Se isso soa familiar, deveria soar mesmo. Nos primeiros dias da trituração do crédito em 2007, muito antes que a maioria das pessoas estivesse ciente da escala do problema, o economista John Kay apontava as similaridades entre a trituração do crédito e a espiral LMX. Da mesma forma que na trituração do crédito, instituições financeiras e reguladores diziam a si mesmos que ferramentas financeiras novas e sofisticadas estavam diluindo o risco, espalhando-o para os mais aptos a lidar com ele. Da mesma forma que na trituração do crédito, dados históricos sugeriam que o conjunto dos contratos de resseguro era muito saudável. E da mesma forma que na trituração do crédito, os participantes só descobriram a verdadeira forma do risco que estavam assumindo, antes quase impossível de discernir, depois que as coisas correram horrivelmente mal. Em ambos os casos, técnicas financeiras inovadoras mostraram-se fracassos dispendiosos.

Até aqui, este livro argumentou que o fracasso é tão necessário quanto útil. O progresso vem de muitos experimentos, muitos dos quais vão fracassar, e temos de ser muito mais tolerantes com o fracasso se quisermos aprender com ele. Mas a crise financeira mostrou que uma atitude tolerante em relação ao fracasso é uma tática perigosa para o sistema bancário. Então, o que acontece quando não podemos nos dar ao luxo de cometer erros porque os erros têm consequências catastróficas?

PREVENINDO COLAPSOS FINANCEIROS OU: SEPARANDO   229

Quando eu estudava a espiral, na esperança de descobrir alguma coisa que prevenisse crises financeiras futuras, percebi que estava perdendo um paralelo oculto, porém vital. Foi o horror da destruição de Piper Alpha em si mesma, mais do que o colapso financeiro que a seguiu, que poderia nos dizer mais sobre acidentes financeiros. Se quisermos aprender como lidar com sistemas que têm pouco espaço para tentativa e erro, então gasodutos, refinarias químicas e usinas nucleares são lugares para se começar.

2 "O negócio bancário excede a complexidade de qualquer instalação nuclear que já estudei"

A conexão entre bancos e reatores nucleares não está clara para a maioria dos banqueiros, ou para os reguladores de bancos. Mas para os homens e mulheres que estudam acidentes industriais como Three Mile Island, Piper Alpha, Bhopal ou o ônibus espacial Challenger — engenheiros, psicólogos e até sociólogos —, a conexão é óbvia.[4] James Reason, um psicólogo que passou a vida estudando o erro humano na aviação, na medicina, na remessa de mercadorias e na indústria, usa a ruína do Barings Bank como estudo de caso favorito. Barings era o banco mercantil mais antigo de Londres quando, em 1995, faliu após mais de trezentos anos de comércio. Um de seus empregados, Nick Leeson, havia perdido vastas somas fazendo apostas não autorizadas com o capital do banco. Ele destruiu o banco sozinho, ajudado apenas pelas brechas no sistema do Barings para supervisioná-lo.

"Eu costumava falar com banqueiros sobre risco e acidentes e eles pensavam que eu estava falando sobre pessoas dando caneladas neles",[5] disse-me James Reason. "Depois, descobriram o que é um risco. Ele veio sob o nome de Nick Leeson."

Outro especialista em catástrofe que não tem dúvida sobre o paralelo é Charles Perrow, professor emérito de sociologia de Yale. Ele está convencido de que banqueiros e reguladores do negócio bancário poderiam e deveriam estar prestando atenção a ideias em engenharia de segurança e psicologia de segurança. Perrow fez seu nome ao publicar o livro *Normal Accidents* [Acidentes normais], após Three Mile Island e antes de Chernobyl. O livro explorou a dinâmica dos desastres e argumentou que, num certo tipo de sistema, acidentes eram inevitáveis — ou "normais".[6]

Para Perrow, a combinação perigosa é um sistema ao mesmo tempo complexo e "de encaixe apertado". A característica definidora de um processo de encaixe apertado é que, uma vez iniciado, ele é difícil ou impossível de parar: uma exibição de pedras de dominó que caem uma após a outra não é especialmente complexa, mas é de encaixe apertado. Da mesma forma, um pão que cresce no forno. A Universidade de Harvard, por outro lado, não é especialmente de encaixe apertado, mas é complexa. Uma mudança na política americana de concessão de visto a estudantes; ou um novo esquema do governo para financiar a pesquisa; ou o aparecimento de um livro da moda em economia, ou física, ou antropologia; ou uma briga acadêmica fratricida — todas essas coisas poderiam ter consequências imprevisíveis para Harvard e desencadear uma variedade de respostas inesperadas, mas nenhuma delas vai escapar ao controle com rapidez suficiente para destruir a universidade completamente.

Até aqui, este livro examinou os sistemas complexos, mas de encaixe folgado, como Harvard. A pura complexidade de tais sistemas significa que os fracassos são parte da vida, e a arte do sucesso é fracassar produtivamente.

E se um sistema é, simultaneamente, complexo e de encaixe apertado? Complexidade significa que existem muitos caminhos diferentes para as coisas darem errado. Encaixe apertado significa

PREVENINDO COLAPSOS FINANCEIROS OU: SEPARANDO   231

que consequências involuntárias proliferam com tanta rapidez que é impossível se adaptar ao fracasso ou tentar alguma coisa nova. No Piper Alpha, a explosão inicial pode não ter destruído a plataforma, mas danificou a sala de controle, tornando difícil a evacuação e também impossibilitando a desativação do mecanismo de segurança dos mergulhadores que impedia as bombas que sugavam água do mar de começar a funcionar automaticamente. Embora a tripulação da plataforma tivesse cortado, a princípio, o fluxo de petróleo e gás para a plataforma, o gasoduto tinha sido tão danificado que gás e petróleo continuaram a vazar e a alimentar o inferno. Cada interação era inesperada. Muitas aconteceram minutos após o erro inicial. Não havia tempo para reagir.

Para homens como James Reason e Charles Perrow, tais desastres necessitam ser estudados não apenas para seu próprio bem, mas por nos oferecerem lições vitais sobre as armadilhas inesperadas que ficam de emboscada à espera de problemas complexos e de encaixe apertado — e os fatores psicológicos e organizacionais que ajudam a impedir que caiamos neles. Poucas invenções humanas são mais complexas e de encaixe mais apertado que o sistema bancário; Charles Perrow diz que ele "excede a complexidade de qualquer instalação nuclear que já estudei".[7] Então, se os banqueiros e seus reguladores começassem, de fato, a prestar atenção às visões não glamorosas de especialistas em segurança industrial, o que poderiam aprender?

3 Por que os sistemas de segurança se defendem de ataques

Entre as mais amargas recriminações sobre a crise financeira de 2008, se existe consenso sobre alguma coisa, é que o sistema financeiro precisa ser mais seguro. Regras precisam ser introduzidas, de um jeito ou de outro, para evitar que os bancos entrem em colapso no futuro.

Poderia parecer óbvio que o caminho para tornar um sistema complexo mais seguro é instalar algumas medidas de segurança. James Reason é celebrado em círculos de engenharia de segurança pelo "modelo do queijo suíço" de acidentes. Imagine uma série de sistemas de segurança como uma pilha de fatias de Emmental. Exatamente como cada fatia tem buracos, cada dispositivo de segurança tem falhas. Mas ponha fatias do queijo uma em cima da outra e você poderá estar bastante seguro de que os buracos nunca vão alinhar-se entre eles. A tentação natural é colocar cada vez mais camadas de Emmental no sistema financeiro — mas, infelizmente, isso não é tão simples. Como muitos especialistas em segurança como Reason sabem bem demais, toda medida de segurança adicional tem o potencial de introduzir um caminho novo e inesperado para algo dar errado.

Galileu descreveu um exemplo precoce desse princípio em 1638. Os pedreiros, na época, faziam colunas de pedras horizontalmente, levantadas acima do solo por duas pilhas de pedras. As colunas muitas vezes rachavam no meio, sob o seu próprio peso. A "solução" foi reforçar o suporte com uma terceira pilha de pedras no meio. Mas isso não ajudou. Os dois suportes das pontas com frequência se acomodavam um pouco, e a coluna, equilibrando-se como uma gangorra na pilha central, se desmanchava quando as pontas afundavam.[8]

O desastre do Piper Alpha é outro exemplo: ele começou porque uma manutenção de segurança se chocou com regras destinadas a impedir que engenheiros trabalhassem durante longos turnos cansativos, e se agravou com o dispositivo destinado a impedir que mergulhadores fossem sugados pelas bombas de água do mar. No reator nuclear Fermi, perto de Detroit em 1966, um derretimento parcial pôs a vida de 65 mil pessoas em risco.[9] Várias semanas

PREVENINDO COLAPSOS FINANCEIROS OU: SEPARANDO   233

depois que a usina foi fechada, o vaso de contenção do reator esfriara o bastante para que se identificasse o culpado: um filtro de zircônio do tamanho de uma lata de cerveja amassada que tinha sido desalojado por um aumento repentino no fluxo do líquido de refrigeração no centro do reator e, depois, bloqueado a circulação do líquido. O filtro tinha sido instalado no último minuto por razões de segurança, mediante pedido expresso da Comissão Regulatória Nuclear.

O problema, em todos esses casos, é que o sistema de segurança introduziu o que um engenheiro chamaria de um novo "modo de falha" — uma nova forma de fazer as coisas darem errado. E esse foi precisamente o problema na crise financeira: não que não houvesse sistemas de segurança, mas que os sistemas de segurança existentes pioraram os problemas.

Considere a troca de crédito vencido (ou CDS, sigla de *credit default swap*) — um acrônimo de três letras com um papel estrelar na crise. As trocas de crédito vencido são um tipo de seguro contra um empréstimo que não foi pago. O primeiro CDS foi acordado entre o JP Morgan e um banco de desenvolvimento patrocinado pelo governo, o Banco Europeu para a Reconstrução e o Desenvolvimento (BERD), em 1994. O JP Morgan pagou taxas ao BERD e, em troca, o BERD concordou em tornar boas quaisquer perdas na eventualidade quase inimaginável de que o gigante do petróleo Exxon não pagasse um possível empréstimo de US$ 4,8 bilhões. Num sentido restrito, era um acordo seguro: o BERD tinha dinheiro ocioso e estava buscando renda de baixo risco, enquanto o JP tinha muitas coisas úteis que poderia fazer com seus próprios fundos, mas reguladores bancários decretaram que ele deveria provisionar quase meio bilhão de dólares apenas para o caso de haver um problema com o empréstimo da Exxon. O acordo do CDS afastou o risco para o BERD, liberando o dinheiro do JP Morgan. Isso aconteceu com a permissão explícita dos reguladores, que sentiram que essa era uma forma segura de administrar o risco.[10]

Havia dois modos de essas trocas de crédito vencido darem problema. O primeiro era simplesmente que, tendo assegurados alguns de seus empreendimentos de risco, os banqueiros se sentissem confiantes para aumentar as apostas. Os reguladores aprovaram; o mesmo fizeram as agências de classificação de risco responsáveis pela avaliação desses riscos bem como a maioria dos acionistas do banco. John Lanchester, um cronista da crise, graceja: "É como se as pessoas usassem a invenção do cinto de segurança como oportunidade para dirigir embriagadas".[11] Concordo — e na verdade existem provas de que os cintos de segurança e os airbags de fato estimulam motoristas a se comportar de forma mais perigosa. Psicólogos chamam isso de "compensação do risco". O ponto principal do CDS era criar uma margem de segurança que levasse os bancos a assumir mais riscos. Tal como acontece com cintos de segurança e motoristas perigosos, transeuntes inocentes ficaram entre as vítimas.[12]

O meio sutil pelo qual as trocas de crédito vencido ajudaram a causar a crise foi a introdução de novas e inesperadas maneiras de as coisas darem errado — exatamente como as colunas de Galileu ou o filtro de zircônio no reator Fermi. Os contratos de CDS aumentaram tanto a complexidade quanto o encaixe apertado do sistema financeiro. Instituições que previamente não estavam conectadas ficaram presas umas às outras e emergiram novas correntes de causa e efeito que ninguém previra.

O negócio do seguro de títulos é um caso pertinente.* À medida que acionavam novos e complexos títulos relacionados a empréstimos, os bancos se voltavam para companhias de seguro

---

*Um título conversível é um tipo de empréstimo negociável: se você compra o título, está obtendo o direito de receber os pagamentos dos empréstimos, talvez de uma companhia, talvez de um governo, ou talvez de algum processo financeiro mais complexo.

PREVENINDO COLAPSOS FINANCEIROS OU: SEPARANDO   235

chamadas *"monolines"* e imensas seguradoras gerais, como a AIG, para prover seguro usando trocas de crédito vencido. Isso parecia fazer sentido para os dois lados: para os seguradores era lucrativo e parecia extremamente seguro, enquanto os investidores desfrutavam a segurança de serem respaldados por companhias de seguros completamente estáveis.

Mas, como vimos com a espiral LMX, até o seguro, o sistema quintessencialmente seguro, pode criar riscos inesperados. O perigo oculto veio através das "classificações de risco", que são uma medida do risco de um título inventada por companhias chamadas agências de classificação de risco. Se um título estava segurado, ele simplesmente herdava a classificação de risco do segurador. Companhias de seguro como a AIG, naturalmente, tinham classificações de risco muito baixas, de forma que até um título arriscado podia adquirir uma excelente classificação de risco se fosse segurado pela AIG.

Infelizmente, esse processo também trabalha ao contrário. Se uma companhia de seguros erradamente deu garantia a títulos muito arriscados, poderá encontrar-se flertando com a bancarrota, e assim perderá sua classificação de risco muito boa — precisamente o que aconteceu com a AIG e os seguradores *monolines*. À medida que grandes números de títulos eram rebaixados em uníssono, os bancos eram legalmente forçados a vendê-los em uníssono por regulações aparentemente sensatas que proibiam os bancos de ter muitos títulos arriscados. Não é preciso ser um mago financeiro para ver que a combinação de sistema de segurança e regulação de segurança produziu a receita para um colapso de preços.

A consequência de tudo isso é que um banco podia evitar todas as maiores fontes de problema financeiro — como o mercado de hipotecas de segunda linha — e, mesmo assim, ser empurrado para a bancarrota. O banco estaria, tranquilamente, com um portfólio de títulos de médio risco garantido por uma companhia de seguros.

A própria companhia de seguros poderia meter-se em problema porque havia segurado produtos de hipoteca de segunda linha, e o portfólio do banco poderia ter sua classificação de risco rebaixada, não porque a qualidade do portfólio mudara, mas porque seu segurador estava com problemas.[13] O banco seria legalmente obrigado a vender seus ativos ao mesmo tempo que outros bancos faziam o mesmo. Era como um montanhista que escalasse cuidadosamente um penhasco enquanto estava preso a uma equipe descuidada e, subitamente, se visse empurrado para o abismo por suas próprias cordas de segurança. As companhias de seguros e sua rede de trocas de crédito vencido atuaram como a corda.

Em vez de reduzir o risco, as trocas de crédito vencido trabalharam para aumentá-lo e fazê-lo aparecer, súbita e inesperadamente, num lugar inesperado. A mesma coisa foi verdade acerca dos outros sistemas de segurança financeira — por exemplo, as infames obrigações colaterais de débito (ou CDOs, sigla de *collateralised debt obligations*), que reempacotavam fluxos financeiros das arriscadas hipotecas de segunda linha. O objetivo era parcelar o risco em fatias bem compreendidas, algumas extremamente arriscadas e algumas extremamente seguras. O resultado, em vez disso, foi magnificar certos riscos quase além da imaginação — o dobro das perdas das hipotecas subordinadas seria elevado ao quadrado pelo processo de reempacotamento uma, duas vezes, ou mais, para transformar-se em perdas que eram 4, 16, 256 ou até 65 mil vezes maiores do que o esperado. (Esses números são mais ilustrativos do que precisos, mas a ilustração é um retrato justo das CDOs.) Em ambos os casos, esses sistemas de segurança faziam com que investidores e bancos se tornassem descuidados — e, mais fundamentalmente, transformavam problemas pequenos em catástrofes. Especialistas em segurança industrial — se alguém tivesse perguntado — poderiam ter advertido que tais consequências inesperadas são comuns.

PREVENINDO COLAPSOS FINANCEIROS OU: SEPARANDO   237

Naturalmente, medidas de segurança mais bem projetadas poderiam funcionar de forma diferente, mas a experiência de desastres individuais sugere que é mais difícil do que parece desenvolver medidas de segurança que não tenham reação adversa. Então, se o acréscimo ao modo de Rube Goldberg* de um sistema de segurança ao outro não é a solução nem para catástrofes industriais nem para catástrofes financeiras, o que é então?

4 "As pessoas que operavam a usina estavam absoluta e completamente perdidas"

A crise de Three Mile Island em 1979 permanece o acontecimento mais próximo de um grande desastre a que chegou a indústria nuclear americana. Ela começou com engenheiros tentando desobstruir um filtro que, acidentalmente, deixou o equivalente a uma xícara de água vazar para o sistema errado.[14] O vazamento — inofensivo em si próprio — disparou um dispositivo automático de segurança que desliga as principais bombas que fazem a água circular no permutador de calor, nas turbinas de vapor e nos sistemas de resfriamento. O reator agora precisava ser resfriado de alguma outra maneira. O que se seguiu foi um exemplo clássico de um dos sistemas de acidentes de Charles Perrow, com erros que individualmente teriam conserto aumentando rapidamente de tamanho como uma avalanche de neve.

Duas bombas de reserva deveriam ter começado a injetar água fria no vaso de contenção do reator, mas válvulas em ambos os tubos tinham sido deixadas fechadas por engano após uma operação de manutenção. Luzes de advertência deveriam ter alertado os ope-

---

*Rube Goldberg foi um cartunista americano famoso por descrever aparelhos, dispositivos, processos ou invenções desnecessariamente complicados para o desempenho de uma tarefa simples. [N. da T.]

radores para as válvulas fechadas, mas foram ocultadas por uma ficha de papel de registro de reparos pendurada num comutador. Quando o reator começou a ficar aquecido demais, uma válvula de escape — como de uma panela de pressão — automaticamente se abriu. Quando a pressão caiu de volta a um nível ótimo, ela deveria fechar novamente. Mas permaneceu aberta, levando o reator a se despressurizar a níveis perigosos.

Se tivessem percebido que a válvula tinha ficado aberta, os operadores poderiam ter fechado outra válvula mais adiante no tubo. Mas o painel de controle parecia mostrar que a válvula se fechara como seria o normal. Na verdade, o painel meramente mostrava que um sinal tinha sido enviado para fechar a válvula como sempre, e não que a válvula respondera. Enquanto lutava para compreender o que estava acontecendo, o supervisor imaginou que havia uma chance de a válvula ter ficado aberta. Então, pediu a um dos engenheiros que verificasse o leitor de temperatura. O engenheiro informou que estava tudo certo — porque havia olhado para o aferidor errado.

Este foi um erro sério, mas compreensível nesse contexto. Uma cacofonia de mais de uma centena de alarmes provia o pano de fundo dessas discussões embaralhadas. Os painéis de controle estavam confusos: exibiam quase 750 luzes, cada uma com uma letra de código, algumas próximas do interruptor principal e algumas distantes. Algumas acima e algumas abaixo. Luzes vermelhas indicavam válvulas abertas ou equipamento ativo; luzes verdes indicavam válvulas fechadas ou equipamento inativo. Mas, visto que algumas luzes eram tipicamente verdes e outras tipicamente vermelhas, era impossível até para operadores altamente treinados esquadrinhar a massa de luzes piscantes e rapidamente localizar os problemas.[15]

Às 6h20 da manhã, a chegada de um novo turno finalmente trouxe olhos descansados e a percepção de que um líquido refrigerante superaquecido esguichara do reator despressurizado por

PREVENINDO COLAPSOS FINANCEIROS OU: SEPARANDO 239

mais de duas horas. O novo turno conseguiu ser bem-sucedido em pôr a questão sob controle — não antes que 32 mil galões de líquido refrigerante altamente contaminado tivessem escapado, mas a tempo de impedir um derretimento completo. Com indicadores melhores do que estava acontecendo, o acidente poderia ter sido contido com muito mais rapidez.[16]

Perguntei ao chefe de segurança de instalações nucleares da Agência Internacional de Energia Atômica, Philippe Jamet, o que havíamos aprendido com Three Mile Island. "Quando se olha do jeito que o acidente aconteceu, as pessoas que operavam a usina estavam absoluta e completamente perdidas", respondeu.[17]

Jamet diz que desde Three Mile Island muita atenção tem sido dada ao problema de dizer aos operadores aquilo de que precisam saber, num formato que possam compreender. O objetivo é assegurar que nunca mais os operadores tenham de tentar controlar um núcleo de reator que falha em meio ao som de uma centena de alarmes e diante de mil lâmpadas pequeninas piscando no painel.

A lição é visível em Hinkley Point B, uma velha usina de energia com vista panorâmica para o Canal de Bristol no sudoeste da Inglaterra. O lugar se destinou um dia a receber visitas de escolares, mas agora está defendido contra terroristas por um labirinto de postos de controle e uma cerca em seu perímetro. No coração do lugar, que visitei num dia de garoa extemporânea no fim de julho, avulta um vasto edifício chato e grosso que contém um par de reatores nucleares. A uma pequena distância fica um escritório baixo que pareceria adequado em qualquer estacionamento comercial suburbano. No centro daquele escritório fica o simulador: uma réplica quase perfeita da sala de controle de Hinkley Point B. O simulador tem uma aparência anos 1970, com grandes e robustos consoles de metal e interruptores massivos de baquelita. Monitores modernos de tela plana foram acrescentados, exatamente como na sala de controle real, para prover informação adicional moderada pelo computador sobre o reator. Por trás dos cenários, um poderoso computador simula o próprio reator nuclear e pode ser programado para comportar-se de numerosos modos inconvenientes.

"Houve imensos melhoramentos ao longo dos anos", explicou Steve Mitchelhill, um instrutor do simulador que me mostrou o lugar. "Alguns deles parecem figurativos, mas não são. Trata-se de reduzir os fatores humanos." "Fatores humanos", naturalmente, significam erros dos operadores de usinas nucleares. E Mitchelhill deu-se ao trabalho de indicar uma inovação enganosamente simples introduzida em meados dos anos 1990: revestimentos coloridos destinados a ajudar os operadores a entender, num momento de pânico ou desatenção, que interruptores e indicadores estão relacionados uns com os outros. Apenas essa humilde ideia provavelmente teria permitido aos operadores parar o acidente Three Mile Island em minutos.

A lição para os reguladores financeiros poderia parecer obscura. Mas os mesmos erros confusos, exaustivos, que caracterizaram Three Mile Island também atormentaram a tomada de decisões durante a crise financeira. Houve um momento Three Mile Island na segunda semana de setembro de 2008. Todos os olhos estavam sobre o Lehman Brothers, que, então, afundava em problemas sérios.[18] Entre os olhos que focavam o Lehman estavam os de Tim Geithner, então presidente do Federal Reserve Bank de Nova York, que supervisionava os bancos. Geithner acabava de completar um voo transatlântico quando o presidente do American International Group (AIG), Robert Willumstad, pediu uma reunião. De acordo com o jornalista Andrew Ross Sorkin, Geithner deixou Willumstad esperando durante meia hora porque estava ao telefone com o Lehman Brothers. E, quando os dois homens se encontraram, Willumstad perguntou se a AIG teria acesso às mesmas facilidades de empréstimo no Federal Reserve que estavam disponíveis para os bancos de investimentos.

PREVENINDO COLAPSOS FINANCEIROS OU: SEPARANDO 241

Willumstad entregou a Geithner um memorando resumido, confessando que a exposição da AIG era de US$ 2,7 trilhões em contratos financeiros de alto risco — mais de um terço dos quais eram trocas de crédito vencido e acordos similares feitos com doze das maiores instituições financeiras. A implicação era que, se a AIG quebrasse, o sistema financeiro global afundaria. A AIG era uma ameaça tanto maior que o Lehman Brothers quanto mais surpreendente. Mas as campainhas de alarme não soaram na cabeça de Geithner tão alto quanto, talvez, deveriam. A AIG era, afinal, uma companhia de seguros regulada pelo Tesouro em lugar do Fed de Nova York de Geithner. Por alguma razão — possivelmente fadiga, talvez porque não tivesse tido tempo de estudar o bilhete de Willumstad, ou talvez porque o bilhete fosse indireto demais —, Tim Geithner pôs a questão da AIG de lado e voltou a se concentrar no problema do Lehman Brothers.

Negociações frenéticas para salvar o Lehman continuaram entre funcionários do governo e grandes banqueiros de investimentos ao longo do fim de semana. Foi apenas no domingo à noite que a ficha caiu, quando um daqueles banqueiros de investimentos recebeu um telefonema de uma funcionária do Tesouro para perguntar se poderia formar uma equipe e começar a trabalhar em discussões semelhantes de resgate para a AIG. A notícia surpreendente foi saudada com uma resposta surpreendente: "Espere, espere... Você está me telefonando num domingo à noite para dizer que acabamos de passar um fim de semana inteiro resolvendo o Lehman e agora temos isso? Como foi que passamos as últimas 48 horas focando a coisa errada?"[19] Exatamente como em Three Mile Island, aqueles que estavam a cargo de um sistema complexo tinham sido aparentemente incapazes de colher a informação essencial num temporal de ruído financeiro.

"Sempre culpamos o operador — 'erro do piloto'", diz Charles Perrow, o sociólogo de Yale. Mas, assim como um operador de usina de energia olhando para a luz errada que piscava, Tim Geithner tinha o foco errado, não porque era um tolo, mas porque estava recebendo informação confusa e inadequada. Pode-se sentir satisfação em criticar gente como Geithner e os cabeças do Lehman Brothers e da AIG, mas especialistas em segurança como Perrow sabem que é muito mais produtivo projetar sistemas mais seguros do que esperar por gente melhor.

O controle de tráfego aéreo é um exemplo celebrado de como um sistema muito confiável foi criado a despeito da dificuldade inerente da tarefa. Então, poderíamos projetar o equivalente a um sistema de controle de tráfego aéreo para reguladores financeiros, mostrando a eles quando as instituições estão em curso de colisão? Os reguladores atualmente têm pouca noção sobre se existe alguma outra AIG por aí e nenhum método sistemático para descobrir. Eles precisam de mais informação — e, mais importante, precisam de informação num formato que seja tão fácil de compreender quanto pontos em movimento numa tela de radar.

Andrew Haldane, diretor de estabilidade financeira no Banco da Inglaterra, espera o dia em que os reguladores tenham um "mapa de calor" dos estresses no sistema financeiro, aproveitando as tecnologias usadas agora para verificar o estado de uma rede elétrica. Com os dados certos e o software adequado para interpretá-los, os reguladores poderiam olhar um mapa de rede financeira, destacando conexões críticas, nódulos superestressados e interações inesperadas. Em vez de se debruçar sobre plantas desconectadas ou intrigantes slides em PowerPoint, olhariam para apresentações claras, intuitivas, de riscos emergindo no sistema. Idealmente, o mapa seria atualizado diariamente, por hora — talvez até em tempo real.

PREVENINDO COLAPSOS FINANCEIROS OU: SEPARANDO   243

"Estamos a um milhão de quilômetros de distância disso no momento",[20] Haldane admite prontamente. A lei de reforma Dodd-Frank, assinada pelo presidente Obama em julho de 2010, cria um novo Escritório para Pesquisa Financeira que parece apto a desenhar um mapa. A tecnologia deveria, em princípio, revelar quais as companhias sistemicamente importantes — "grandes demais para quebrar" — e como a importância sistêmica muda com o tempo. (As novas regulações "Basel III" discutem quais as regras que deveriam ser aplicadas a instituições sistemicamente importantes, mas, no momento, a definição de importância sistêmica não é mais clara do que a definição de arte, literatura ou pornografia.) Um futuro Tim Geithner não deverá surpreender-se novamente ao descobrir a importância inesperada de uma instituição como a AIG.

Por maiores que sejam os atrativos de um mapa de calor sistêmico, é improvável que ele resolva o problema por si só, não mais do que o "domínio da informação" de Donald Rumsfeld resolveu o problema da guerra travada. Manter o sistema financeiro seguro vai requerer informação apropriada para reguladores, mas também vai requerer muito mais. Da mesma forma que no campo de batalha, o que acontece na linha de frente das finanças pode ser impossível de ser resumido por qualquer computador.

5 "Não tivemos tempo"

Num sábado à noite em setembro de 2008, enquanto Tim Geithner e um monte de banqueiros de investimentos em Nova York atarefadamente gastavam 48 horas na coisa errada, Tony Lomas desfrutava uma refeição num restaurante chinês com a família quando o telefone dele tocou. Do outro lado da linha estava o principal advogado para as operações britânicas do Lehman

Brothers. O advogado pediu a Lomas que fosse, no dia seguinte, ao escritório da firma em Canary Wharf em Londres com um pequeno grupo de especialistas em insolvência. Lomas já sabia que o Lehman Brothers estava em dificuldades. As ações tinham perdido mais de três quartos de seu valor naquela semana. Algum tipo de acordo de resgate estava sendo negociado em Nova York, mas os diretores europeus do Lehman queriam um Plano B — sabiamente, porque o Lehman Brothers se desmantelou logo depois que o acordo de Nova York se evaporou, deixando as subsidiárias em outros países à própria sorte. O Plano B significava mandar o maior conhecedor de insolvência no Reino Unido. E esse homem era Tony Lomas.[21]

A rapidez da falência do Lehman pegou de surpresa até Lomas e seus experientes colegas na PwC. A insolvência é tipicamente um processo menos repentino — administradores potenciais tendem a se apresentar, a pretexto de prevenção, semanas antes de uma companhia declarar que está falindo. Embora a surpresa seja parte da natureza de uma falência de serviços financeiros. Ninguém quer fazer negócio com um banco que pareça um risco de crédito, então não existe tal coisa como um banco de investimento que lentamente escorregue para a bancarrota. Acontece rápido, ou não acontece de jeito nenhum. O efeito de um fim tão repentino do Lehman foi o caos, mais imediatamente para as vidas pessoais dos peritos contábeis. Um sócio da PwC disse até logo para a família no almoço de domingo e não saiu de Canary Wharf durante uma semana. Seu carro pagou uma enorme conta no estacionamento de curta duração — apenas uma modesta contribuição para o custo do processo de administração. A PwC ganhou £ 120 milhões no primeiro ano de trabalho no braço europeu da bancarrota do Lehman, enquanto os emolumentos pagos no primeiro ano aos administradores nos Estados Unidos e na Europa totalizaram cerca de meio bilhão de dólares.

PREVENINDO COLAPSOS FINANCEIROS OU: SEPARANDO 245

Lomas assumiu rapidamente o 31° andar, previamente o salão de jantar, dos escritórios do Lehman Brothers em Canary Wharf; dispendiosas e ostentatórias obras de arte viram-se dividindo o espaço na parede com sinais de orientação feitos à mão para a crescente equipe de peritos da PwC. A situação foi de crise instantânea. No domingo à tarde, os administradores souberam que o escritório de Nova York havia recolhido todo o dinheiro das contas do Lehman Brothers na sexta-feira à noite — prática padrão todos os dias, mas, nessa ocasião, existiam poucas possibilidades de o dinheiro voltar. Isso tornaria impossível, e ilegal, negociar na segunda-feira de manhã. E o Lehman tinha incontáveis transações abertas não resolvidas com muitos milhares de companhias. Na manhã de segunda-feira — após uma reunião às cinco da manhã — um juiz sentenciou a passagem do controle do Lehman europeu para a equipe da PwC, tornando oficial a bancarrota. Isso aconteceu às 7h56 da manhã; a tinta sequer secara quando os mercados de Londres abriram quatro minutos depois.

A equipe da PwC lutou para compreender como as operações do Lehman funcionavam. Foi-lhes apresentado um diagrama confuso da estrutura bizantina, mas legal, do banco para evitar o pagamento de impostos, com centenas de entidades legais subsidiárias, mas, depois disso, foram informados de que o que parecia o nó górdio era apenas o sumário simplificado. Não é que faltasse experiência à equipe: eles tinham supervisionado a reestruturação do braço europeu da Enron, a desgraçada sociedade mercantil de energia, famosa por suas mágicas financeiras. Mas os contratos da Enron não eram nem de perto tão complexos. Lomas foi forçado a designar acompanhantes para "marcar" funcionários superiores do Lehman, seguindo-os o dia inteiro, num esforço desesperado para compreender o que, de fato, eles faziam.

A escala do caos foi de cair o queixo. Como corretor, o Lehman europeu tinha mais de US$ 40 bilhões em dinheiro, ações e outros ativos em nome dos clientes. Esse dinheiro estava congelado. Então alguns clientes descobriram que, em consequência disso, eles próprios estavam em risco de falência. O Lehman era inteiramente responsável por uma entre oito transações na Bolsa de Valores de Londres, mas os últimos três dias de operações válidas ainda não tinham sido completamente assentados. Notavelmente, isso era típico. Essas transações não fechadas estavam dançando aos ventos de um mercado de volatilidade sem precedentes. O Lehman também se resguardara contra os muitos riscos que corria, usando acordos de derivativos para se proteger da volatilidade. Mas, quando os e-mails de cancelamento começaram a chegar na segunda-feira, ficou evidente que a bancarrota tornara alguns desses acordos nulos. Quando faliu, o Lehman Brothers tinha mais de um milhão de contratos de derivativos em aberto.[22]

Somente os corretores do Lehman sabiam como desenrolar esses acordos. Portanto, apenas se alguns deles fossem persuadidos a permanecer temporariamente, as operações abertas poderiam ser fechadas sem a perda de quantidades ainda mais vastas de dinheiro. Para irritação dos credores do Lehman — faxineiros, cozinheiros, provedores de serviços telefônicos e de eletricidade —, Lomas teve que reunir um empréstimo de US$ 100 milhões para pagar bônus generosos aos corretores. Mesmo assim, esses corretores não podiam fazer isso sozinhos: qualquer corretor de outra firma que soubesse que o Lehman estava na outra ponta da linha tentando se desfazer de um ativo estaria em condições de explorar o conhecimento de que a venda era forçada. Então, Tony Lomas recrutou equipes de outros bancos, operando em condições ultrassecretas, para fazer o serviço. Para piorar as coisas, como era, em si mesmo, um grande banco, o Lehman não tinha sua própria conta bancária. Lomas não poderia abrir uma conta em outro banco porque todos eram credores do Lehman e, portanto, em condições legais de tomar qualquer dinheiro que o Lehman

PREVENINDO COLAPSOS FINANCEIROS OU: SEPARANDO 247

depositasse. Lomas teve de pedir a ajuda do Banco da Inglaterra, abrindo dúzias de contas em diferentes moedas diretamente com a Velha Dama de Threadneedle Street.

E esse foi o primeiro incêndio a apagar. Limpar e arrumar os vestígios chamuscados levaria muito, muito mais tempo. Passou-se mais de um ano da falência do Lehman Brothers antes que um tribunal britânico começasse a ouvir os testemunhos dos clientes do Lehman, da agência regulatória financeira e da PwC sobre qual seria o jeito correto de lidar com um acervo multibilionário específico que o Lehman detinha em nome dos clientes. Quem deveria ser pago, quanto deveria receber e quando? Como os advogados da PwC explicaram, havia não menos que quatro escolas de pensamento em relação à abordagem legal correta. O caso levou semanas. Outra série de decisões de tribunais ditava se Tony Lomas seria capaz de executar um plano para acelerar o processo de bancarrota dividindo os credores do Lehman em três amplas classes e tratando-os apropriadamente, em lugar de como indivíduos. Os tribunais rejeitaram isso.[23]

Emergiu lentamente que o banco havia sistematicamente ocultado a extensão de suas dificuldades, usando um truque legal de contabilidade chamado Repo 105, que fazia tanto a torre de débito do Lehman quanto sua pilha de ativos de risco parecerem menores e, assim, mais seguras do que realmente eram. A legitimidade do Repo 105 nesse contexto é objeto de ação legal: em dezembro de 2010, os promotores do Estado de Nova York processaram os auditores do Lehman, Ernst & Young, acusando-os de ajudar o Lehman numa "fraude contábil maciça". Mas, se esse caso permanece sem provas, é muito possível que os indicadores financeiros do Lehman fossem tecnicamente acurados apesar de altamente enganosos, como o indicador de luz em Three Mile Island que mostrava apenas que a válvula fora acionada para fechar, e não que, na verdade, isso acontecera.[24]

Entrevistado pelo *Financial Times* no primeiro aniversário da falência do Lehman Brothers, Tony Lomas tinha esperança de resolver as grandes questões em 2011, três anos depois que o processo de falência se iniciara.[25]

Lomas explicou o que teria feito a diferença: "Se tivéssemos entrado aqui naquele domingo e houvesse um manual que dissesse 'Plano de Contingência: se esta companhia, algum dia, tiver que buscar proteção na Justiça, eis o que vai acontecer', isso não teria sido mais fácil? Na Enron, tivemos duas semanas para escrever esse plano. Não foi suficiente, mas nos deu a oportunidade de já começar preparados. Aqui, não tivemos tempo de fazer isso."

Tony Lomas encontrou uma operação de desconcertante complexidade, e estava lidando apenas com o escritório europeu do Lehman Brothers — apenas uma subsidiária de todo o banco, que, em si mesmo, era apenas um componente da máquina financeira global. Mas, como vimos, a complexidade é um problema somente em sistemas de encaixe apertado. A razão pela qual devemos nos preocupar com o tempo que levou desembaraçar o Lehman Brothers não é porque banqueiros e acionistas de bancos mereçam qualquer proteção especial — é porque dezenas de bilhões de dólares do dinheiro de outras companhias ficaram enterrados com o banco morto durante todo aquele tempo. Se esse problema fosse resolvido, o próximo Lehman Brothers poderia ter permissão para falir — em segurança. Isso significa transformar um sistema de encaixe apertado num sistema em que as conexões sejam mais soltas e mais flexíveis.

6 Dominós e bancos zumbis

O esporte bastante estranho de derrubar peças de dominó é talvez o exemplo definitivo de um sistema de encaixe apertado. Você viu as proezas do dominó como último item das notícias da noite:

PREVENINDO COLAPSOS FINANCEIROS OU: SEPARANDO   249

tentativas de recorde em que alguém pôs de pé, minuciosamente, milhares de pedras de dominó, pronto para derrubar todas elas com um empurrão suave. Supõe-se que dominós, à diferença dos bancos, devam cair, mas não cedo demais.[26] Uma das primeiras tentativas de recorde de derrubada de dominós — 8 mil dominós — foi arruinada quando uma caneta caiu do bolso do câmera de televisão que tinha ido filmar a feliz ocasião. Outras tentativas de recorde foram atrapalhadas por mariposas e gafanhotos.

Poderia ser possível derrubar pedras de dominó num ambiente estritamente controlado, livre de insetos e de equipes de televisão. Isso reduziria a complexidade do sistema de dominó, o que significa que ser de encaixe apertado não seria um problema tão grande. Mas é claramente muito mais prático desapertar o encaixe do sistema em vez disso. Os derrubadores de dominó profissionais agora usam portões de segurança, removidos no último momento, para assegurar que, quando acidentes acontecem, eles são contidos. Em 2005, cem voluntários haviam passado dois meses pondo em pé 4.155.476 pedras de dominó num salão de exibições holandês quando um pardal entrou e derrubou uma pedra. Por causa dos portões de segurança, apenas 23 mil dominós caíram. Poderia ter sido muito pior. (Embora não para o infeliz pardal, que um entusiasta do dominó acertou com um rifle de ar comprimido — incorrendo na ira dos defensores dos direitos dos animais, que tentaram invadir o centro de exibições e terminar o serviço que o pobre pássaro havia começado.)[27]

O sistema financeiro nunca eliminará seus pardais (talvez os cisnes negros sejam uma ave mais apropriada), então, precisa do equivalente àqueles portões de segurança. Se o encaixe do sistema pudesse ser afrouxado — de forma que um banco pudesse ir à ruína sem arrastar os outros —, então o sistema financeiro poderia ser mais seguro, até mesmo se os erros fossem tão comuns como sempre.

Os bancos podem comportar-se como dominós — derrubando muitas outras firmas quando caem — de duas maneiras. Na maior parte das vezes, eles podem ir contagiosamente à bancarrota, o que significa que podem falir enquanto retêm o dinheiro dos clientes. O cenário de pesadelo é que os depositantes de cheques de consumidores comuns de grandes companhias descubram que esses cheques estão voltando, não porque os consumidores ficaram sem dinheiro e sim porque o banco ficou.

Depois, existem os bancos zumbis. Eles evitam a falência, mas apenas cambaleando e tropeçando por aí numa meia-vida corporativa, aterrorizando outros negócios. Eis aqui o que acontece. Todos os bancos têm ativos (uma hipoteca é um ativo porque o proprietário deve dinheiro para o banco) e dívidas (uma conta de poupança é uma dívida porque o banco tem de dar ao portador o dinheiro de volta se ele pedir). Se os ativos são menores do que as dívidas, o banco está legalmente em bancarrota. Os bancos têm um para-choque contra a bancarrota chamado "capital". Este é o dinheiro que o banco segura em nome dos acionistas, que estão no final de qualquer fila para pagamento se o banco estiver em dificuldade.

Se os ativos são pouco maiores do que as dívidas, o banco está à beira da falência — e, para evitar esse destino, está propenso a se refugiar nas vizinhanças dos zumbis. Idealmente, queremos que o banco evite a falência buscando capital novo dos acionistas, inflando o colchão de capital e deixando o banco continuar a fazer negócios com confiança. Mas a maioria dos acionistas não deseja mais injetar capital, porque muito desse benefício seria desfrutado pelos credores do banco e não pelos próprios acionistas. Lembre-se: os credores são pagos primeiro, depois os acionistas. Se o banco está perto da falência, o maior efeito da injeção de capital é assegurar que os credores sejam inteiramente pagos; os acionistas se beneficiam apenas se sobrar dinheiro.

PREVENINDO COLAPSOS FINANCEIROS OU: SEPARANDO   251

Então, o banco zumbi faz outra coisa. Em vez de inflar o colchão de capital, tenta diminuir de tamanho, de forma que um colchão menor seja suficientemente grande. Faz empréstimo e usa o obtido para pagar seus próprios credores e começa a relutar em emprestar dinheiro para qualquer novo negócio ou para compradores de casas. O processo do banco zumbi tira dinheiro da economia.

Tanto os bancos zumbis quanto a bancarrota contagiosa de bancos podem derrubar muitos dominós. Não surpreende que governos respondam à crise financeira garantindo o pagamento das dívidas dos bancos e, forçosamente, injetando grandes quantidades de capital nos bancos. Isso impediu que a crise tivesse efeitos mais sérios sobre a economia, mas teve um custo — não apenas as vastas despesas (e riscos ainda maiores) que os contribuintes foram forçados a assumir, como também a mensagem perigosamente tranquilizadora para os credores dos bancos: "Emprestem o quanto quiserem e para quem quiserem, porque o contribuinte sempre vai assegurar que você seja pago." Em vez do colchão de capital, foi o contribuinte que se viu empurrado para o meio da crise para suavizar o impacto no sistema financeiro. Desconectar o sistema financeiro significa construir o equivalente financeiro àqueles portões de segurança, de forma que, quando um banco como o Lehman Brothers entrar em problemas no futuro, ele tenha permissão para cair.

7 Desconectando

O primeiro e mais óbvio caminho para podermos inserir um portão de segurança entre os bancos e os dominós que eles poderiam derrubar é ter a certeza de que os bancos tenham mais capital. Isso reduz não apenas a possibilidade de qualquer banco falir individualmente, como também a chance de que a falência se espalhe

Os bancos não terão grandes colchões de capital voluntariamente, de maneira que os reguladores têm de forçá-los, e existe um custo nisso. Capital é caro, então exigências maiores de capital tornarão mais caros os empréstimos e o seguro. Até mesmo uma coisa boa como o capital pode ser demais. Mas a crise do crédito deixou claro que os bancos tinham muito pouco dele.[28]

O segundo portão de segurança possível envolve documentos curiosamente chamados de "CoCo"* — títulos conversíveis. Os títulos conversíveis são dívidas, e, então, em circunstâncias normais, aos detentores desses títulos são pagos juros, e eles têm prioridade sobre os acionistas, exatamente como os credores dos bancos a têm. Mas um título conversível é um pouco como um airbag: se um banco quebra, ele subitamente se torna um colchão, convertendo-se de título em capital. Efetivamente, acionados certos gatilhos, os credores que têm títulos conversíveis descobrem que, em vez daqueles títulos, estão agora de posse de ações recém-impressas do banco. Isso significa que assumem os mesmos riscos que os outros acionistas.

Ninguém ficará feliz com isso. Os acionistas existentes descobrem que têm uma fatia menor da firma e nenhum lucro por isso. Os detentores de títulos conversíveis descobrem que estão assumindo riscos maiores do que gostariam. Mas a questão sobre os títulos conversíveis é que eles são peças pré-acordadas de um plano de contingência: *se* um banco está a ponto de se tornar um zumbi, então a cláusula dos títulos conversíveis é acionada. Os detentores de títulos comuns estão mais seguros porque têm prioridade sobre os detentores de títulos conversíveis; os acionistas ordinários desfrutam de um retorno maior do que teriam se o banco tivesse simplesmente que ter capital ordinário em vez de

---

Contingent convertible bonds, obrigações, letras, promissórias, documento de compromisso financeiro. [*N. da T.*]

PREVENINDO COLAPSOS FINANCEIROS OU: SEPARANDO 253

capital de contingência. E, em tempos normais, os detentores de títulos conversíveis, por agirem como seguradores, irão receber um retorno maior do que os outros detentores de títulos.

Tudo isso parece muito bom. Mas lembre-se de que os airbags podem causar ferimentos assim como impedi-los. Os detentores de títulos conversíveis — como outros esquemas ao estilo de seguro — podem movimentar o risco pelo sistema financeiro, e vimos a que isso pode levar. No Japão dos anos 1990, os títulos conversíveis adquiriram o charmoso nome de "títulos de espiral da morte", que muitas pessoas vão achar nem um pouco seguro. A ruína de um banco acionaria a cláusula de títulos conversíveis, e outros bancos detentores de títulos que tivessem sido subitamente convertidos em participação acionária seriam forçados a vendê-los com perda, possivelmente enfrentando eles próprios a falência. A resposta está em proibir os bancos de ter títulos conversíveis uns dos outros: em vez disso, esses títulos deveriam ficar em poder de indivíduos privados ou fundos de pensão, que são mais robustos diante de problemas de curto prazo.[29]

O terceiro caminho para desapertar o sistema é ter um jeito muito melhor de lidar com a falência se um banco, de fato, falir. Lembre-se do lamento de Tony Lomas de que o Lehman Brothers não tinha plano de contingência para a bancarrota. Os reguladores poderiam, e deveriam, insistir em que as grandes companhias financeiras preparassem tais planos e os submetessem a cada trimestre para inspeção. Os planos deveriam incluir estimativas do tempo que levaria para desmantelar a companhia — informação que o regulador teria em conta ao definir as exigências mínimas de capital. Se as operações de um banco de investimentos são infernalmente complexas — com frequência para evitar os impostos — e a falência levar anos, tudo bem: deixe o colchão de capital ser luxuriantemente rechonchudo. Uma operação mais simples, que claramente definisse os planos de contingência, causaria menos perturbação se fosse à falência e poderia ter um colchão mais fino. Uma vez que capital é caro, isso estimularia os bancos a simplificar suas operações e talvez até a se desfazer de subsidiárias. No momento, o campo de jogo está inclinado no sentido oposto, em favor de megabancos vastos — a complexidade frequentemente traz vantagens tributárias, enquanto bancos maiores parecem ser riscos de crédito melhores.

É também absurdo que, um ano após a falência do Lehman Brothers, os tribunais estivessem explorando quatro caminhos diferentes e legalmente aptos de tratar o dinheiro nas contas do Lehman. Os reguladores deveriam ter autoridade para decidir rapidamente sobre ambiguidades. Naturalmente, a justiça é importante quando bilhões de dólares estão em jogo — mas, quando um banco quebra, a pior decisão possível é a indecisão.[30] A economia física pode ser paralisada pelo emaranhado de ações contra os bancos — como um equivalente dos dias modernos de Jarndyce e Jarndyce, a disputa de herdeiros em *A casa abandonada*, de Charles Dickens, que se arrastou por tanto tempo que as custas legais consumiram todo o patrimônio e nenhum dos parentes recebeu um centavo.

Os reguladores também precisam ter autoridade para assumir bancos ou outras instituições financeiras e rapidamente reestruturá-los. Como Tony Lomas descobriu, os bancos internacionais se desmembram em bancos nacionais quando morrem, então esse tipo de autoridade necessitaria de um acordo internacional. Mas, tecnicamente, é mais simples do que poderia parecer.

Um modo simples de reestruturar até um banco complexo foi inventado por dois teóricos de jogos, Jeremy Bulow e Paul Klemperer,* e endossado por Willem Buiter, que subsequentemente se tornou economista chefe do Citigroup, talvez o mais comple-

---

*Leitores de *O economista secreto* podem se lembrar de Klemperer como um dos projetistas dos leilões do espectro 3G.

PREVENINDO COLAPSOS FINANCEIROS OU: SEPARANDO 255

xo grupo bancário do mundo. É tal a elegância da abordagem que, a princípio, parece um truque de lógica: Bulow e Klemperer propõem que os reguladores possam dividir compulsoriamente um banco em dificuldade num banco "ponte" bom e num banco "rebotalho" mau. O banco ponte recebe todos os ativos e apenas as mais invioláveis dívidas — como os depósitos comuns que as pessoas fizeram em contas de poupança ou, no caso de um banco de investimentos, o dinheiro depositado por outros negócios. O banco rebotalho não recebe nada, apenas o resto das dívidas. Num piscar de olhos, o banco ponte está totalmente em funcionamento, tem um bom colchão de capital e pode continuar a emprestar, tomar emprestado e negociar. O banco rebotalho, naturalmente, é um banco sem condições de operar.

Os credores do banco rebotalho foram roubados? Calma. Aqui está o truque de prestidigitação: o banco rebotalho é dono do banco ponte. Então, quando o banco rebotalho abre falência e seus credores veem o que podem salvar, parte do que podem salvar incluirá ações no banco ponte que ainda funciona. Isso deve deixá-los em melhor situação do que apenas salvar os destroços do banco original. E, enquanto isso, o banco ponte continua a sustentar o funcionamento sem sobressaltos da economia.[31]

Você tem razão se está surpreso com a ideia de que se pode produzir um banco ponte saudável, como um coelho da cartola, de um banco em problemas, sem injetar novos fundos e sem recuar para a expropriação. Mas isso parece ser verdade.

E uma ideia ainda mais radical — e possivelmente mais segura — vem do economista John Kay e é conhecida como "banco estreito". Kay sugere a separação das funções "cassino" e "de serviços públicos" do banco moderno. Um banco que presta serviços é o que assegura que os caixas automáticos forneçam dinheiro, que os cartões de crédito funcionem, que as pessoas comuns possam depositar dinheiro em contas bancárias sem temer por sua poupança.

O banco cassino incorpora o lado mais especulativo — financiar compras de firmas, investir em títulos lastreados por hipotecas ou usar créditos de derivativos na esperança de ganhar dinheiro. Um banco estreito é aquele que supre todas as funções de utilidade do sistema bancário sem imiscuir-se no lado do cassino, e a ideia do banco estreito é assegurar que os bancos que proveem utilidades não possam jogar no cassino.

A verdade, naturalmente, é mais confusa. Não é muito justo comparar todos os riscos bancários ao jogo num cassino. Como vimos no capítulo 3, novas ideias precisam de fontes de financiamento bastante especulativas, e muitas ideias boas fracassam. Existe sempre algo de aposta no processo de movimentar o dinheiro para onde ele pode conquistar coisas espantosas. Então, sem a presença das atividades de "cassino", como capitais de risco, o mundo seria um lugar mais pobre e menos inovador do que é. Nem é tão fácil assim diferenciar entre utilidades e cassinos: algumas atividades estilo cassino são, na verdade, coberturas contra riscos simplesmente sensatas, até mesmo conservadoras. Se aposto que a casa de meu vizinho vai incendiar-se, isso deve fazer algumas sobrancelhas levantarem-se, mas se aposto que minha própria casa vai incendiar-se, isso é seguro — não apenas sensato, mas compulsório em muitos países. De maneira similar, se uma transação financeira particular de um banco conta como aposta ou ato sensato de gerenciamento de risco, vai depender muito do que mais o banco esteja fazendo.

Não obstante, a ideia do banco estreito pode ser utilizável. Kay sugere que bancos estreitos exigiriam uma licença e, para obter essa licença, teriam de satisfazer reguladores sobre se os seus depósitos estão solidamente garantidos por bastante capital e as suas atividades de "cassino" são estritamente limitadas a apoiar o lado de utilidades, em vez de apenas ganhar dinheiro. Os bancos estreitos seriam as únicas instituições legalmente

PREVENINDO COLAPSOS FINANCEIROS OU: SEPARANDO   257

autorizadas a se chamar "bancos", os únicos a aceitar depósitos de pequenos negócios e consumidores, os únicos a ter permissão para usar os sistemas de pagamentos interbancários, que transferem dinheiro de um banco para outro e dão suporte à rede de caixas automáticos, e os únicos qualificados para a proteção dos depósitos dada pelo contribuinte.

Isso poderia soar como intrometimento regulatório excessivo, mas John Kay destaca que, de certo modo, significa menos intromissão.[32] Em vez de supervisionar o sistema financeiro inteiro, de forma vaga e — nós sabemos — inadequada, reguladores dedicados se concentrariam na tarefa mais simples de resolver se um banco em particular mereceria uma licença de banco estreito ou não. Outras firmas financeiras poderiam assumir os riscos usuais com o dinheiro dos acionistas. Poderiam, inclusive, possuir bancos estreitos: se o banco cassino relacionado entrasse em problemas, o banco estreito poderia ser todo levado para fora do problema e colocado em lugar mais seguro, sem perturbação para os depositantes ou custo para os contribuintes — da mesma forma que as usinas elétricas de uma companhia de eletricidade que fosse à falência continuariam a funcionar sob novos donos.

Tudo isso se refere ao segundo princípio de Peter Palchinsky: crie condições para poder sobreviver aos fracassos. Normalmente, realizar muitos experimentos pequenos — variação e seleção — significa que a capacidade de sobrevivência é parte do pacote. Mas, em sistemas de encaixe apertado, o fracasso num experimento pode colocar todos em perigo. Esta é a importância da separação bem-sucedida.

"Não podemos nos dar ao luxo de manter o avião circulando sobre Londres enquanto o liquidante do Heathrow Airport Ltd. está a caminho do escritório", diz John Kay.[33] Isso foi muito perto do que aconteceu com os procedimentos do Lehman Brothers enquanto a equipe de Tony Lomas tentava deslindar a confusão,

258   ADAPTE-SE

e Kay está certo em buscar um sistema de resolução mais sensato no futuro. Sua abordagem contrasta vivamente com a filosofia regulatória prevalecente, que, pouco sabiamente, estimulou os bancos a se tornarem maiores e mais complicados e ativamente encorajou o malabarismo financeiro extrapatrimonial. Não sei com certeza se Kay tem a resposta correta, mas a teoria do acidente normal sugere que ele certamente está fazendo a pergunta correta.

8 Escorregadelas, erros e violações

James Reason, o estudioso de catástrofe que usa Nick Leeson e o Barings Bank como um caso de estudo para ajudar engenheiros a prevenir acidentes, distingue cuidadosamente entre três tipos diferentes de erro. Os mais diretos são as *escorregadelas*, quando, por falta de jeito ou atenção, você faz uma coisa que simplesmente não queria fazer. Em 2005, um jovem corretor japonês tentou vender uma ação ao preço de ¥ 600 mil e, em vez disso, vendeu 600 mil ações pela pechincha de ¥ 1, erro que custou £ 200 milhões.[34]

Depois vêm as *violações*, que envolvem alguém fazendo deliberadamente a coisa errada. Truques de contabilidade desorientados, como aqueles empregados na Enron, ou a fraude mais crua de Bernard Madoff, são violações, e os incentivos para elas são muito maiores nas finanças do que na indústria.

Mais insidiosos são os *erros*. Erros são coisas que você faz de propósito, mas com consequências não intencionais, porque o seu modelo mental do mundo está errado. Quando os supervisores em Piper Alpha ligaram uma bomba desmontada, eles cometeram um erro nesse sentido. Ligar a bomba era o que pretendiam, e seguiram todos os procedimentos corretos. O problema foi que sua suposição sobre a bomba — que ela estava inteira e montada — era equivocada. As suposições matemáticas por trás dos CDOs também eram um erro — os garotos prodígios que os projetaram estavam errados sobre a distribuição subjacente dos riscos, e a estrutura do CDO aumentou enormemente aquele erro.

Na esteira do desastre, tipicamente devotamos muita atenção para distinguir as violações dos erros. Violações significam que as pessoas deveriam ser multadas, ou demitidas, ou mandadas para a cadeia. Erros são muito menos do que abusos. Mas o que erros e violações têm em comum é, no mínimo, tão importante quanto o que os separa: são, em geral, muito mais difíceis de localizar do que as escorregadelas e, portanto, levam a mais daquilo que o professor Reason chama de "erros latentes".

Erros latentes espreitam despercebidos até o pior momento possível — como os trabalhadores de manutenção acidentalmente deixando válvulas fechadas em bombas de refrigeração de reserva e o papel das etiquetas de reparos ocultando a visão de luzes de advertência. Por sua natureza, esses dispositivos de segurança são usados apenas em emergências — e, quanto mais sistemas de segurança houver, menos provável será que os erros latentes sejam notados até aquele exato momento em que menos podemos arcar com eles. Com muita frequência, os erros latentes são pequenos, quase impossíveis de pegar, até aparecerem diretamente diante do nariz. Na metáfora do queijo suíço de James Reason, os buracos numa fatia após a outra começam a alinhar-se e ficam alinhados, sem ninguém perceber que o risco do desastre está aumentando.

O sistema financeiro é particularmente vulnerável ao erro latente, em parte por causa de sua complexidade inerente e também porque o incentivo a violações é muito mais forte em finanças. Pilotos de linhas aéreas, cirurgiões e operadores de usinas nucleares são humanos — eles cometerão erros e poderão algumas vezes buscar atalhos. Mas, em geral, podemos esperar que eles, de boa-fé, vão tentar evitar acidentes. Não podemos ter tal esperança em finanças, onde as consequências sistêmicas de forçar as regras podem aparecer súbita e inesperadamente longe dos perpetradores e muito tempo depois de os lucros terem sido empilhados.

Apesar disso, até em finanças os erros latentes podem ser localizados e consertados antes que algum dano seja cometido. A questão é como. A hipótese que fundamenta a regulação financeira é que, se um banco está criando erros latentes — seja através de violações deliberadas ou erros inocentes —, então as pessoas que vão localizar os riscos serão auditores e reguladores financeiros. É esse, afinal, o serviço deles. Mas eles fazem isso? Essa é a questão que três economistas tentaram responder com um exaustivo estudo da fraude corporativa. Nem todos os problemas potenciais envolvem fraude, naturalmente, mas a habilidade para revelar a fraude é um bom indicador da habilidade para localizar outros erros latentes. Alexander Dyck, Adair Morse e Luigi Zingales examinaram 216 acusações de fraude em companhias americanas entre 1996 e 2004. A amostra exclui casos frívolos e inclui todos os escândalos famosos, tais como WorldCom e Enron.[35]

O que Dyck, Morse e Zingales descobriram solapa completamente a sabedoria convencional. Dentre as fraudes reveladas, auditores e reguladores financeiros descobriram apenas uma em seis. Então, *quem* localizou a fraude corporativa? Em alguns dos grandes casos foram jornalistas. Mas reguladores não financeiros, como a Federal Aviation Administration, localizaram duas vezes mais fraudes do que a Securities and Exchange Commission (SEC), órgão oficial que regula as bolsas de valores nos Estados Unidos. Evidentemente, os contatos que um regulador não financeiro tem com as operações diárias de um negócio são mais propensos a revelar malfeitos do que as revisões de contas de auditores.

Isso sugere que as pessoas mais bem localizadas para detectar fraudes — ou, na verdade, qualquer grande perigo oculto numa organização — são seus empregados, que estão na linha de frente da organização e conhecem a maior parte dos problemas. Sem dúvida, Dyck, Morse e Zingales descobriram que os empregados, de fato, revelaram mais fraudes do que quaisquer outras pessoas.

No entanto, é um empregado corajoso quem faz isso. Fraudes e outros erros latentes são frequentemente revelados apenas quando a situação é desesperadora, porque os informantes que falam muitas vezes sofrem por suas ações.

9 "Não havia nada ali para eu falar a verdade"

Quando Paul Moore entrevistou 140 empregados da linha de frente da maior firma britânica de crédito para hipoteca, HBOS, ele diz que "foi como tirar a tampa de uma panela de pressão — *bum!* —, foi impressionante". Moore foi o chefe do grupo regulador de risco da HBOS entre 2002 e 2005, e sua tarefa era assegurar que o grupo bancário não assumisse demasiados riscos. Descobriu que o pessoal de Halifax, a maior subsidiária da HBOS, estava preocupado com a pressão que enfrentava para vender hipotecas e atingir metas sem se importar com os riscos. Uma pessoa queixou-se a Moore de que um gerente havia introduzido um plano de "dinheiros e repolhos", no qual a equipe ganhava bônus em dinheiro por atingir as metas semanais de vendas, mas publicamente recebia repolhos se falhasse. Outra pessoa disse: "Nunca atingiremos nossas metas vendendo eticamente." O risco, naturalmente, era o mesmo que havia derrubado o mercado de hipotecas de segunda linha: dada a pressão para atingir as metas, a equipe da HBOS emprestaria dinheiro para pessoas que não poderiam pagar o empréstimo. Moore reuniu as provas e apresentou um relatório contundente à direção da HBOS.

Ele diz que recebeu agradecimentos do presidente da HBOS e do chefe do comitê de auditoria da HBOS por trazer à luz problemas tão sérios.[36] Logo depois, foi chamado para um encontro com sir James Crosby, então diretor executivo da HBOS. Moore conta que as suas preocupações acerca dos riscos que a HBOS estava correndo foram descartadas "como se espanta uma mosca" e ele foi demitido. Moore saiu para a calçada em frente aos escritórios da HBOS e rompeu em lágrimas.[37] O relato de Crosby é diferente: ele diz que as preocupações de Moore foram completamente investigadas e não tinham mérito.[38]

Se o destino de Paul Moore parece extremo, ele empalidece ao lado do de Ray Dirks, analista do mercado de ações. Dirks era um homem não convencional, ao menos pelos padrões dos financistas de Nova York em 1973. Figura atarracada, desgrenhada e de óculos, fugia à conformidade bem-arrumada da época em Wall Street, em favor de um apartamento duplex em Greenwich Village, adornado por pouco mais que uma escada em espiral, dois telefones e a namorada ocasional. Dirks era um não conformista de outra maneira: numa época em que muitos analistas eram simplesmente líderes de torcida, tinha a reputação de analista cruelmente honesto, sem medo de cavar más notícias sobre as companhias que investigava. Mas as más notícias que recebeu sobre a Equity Funding Corporation eram extraordinárias demais para se acreditar nelas.

Um empregado antigo da Equity Funding acabara de sair e decidiu que Dirks era o homem para quem contar sua incrível história: a Equity Funding vinha havia anos praticando uma fraude maciça contra o seu próprio e dedicado sistema de computadores, especificamente destinada a criar políticas não existentes de seguro de vida e vendê-las para outras companhias de seguros. Ao longo de uma década, mais da metade das políticas de seguro de vida da Equity Funding era fictícia. A companhia estava vendendo o fluxo futuro de renda dessas políticas falsas — dinheiro hoje em troca de promessas de dinheiro amanhã. Quando as contas chegassem, ela simplesmente manufaturaria mais falsificações e as venderia para levantar o dinheiro.

PREVENINDO COLAPSOS FINANCEIROS OU: SEPARANDO 263

Dirks ficou perplexo e, quando começou a investigar, ficou alarmado: começou a ouvir rumores de que a Equity Funding tinha ligações com a máfia; em certo momento, quando visitava a companhia em Los Angeles, recebeu um telefonema de seu chefe, que lhe disse que, por discutir a possibilidade de fraude, estava se expondo a ser processado por calúnia; dois dias depois, um ex-auditor da Equity disse a Dirks que era melhor ele se esconder para sua própria segurança. Como suas suspeitas cresceram, Dirks falou ao *Wall Street Journal*, aos auditores da Equity e à Securities and Exchange Commission — mas não antes de avisar seus clientes.

Pouco depois da falência da Equity Funding Corporation, Ray Dirks foi recompensado por seus esforços: a SEC o processou por comerciar fazendo uso de informação confidencial (*insider trading*), uma acusação que, no mínimo, teria encerrado sua carreira. Dirks lutou por dez anos antes de finalmente ser inocentado pela Suprema Corte dos Estados Unidos.[39]

A SEC parece ter aprendido poucas lições: quando o ex-gerente de fundo Harry Markopolos lhe entregou um dossiê com provas de que Bernard Madoff estava praticando uma fraude gigantesca, foi ignorado. (Ao menos não foi processado.) É verdade que alguns informantes têm interesse pessoal envolvido. Alguns são ex-empregados insatisfeitos que querem causar problemas. O sr. Markopolos era rival do sr. Madoff; Paul Moore tinha muitas razões para se queixar da HBOS, tivessem suas reclamações mérito ou não. É difícil saber quem levar a sério. Mas, quando há bilhões em jogo, não é prudente demitir informantes sem pensar.[40]

Muitos informantes mais tarde lamentam ter falado — mais de quatro quintos daqueles que revelaram as fraudes no estudo Dyck-Morse-Zingales dizem que tiveram de sair, foram demitidos ou rebaixados de posto. Se dependermos apenas do espírito público de empregados para denunciar fraudes, venda imprudente, uso incompetente de modelo matemático, manutenção ruim ou qualquer outra condição latente de risco, então ficamos na dependência de que indivíduos assumam grande risco pessoal em benefício da sociedade como um todo. Parece que a maioria prefere viver e deixar viver, e é fácil entender o porquê.

Apenas os excepcionalmente motivados prosseguem, e as mesmas qualidades que os fazem determinados a persistir podem ser também as que tornam difícil eles serem levados a sério. Ray Dirks era uma daquelas pessoas do contra, teimoso por natureza, o que o ajudou a falar, mas também o isolou. Paul Moore parece ter sido impulsionado por convicção religiosa: fala em ter "pecado", "examinei minha consciência muito, muito detidamente", e em ter "rezado um bocado". Mas a religiosidade dele, incomum num gerente de risco britânico, pode ter desgastado sua credibilidade enquanto, ao mesmo tempo, fortalecia sua determinação contra a intimidação. E houve intimidação: Moore conta que um colega inclinou-se sobre a mesa na direção dele e avisou "Não me torne um maldito inimigo seu".[41] Moore persistiu, apesar do fato de que — sua voz treme ao dizer isso — "Não me beneficiava em nada dizer a verdade".

Mas não é impossível estimular informantes a falar quando veem provas de um acidente financeiro em formação — ou um acidente industrial. Uma prova disso vem da pesquisa de Dyck-Morse-Zingales. Eles estudaram o setor de saúde, que depende do dinheiro do contribuinte para muito de sua receita. Por causa disso, informantes podem receber bônus por poupar dólares dos impostos. As somas de dinheiro são de cortar a respiração: tais informantes coletaram uma média de quase US$ 50 milhões na amostra do estudo sobre supostas fraudes. Não surpreende que a perspectiva de ganhar um prêmio de loteria como recompensa influencie mais empregados a denunciar. Isso acontece três vezes mais no negócio de saúde pública do que em qualquer outro lugar.

PREVENINDO COLAPSOS FINANCEIROS OU: SEPARANDO   265

Outro exemplo: o Inland Revenue Service, a Receita Federal americana, recentemente aumentou as recompensas que as pessoas poderiam ganhar por reportar suspeitos de evasão de impostos, e o número de denúncias cresceu seis vezes. As somas de dinheiro em jogo são muito maiores agora, com frequência envolvendo dezenas ou centenas de milhões de dólares.[42]

Seria mais difícil recompensar informantes que localizam erros latentes mais sutis. Mas vale a pena pensar no problema, porque está bastante claro que, durante a crise financeira, muitas pessoas viram sinais de problemas dentro de bancos e instituições financeiras individuais, mas não viram vantagem em falar.

Menos de quatro anos depois que Moore ficou soluçando na rua diante da HBOS, a companhia — incluindo o orgulhoso Banco da Escócia, com três séculos de idade — cambaleou à beira da falência. Teve de ser resgatada duas vezes em rápida sucessão — primeiro foi forçada a se vender para o rival, Lloyds TSB, e depois o grupo que se fundia aceitou um total de £ 17 bilhões do governo britânico. Foi tudo muito inesperado, em particular para o regulador financeiro do Reino Unido, a Financial Services Authority (FSA). Quem era o vice-presidente da FSA na época?[43] Nenhum outro senão o homem que demitiu Paul Moore, sir James Crosby.

10 Tornando-nos capazes de sobreviver aos experimentos

A crise financeira foi tão traumática que é tentador simplesmente concluir que todos os riscos bancários deveriam ser banidos, colocados fora da lei por instrumentos financeiros imaginosos, e os bancos compelidos a ter gigantescos colchões de capital. Mas isso não daria o devido valor — e ameaçaria — aos benefícios que agora desfrutamos dos bancos. O fim do erro em finanças seria também o fim das novas ideias e, de fato, da maioria dos bancos que conhecemos.

Sentiríamos falta disso. Nos anos 1960, meu sogro tentou conseguir uma hipoteca. Não pôde. Era dentista, então trabalhava por conta própria — arriscado demais. A propriedade estava concentrada nas mãos de uma pequena classe de ricos proprietários de terra que também estava em condições de comprá-la barato, sem muita competição, e alugá-la para as massas. Imigrantes ou aqueles que tinham a cor errada da pele frequentemente eram os últimos a obter um empréstimo para comprar sua própria casa. Não nos esqueçamos de que, embora tenhamos dado vários passos rápidos demais para tornar as hipotecas fáceis de fazer, esses passos começaram na direção certa. Como em qualquer outro setor, esses fracassos inevitáveis são um preço que vale a pena pagar por inovações que dão certo — mas apenas se pudermos sobreviver aos fracassos. A proposta de John Kay, do "banco estreito", tem o objetivo de estruturar os bancos de uma forma que o sistema financeiro possa continuar a assumir riscos e a desenvolver novos produtos valiosos sem colocar em perigo o sistema como um todo.

Esta é a lição-chave que emerge da segurança industrial. Podemos tornar prioridade conseguir indicadores mais confiáveis sobre o que está acontecendo, num formato que poderia capacitar um regulador tanto a prever problemas sistêmicos quanto a compreender as crises enquanto elas ocorrem. Podemos melhorar em localizar erros latentes mais rapidamente, encontrando modos de recompensar — ou ao menos proteger — aqueles que falam. Podemos ser mais sistemáticos sobre a divulgação de erros latentes também: a indústria nuclear tem agora um sistema para registrar quase acidentes e disseminar a informação para outras usinas de energia que poderiam estar à beira de cometer o mesmo erro. Mas, acima de tudo, devemos pensar em separar as conexões no sistema financeiro para assegurar que os fracassos permaneçam isolados.

PREVENINDO COLAPSOS FINANCEIROS OU: SEPARANDO   267

Após aqueles dias fatídicos de 2008, quando o governo americano deixou o Lehman Brothers falir e depois escorou a AIG, muitas pessoas tiraram uma de duas conclusões contraditórias: ou a AIG deveria ter sido tratado como o Lehman, ou o Lehman deveria ter sido tratado como a AIG. Mas a lição real é: deveria ter sido possível deixar tanto o Lehman quanto a AIG falirem sem risco sistêmico. Impedir os bancos de serem "grandes demais para falir" é o tipo certo de sentimento, mas a maneira errada de expressá-lo, como mostra a analogia do dominó: seria absurdo descrever um simples dominó como grande demais para fracassar. O que precisamos é de portões de segurança no sistema que assegurem que, ao cair, nenhuma pedra de dominó derrube demasiadas outras.

Acima de tudo, quando analisamos como futuras crises financeiras poderiam ser prevenidas, precisamos ter em mente os dois ingredientes de um sistema que tornam as falências inevitáveis mais propensas a serem cataclísmicas: a complexidade e o encaixe apertado. Especialistas em segurança industrial veem a separação de diferentes processos e a redução da complexidade como fins valiosos em si mesmos. Os reguladores financeiros deveriam ver isso também.

11 Deepwater Horizon

Depois que anoiteceu em 20 de abril de 2010, Mike Williams estava em sua oficina numa plataforma flutuante de perfuração no Golfo do México. A plataforma era uma conquista colossal de engenharia, com um deque de 120 x 75 metros, e, a seu crédito, o recorde mundial de perfuração em águas profundas: mais de 10 mil metros — mais profundo do que a altura do Monte Everest. A equipe da plataforma acabara de completar a perfuração e selar o poço de Macondo e, naquele mesmo dia, recebera executivos da operadora da plataforma, Transocean, e da proprietária do poço, BP, para celebrar sete anos sem um acidente notável.[44] Mas o acidente que estava para ocorrer seria muito mais do que meramente notável: seria o pior desastre ambiental da história americana. O nome da plataforma era Deepwater Horizon.

Primeiro Williams percebeu que algo estava errado quando as máquinas da plataforma começaram a aumentar a rotação loucamente. Não percebeu que gás metano explosivo aumentara de intensidade e subira do leito do mar, uma milha abaixo da superfície da água. O gás estava sendo sugado pelas máquinas da plataforma, forçando-as a velocidades excessivas. Alarmes soaram; luzes brilharam tão intensamente que se estilhaçaram; William afastou-se de sua mesa justamente quando o monitor do computador explodiu.[45] Ele foi, então, arremessado do outro lado da sala por uma explosão muito maior — paralisado sob uma porta corta-incêndio de três polegadas de espessura que havia sido arrancada das dobradiças pela força da explosão. Engatinhou em direção à saída e foi novamente arremessado do outro lado da sala por uma segunda porta arrancada com a explosão. Sangrando profusamente de uma ferida na cabeça, finalmente chegou ao deque da plataforma e viu que a equipe já estava evacuando, sem perceber que ele e alguns outros haviam sobrevivido e ficavam para trás na plataforma. Com um último pensamento para a esposa e a jovem filha, e uma prece, William saltou do deque da Deepwater Horizon. Assim como os poucos sobreviventes do desastre de Piper Alpha, enfrentou uma queda de uma altura equivalente a dez andares de um prédio. Mike Williams sobreviveu; outras onze pessoas morreram.

A distribuição exata da culpa pela explosão da Deepwater Horizon e pelo gigantesco derrame de petróleo que se seguiu será deixada para os tribunais — junto com uma conta de muitos bilhões de dólares. Quase 5 milhões de barris de petróleo vieram à tona no Golfo do México a apenas 64 quilômetros da costa da Louisiana. Como aconteceu?

A culpa poderia possivelmente ser atribuída à operadora da plataforma, Transocean; à empreiteira encarregada de selar o poço com cimento, Halliburton; ao regulador encarregado de aprovar os projetos de perfuração; e naturalmente à BP, proprietária do poço Macondo e encarregada geral do projeto. Cada parte tem um forte incentivo financeiro para culpar as outras partes. Mesmo assim, no meio da confusão, os detalhes que emergiram na época em que este livro estava sendo escrito sugerem um padrão que agora parecerá familiar.

A primeira lição é que os sistemas de segurança com frequência falham. Quando o barco que resgatou Mike Williams deu a volta para rebocar uma balsa de salvamento para longe da plataforma em chamas, encontrou a balsa amarrada à plataforma por uma corda de segurança. A Transocean, a operadora, proibia a equipe de carregar facas — então o bote e o salva-vidas ficaram presos a uma plataforma de perfuração de petróleo que ardia em chamas por um par de precauções de segurança interativas. (A corda de segurança foi finalmente cortada, e a tripulação resgatada.) Ou analise um dispositivo de segurança chamado separador de lama e gás: quando o poço começou a vazar, jogando lama e gás no deque da plataforma, a equipe dirigiu o fluxo para o separador, que rapidamente ficou sobrecarregado, envolvendo grande parte da plataforma com gás explosivo. Sem esse dispositivo, a equipe teria simplesmente direcionado o fluxo para o lado da plataforma, e o pior do acidente teria sido evitado.

A segunda lição é que erros latentes podem ser mortais. A revisão da própria BP sobre o acidente concluiu que oito linhas separadas de defesa tinham sido rompidas — na linguagem de James Reason, oito buracos do queijo suíço tinham conseguido alinhar-se. Mas isso não é uma grande surpresa; em tais desastres, múltiplas linhas de defesa são rompidas. O fracasso mais notável foi do dispositivo que prevenia explosões, uma variedade maciça de válvulas e aríetes hidráulicos no fundo do mar, destinada a selar o poço no evento de um desastre. Uma audiência no Congresso ouviu que o dispositivo para prevenir explosões parecia estar em estado deplorável: um dos gatilhos automáticos estava sem bateria, enquanto outro tinha um componente defeituoso. O dispositivo que prevenia explosões estava vazando fluido hidráulico, o que significou que, quando foi acionado por um robô submersível, não tinha energia para selar o poço. Tudo isso parece chocante, mas sistemas à prova de falhas, como o que previne explosões, com frequência estão em estado de manutenção ruim, porque num mundo ideal eles nunca seriam usados: o sistema preventivo de explosões da Deepwater Horizon, que operava em condições extremas, a uma milha de profundidade no mar, ficara cinco anos sem inspeção antes do acidente.[46]

A terceira lição é que, se os informantes se sentissem em condições de falar, o acidente poderia ter sido prevenido. O poço tivera comportamento instável durante semanas e, durante meses, os engenheiros da BP expressaram a preocupação de que o projeto específico do poço poderia não ser adequado ao trabalho.[47] O poço de Macondo registrou problemas com o sistema preventivo de explosões três meses antes do acidente.[48] Enquanto isso, os próprios registros de segurança da Transocean vinham se deteriorando alguns anos antes do acidente: a companhia mostrava sinais de estresse depois de uma fusão.[49] No papel, a BP tem uma política clara de proteção às pessoas que denunciam preocupações com a segurança. Mas, na prática, a comunidade fortemente integrada de uma plataforma de perfuração de petróleo pode estimular o tipo de pensamento conformista que encontramos no capítulo 2, a despeito da política oficial. As companhias de petróleo, assim como os bancos, precisam encontrar meios de estimular informantes.[50]

PREVENINDO COLAPSOS FINANCEIROS OU: SEPARANDO 271

Quarto, o encaixe do sistema da plataforma era apertado demais. Uma falha tendia a compor outra. A plataforma foi desenhada como a defesa-chave contra derramamentos menores e maiores: a plataforma continha o separador de lama e gás para prevenir pequenos derramamentos e também controlava o dispositivo para impedir explosões. Mas no exato momento em que as capacidades da plataforma eram mais necessárias para fechar o vazamento, a própria plataforma estava sendo despedaçada por uma série de explosões. Num horrível eco de Piper Alpha, o sistema preventivo de explosões não pôde ser acionado do deque da plataforma porque as linhas tinham sido cortadas na explosão inicial. Um projeto mais seguro poderia separar o sistema preventivo de explosões da sala de controle da plataforma.

Quinto, como Tony Lomas poderia ter atestado, planos de contingência teriam ajudado. A BP — junto com outras grandes perfuradoras de petróleo — foi humilhada quando se descobriu que seus planos de contingência para um grande derrame de petróleo incluíam medidas para proteger a população local de cavalos-marinhos. Isso, na verdade, não era necessário: cavalos-marinhos tipicamente cuidam de si mesmos quando o petróleo é derramado no Golfo do México ao ficarem exatamente onde estão, no Círculo Ártico. A implicação era clara: a BP e outros parecem ter pegado um plano de contingência na prateleira, que foi originalmente destinado a perfurar petróleo no Alasca ou no Mar do Norte.

A lição final é a teoria do "acidente normal": acidentes vão acontecer, e devemos estar preparados para as consequências. O governo americano aprovou o projeto de perfuração do Macondo porque o risco de problema parecia ser pequeno. Talvez fosse pequeno — mas a probabilidade de acidentes nunca é zero.

À medida que a economia que criamos se torna mais complexa, tanto a engenharia que lhe dá suporte quanto as finanças que tudo conectam tendem a se tornar mais complexas também. A Deepwater Horizon forçou os limites da engenharia em águas profundas; Three Mile Island veio num momento de constante inovação na tecnologia nuclear; o mercado florescente de créditos derivativos também testou os limites do que era possível em finanças. A resposta usual à complexidade, aquela da tentativa e erro, não é suficiente quando diante de sistemas que são não apenas complexos, como também de encaixe apertado. Os custos do erro são simplesmente demasiado altos.

A resposta instintiva é eliminar os erros. Isso é um sonho impossível. A alternativa é tentar simplificar e separar esses sistemas de alto risco, o máximo possível, para estimular o informante a identificar erros latentes que esperam para atacar e — tristemente — estar preparado para o pior. Estas são lições que alguns engenheiros — tanto de petróleo quanto de finanças — parecem ter que aprender muitas vezes.

7
A organização adaptável

"Não é preciso ser marxista para se espantar com a escala e o sucesso dos esforços do século XX em transformar seres humanos enérgicos em empregados dóceis."

— Gary Hamel[1]

"Sua primeira tentativa dará errado. Faça um orçamento e um projeto para ela."

— Aza Raskin, projetista do Firefox[2]

1 Adaptando enquanto avançamos

Quando John Endler estudou pela primeira vez os peixes ornamentais nos riachos da Venezuela e Trinidad nos anos 1970, notou um padrão intrigante: os peixinhos nas piscinas no fundo das quedas d'água tendiam a ser bastante comuns, enquanto os das piscinas acima das quedas d'água chamavam a atenção por suas cores vivas. Endler suspeitou da causa provável da diferença: enquanto os peixinhos eram capazes de subir contra a corrente das quedas d'água, os vorazes lúcios ciclídeos comedores de peixinhos não conseguiam fazer isso, então as piscinas acima estavam livres de lúcios ciclídeos. Os peixinhos sem cores estavam camuflados porque evoluíam em ambiente perigoso. Os de cores brilhantes viviam no Éden dos peixinhos, separados dos ciclídeos por uma queda d'água, e suas cores eram úteis apenas para atrair as atenções de outros peixinhos amorosos.

Endler decidiu testar essa hipótese num ambiente mais controlado e encheu uma grande estufa com dez piscinas de peixinhos.[3] Algumas piscinas tinham seixos no fundo, outras eram guarnecidas de cascalho mais fino. Endler soltou os perigosos lúcios ciclídeos em cada um desses tipos de piscina, enquanto outras piscinas receberam predadores mais gentis ou nenhum predador. Em 14 meses, dez gerações, a população de peixinhos se adaptou. Nas piscinas perigosas, apenas os peixinhos mais comuns sobreviveram para gerar outros peixinhos; e mais, a camuflagem dos peixinhos se adaptava à guarnição da piscina, com padrões maiores nas piscinas forradas de seixos e padrões menores nas piscinas forradas de cascalho. Nas piscinas mais seguras, foram os peixinhos coloridos que se reproduziram mais — peixinhos fêmeas, ao que parece, têm uma queda por peixinhos machos de pintas coloridas.

Os experimentos com peixinhos do professor Endler são um clássico moderno da biologia evolucionária e um impressionante exemplo de como uma população se adapta a um novo problema, como o aparecimento de um lúcio ciclídeo. Não apenas a adaptação foi rápida, como sensível ao contexto: a resposta certa a um lúcio ciclídeo depende do material com que a piscina está guarnecida. Foi um processo descentralizado, porque nenhum peixinho planejou a resposta. E foi impulsionado pelo fracasso: alguns peixinhos foram comidos, enquanto outros passaram a produzir as futuras gerações de peixinhos bebês bem-adaptados.

Se isto fosse um guia direto para o sucesso nos negócios e no crescimento pessoal, este seria o momento em que o autor insta-

A ORGANIZAÇÃO ADAPTÁVEL

ria você a usar os princípios da adaptação para ganhar riqueza e sucesso trabalhando apenas uma hora por dia ou para criar a nova Apple ou o Google. Se fosse tão fácil...

Adaptar não é necessariamente algo que fazemos. Pode bem ser algo que *é feito a nós*. Podemos pensar em nós mesmos como o professor Endler, mas, na verdade, somos os peixinhos. Nenhum peixinho se adaptou individualmente, mas alguns peixinhos evitaram ser comidos e alguns, não. Este livro aceitou até agora o ponto de vista de John Endler sobre as coisas. Vimos como os formuladores de políticas e líderes de organizações podem erguer sistemas que ou libertam ou suprimem o comportamento adaptativo: os impostos sobre o carbono promovem a ecoeficiência; os prêmios por inovação estimulam novas ideias; o policiamento de pensamento no Exército dos Estados Unidos por Donald Rumsfeld conteve o processo de adaptação no Iraque; os resgates dos "grandes demais para falir" estimularam bancos que eram, bem, grandes demais. Mas esses dois capítulos de encerramento consideram o ponto de vista do peixinho, perguntando como os princípios de adaptação podem ser aplicados em duas áreas: estratégia corporativa e vida pessoal.

Quando o lúcio ciclídeo se aproxima para uma refeição, é de pouco consolo para o peixinho de cores vibrantes que seu fracasso esteja ajudando a abrir espaço para uma próspera população de sobrinhas e sobrinhos cor de seixo. Da mesma forma, é improvável que um empreendedor em dificuldade seja confortado pelo pensamento de que seu fracasso inicial seja parte de um processo de geração de riqueza pela destruição criativa.

Então, vamos admitir primeiro uma diferença crucial: os indivíduos, à diferença das populações, podem ser bem-sucedidos sem se adaptar. A população de peixinhos desenvolveu a camuflagem de seixos por meio de tentativa e erro, mas nenhum peixinho individual fez isso: cada um nasceu com camuflagem boa o bastante, ou não. Similarmente, muitos entre os heróis deste livro — Reginald Mitchell, Mario Capecchi, H.R. McMaster — são admiráveis não porque eles próprios se adaptaram, mas porque tiveram a coragem de experimentar novas ideias em face de pressão esmagadora para permanecer com a multidão. Nos negócios, se você está no lugar certo na hora certa e acontece de atingir a estratégia correta, você irá prosperar sem muita necessidade de adaptação. A história básica da, digamos, Amazon não é a de um negócio que, conscientemente, experimentou seu caminho para o sucesso, mas de um negócio com fundadores que tiveram a sorte ou a visão de localizar a nova oportunidade de varejo pela internet e a agarraram.

Mas à diferença da Amazon, ou de gênios como Mitchell ou Capecchi, ou de um peixinho cor de seixo, nós todos não conseguimos da forma certa na primeira vez. Felizmente, temos algo que os peixinhos não têm: a habilidade de nos adaptar à medida que caminhamos. Os peixinhos têm apenas uma chance quanto à cor que possuem: se ela for a errada, eles morrem nas mandíbulas de um lúcio ciclídeo ou são incapazes de atrair uma companheira. Poucos de nossos fracassos são fatais. Dentro de limites, podemos experimentar sequencialmente ou concorrentemente: podemos tentar ser da cor de seixo primeiro e, se isso não funcionar, trocar para cores berrantes, ou podemos dividir nosso tempo entre elas.

Existem três passos essenciais para usar os princípios da adaptação nos negócios e na vida diária, e eles são, em essência, os princípios de Palchinsky. Primeiro, tente novas coisas, esperando que algumas falhem. Segundo, torne o fracasso algo a que se pode sobreviver: crie espaços seguros para o fracasso ou avance em passos pequenos. Como vimos com bancos e cidades, o truque aqui é encontrar a escala exata na qual experimentar: significativa o bastante para fazer a diferença, mas não uma aposta tão grande que você se arruíne se ela fracassar. E, terceiro, assegure-se de saber quando falhou, ou você nunca aprenderá. Como veremos

A ORGANIZAÇÃO ADAPTÁVEL   277

no próximo capítulo, este último é especialmente difícil quando se trata de adaptação em nossas próprias vidas.

Em primeiro lugar, este capítulo observa como as corporações podem se tornar menos parecidas com um peixinho individual e mais com uma população de peixinhos: experimentando as coisas, prosseguindo com o que funciona. Já vimos um exemplo de como fazer isso na vida corporativa: a ideia de "atividades paralelas" de uma ilha galapaguiana de inovação. Mas há outras abordagens e organizações que adotaram ativamente os princípios ao estilo Palchinsky de pluralismo, experimentação gradual e aprendizado a partir dos erros, com grande sucesso. E eles não oferecem o único caminho possível para o sucesso nos negócios, mas sugerem que isso poderia ser possível.

2 "Não quero que as pessoas na matriz toquem o negócio"

Deixe-me descrever uma companhia que cresce rapidamente e personifica alguns dos princípios-chave da adaptação — podemos chamá-la de "Máquina da Diferença", por enquanto. A companhia opera em vários lugares diferentes, mas é ainda mais descentralizada do que esse fato sozinho poderia sugerir, sendo organizada em torno de equipes pequenas das quais existe mais de meia dúzia em cada lugar. Dentro desses grupos especializados, a equipe tem um bocado de autonomia para decidir quais características de produto oferecer aos clientes, a que preço e com que espécie de empurrão de marketing. Essas decisões são tomadas num nível muito local em vez de serem passadas para o escritório central ou até para os gerentes mais graduados no local — isso permite que novas ideias sejam testadas em pequena escala e em resposta a uma situação particular.

Mais radical ainda, as equipes se autosselecionam: um novo recruta é colocado em uma equipe durante quatro semanas para um período de teste e, num determinado ponto, só poderá permanecer na equipe se conseguir o voto de dois terços de seus membros. (Diz-se que a marca de uma boa equipe é sua disposição de desafiar o conselho de um líder de equipe e chutar um membro que não está dando conta do trabalho.) O método de seleção pela equipe não é usado apenas para os escritórios locais, mas para os gerentes graduados no escritório central também.

A "Máquina da Diferença" tem uma filosofia adequadamente progressiva de negócios éticos que ajuda a orientar essa organização descentralizada, experimental. Unida ao programa radical de valorização do empregado, aquela missão poderia parecer estúpida em relação ao princípio básico de ganhar dinheiro. De forma alguma: o presidente da companhia explicou alguns anos atrás numa postagem num blog que "não podemos cumprir a [nossa] missão a menos que sejamos altamente lucrativos". Os empregados são agudamente conscientes do ponto principal. Muitos empregados têm opções de compra de ações, mas o foco no lucro é mais local e imediato que isso: a cada quatro semanas, cada equipe recebe um bônus, se sua lucratividade no último mês exceder certo limite. A competição saudável é promovida por uma política de "nada de segredos" de estrita transparência: muitas das estatísticas financeiras da empresa estão disponíveis para os empregados, e cada equipe conhece o desempenho de todas as outras equipes — mecanismo que também permite que as más ideias sejam notadas e cortadas logo de início e que as boas ideias se espalhem horizontalmente na companhia.

Essa devolução radical de poder e responsabilidade para os empregados da linha de frente está funcionando: a companhia tem sido presença permanente entre as cem melhores companhias

A ORGANIZAÇÃO ADAPTÁVEL 279

para se trabalhar da revista *Fortune*; as vendas foram de US$ 8 bilhões em 2009 e estão dobrando a cada três anos desde que a companhia lançou ações no mercado.[4] O valor de mercado da companhia é comparável ao de grandes competidores com dez vezes mais empregados.

Que indústria poderia habitar esse modelo de perfeição de inovação corporativa? Podemos imaginar que seja uma das novas e impetuosas casas de software, ou talvez uma companhia de tecnologia verde, algo grande em genética, ou possivelmente alguma operação terceirizada hiperglobal. Na verdade, "Máquina da Diferença" é um nome suposto não para o próximo Google, mas para uma das linhas de negócios mais enfadonhas do mundo: um supermercado, indústria sinônimo de empregos beco sem saída e equipe sem nenhum poder, em que cada decisão é tomada no escritório central e mediada por um computador e um cartão de fidelidade.

"Máquina da Diferença" é, na verdade, o Whole Foods Market, a altamente capacitada, inclinada a produtos orgânicos e luxuosamente estocada rede de comestíveis. (A descrição de muitas das práticas de gerenciamento vem do livro recente de Gary Hamel, *O futuro da administração*.)[5]

Naturalmente, esse tipo de modelo de negócio não é o único caminho para ser bem-sucedido no comércio de supermercado. Supermercados bem mais centralizados como Wal-Mart, nos Estados Unidos, e Tesco, no Reino Unido, são claramente muito lucrativos — eles ainda experimentam, mas conseguiram centralizar e automatizar a experimentação. Mas o Whole Foods demonstra que até nessa mais arregimentada das indústrias é possível ter sucesso com um modelo de gerenciamento radical, liderado pelo empregado e que não pareceria deslocado num negócio recém-criado num utópico Vale do Silício.

O Whole Foods também não é o único. Quase toda a inovação em gerenciamento descrita acima se aplica igualmente a uma das marcas menos atraentes do Reino Unido, Timpson. A Timpson tem centenas de pequenas filiais que adornam muitas ruas principais britânicas, oferecendo um bricabraque de serviços, como cópia de chaves, reparo de sapatos e de relógios e gravação de estampas.[6] Assim como o Whole Foods Market, a Timpson tem uma política "sem segredos", fazendo circular com frequência um boletim para toda a equipe, explicando como o negócio está indo e quanto dinheiro existe no banco. Assim como no Whole Foods, a equipe de uma loja individual pode decidir exatamente o que vai para as prateleiras e oferecer acordos e promoções — o presidente da companhia, John Timpson, diz que esse é o gerenciamento de cabeça para baixo. Se um garoto chega à loja querendo gravar alguma coisa para sua avó e não tem dinheiro suficiente para pagar o preço usual, fica a critério da equipe local decidir se oferece um preço que ele possa pagar; se um cliente tem uma queixa, o empregado de nível mais baixo da loja tem autoridade para gastar £ 500 para atender à queixa. Timpson não tem um grande departamento de reclamações no escritório central: não é necessário ter um. E à pequena equipe de empregados de cada loja é pago um bônus de desempenho toda semana baseado na atuação daquela equipe em particular. Não é surpresa que saibam exatamente como cada loja está indo quando o sr. Timpson chega — e ele chega com frequência, porque passa quatro dias por semana na estrada, só visitando suas lojas para conversar com as equipes.[7]

A primeira coisa que Timpson faz quando compra outro negócio é tirar os pontos de venda eletrônicos (há sempre pontos de venda eletrônicos) e substituí-los por antiquadas caixas registradoras. "Os EPOS [Electronic Point of Sale] deixam as pessoas do escritório central gerenciarem o negócio", explica John Timpson. "E

A ORGANIZAÇÃO ADAPTÁVEL   281

eu *não quero* que elas gerenciem o negócio." Os EPOS fortalecem
o escritório central, mas tornam mais difícil ser flexível e dar aos
clientes o que eles precisam. John Timpson descreve um exemplo
em que não pôde comprar drinques por metade do preço no *happy
hour* de um bar de hotel porque, logo depois de ter feito o seu
pedido, a hora acabou e o sistema computadorizado de vendas do
bar recusou permissão para a oferta ser aplicada. Ele se encoleriza
com a ideia de uma equipe impotente dizendo a clientes irritados:
"Não posso pôr isso no sistema."

John Timpson e John Mackey, do Whole Foods, aprenderam
as mesmas lições que H.R. McMaster no Iraque: os melhores
sistemas de computadores do mundo não podem substituir a circunstância de estar no lugar, falar sobre o que acontece e responder
imediatamente a pistas situacionais sutis — ou, nas palavras agora
familiares de Hayek, "conhecimento da circunstância particular de
tempo e lugar". O equilíbrio correto entre controle centralizado e
experimentação descentralizada depende do contexto: numa usina
de energia nuclear, queremos engenheiros para ficar de olho um
no outro, mas não queremos que improvisem novas maneiras de
operar um reator. Nem queremos permitir uma situação na qual
uma companhia como a AIG, com 120 mil empregados, possa
ser devastada por uma unidade que mal empregue uma centena.[8]

Em toda parte, no entanto, como vimos no capítulo 2, cada vez
mais companhias estão se descentralizando, achatando as hierarquias e pagando bônus por desempenho a membros mais jovens da
equipe, e estão fazendo isso porque o mundo está crescentemente
recompensando aqueles que podem adaptar-se rapidamente às
circunstâncias locais. H.R. McMaster criticou a ideia de que a
"compreensão situacional poderia ser exposta numa tela de computador"; John Timpson poderia colocar isso com mais crueza,
mas esses dois homens muito diferentes, com responsabilidades
muito diferentes, chegaram a conclusões muito parecidas.

3 "Se você disser a alguém o que fazer aqui, eles nunca mais vão trabalhar para você"

"Temos apenas duas regras", explica John Timpson. "Um: vista-se apropriadamente. Use sua gravata, chegue a tempo, seja gentil com os clientes. Dois: ponha o dinheiro no caixa." A segunda regra é intrigante: com tanta autonomia, não é difícil para os empregados roubarem dinheiro da companhia. Isso é parte de um problema maior: se uma organização concede autonomia radical a seus membros, como pode garantir que esses membros vão respeitar os interesses da organização em vez de simplesmente perseguir os seus próprios interesses?

Em parte é uma questão de confiança. O manual de treinamento da Timpson descreve os vinte modos mais fáceis de fraudar a companhia, deixando claro que ela entende os riscos que está correndo e confia em seus empregados de qualquer modo — e muitas pessoas respondem a essa confiança tornando-se ainda mais confiáveis. Em parte é o foco forte da empresa no desempenho: tanto a Timpson quanto o Whole Foods Market monitoram o desempenho de perto e o recompensam com frequência. Mas, em grande parte, esses sistemas funcionam porque o pessoal mantém o olho um no outro e tem um forte incentivo para não tolerar preguiçosos e ladrões.

"Isso nos fez prestar mais atenção às próprias pessoas, porque nosso modo de administrar um negócio só funciona se conseguimos as pessoas certas", diz John Timpson.[9] E ele enfatiza que desempenhos ruins não apenas prejudicam a companhia — eles prejudicam os colegas. "Se alguém não está interessado, apenas vai para o trabalho, não queremos essa pessoa. E as pessoas que trabalham com ela não a querem." Metade dos empregados de Timpson entra na empresa mediante o esquema "indique um amigo" — em outras palavras, Timpson usa seus próprios empregados para recrutar as "pessoas certas". No Whole Foods Market,

A ORGANIZAÇÃO ADAPTÁVEL

lembre-se, os novos membros da equipe têm um período de quatro semanas de teste, após o que precisam ter conquistado a confiança de dois terços dos colegas.

Whole Foods Market e Timpson usam um sistema de monitoramento por meio do colega de trabalho. Isso faz sentido: se o poder é delegado à linha de frente da organização, então é ali onde as boas ideias têm de ser separadas das más — e boas pessoas também. É a "visão do olho da lagarta", que vimos advogada por Muhammad Yunus. E há também um paralelo com os informantes do último capítulo: são as pessoas que trabalham regularmente num determinado lugar ou numa determinada divisão que notam que alguma coisa está errada. O problema é persuadi-los a falar, então não é difícil ver por que tanto a Timpson quanto o Whole Foods Market colocam um prêmio tão alto pelo desempenho da equipe — medindo-o, dando publicidade a ele e recompensando-o a cada mês ou mesmo semanalmente. O monitoramento pelo colega nem sempre funciona; grupos de colegas podem tornar-se uma panelinha egoísta ou até corrupta. (Não surpreende que John Timpson passe a maior parte de sua vida de trabalho visitando as lojas Timpson.) Mas oferece uma sutileza e uma sensibilidade que o monitoramento a partir dos escritórios centrais corporativos não pode igualar.

O monitoramento do colega pode tomar muitas formas. Na Timpson e no Whole Foods, trata-se de garantir que cada um faça o seu. Mas a mesma abordagem prevalece no Google, onde o monitoramento do colega se destina a manter uma atmosfera de desafio intelectual. Eric Schmidt, o presidente do Google e, até recentemente, seu diretor-executivo, vê seu papel no Google como o de mediar o debate e forçar outras pessoas a chegar a decisões, em vez de tomar ele próprio as decisões.[10] (Seja como for, a companhia lhe concedeu poucas das pompas da autoridade: em seu primeiro dia no Google, descobriu que o escritório de duas mesas que lhe fora reservado havia sido localizado e ocupado por um engenheiro; Schmidt ocupou a segunda mesa sem protestar.)[11]

Na W.L. Gore, a companhia que desenvolveu o Gore-Tex, o diretor-executivo foi efetivamente eleito pelos colegas: a diretoria fez uma pesquisa entre os "associados" sobre quem na companhia — qualquer um — desejavam seguir. O nome que surgiu foi o de Terri Kelly, e ela foi devidamente indicada. Os associados da Gore descobrem seus próprios colegas e seus próprios projetos para perseguir, e devem contar mais com o poder de sua argumentação do que com a autoridade do organograma da empresa. Um associado da Gore comenta: "Se você disser a alguém o que fazer aqui, eles nunca mais vão trabalhar para você."[12] John Timpson fala da "administração de cabeça para baixo", mas a prática obviamente tem seus usos muito além da rua principal.

O monitoramento do colega está estreitamente associado ao mundo virtual: é o elemento fundamental do algoritmo de busca do Google (dando peso ao quanto o site é popular entre os outros sites), fenômenos como eBay (que conta com compradores e vendedores dando nota à confiabilidade um do outro), Wikipedia (na qual qualquer um pode editar os artigos de outra pessoa) e o movimento de software de código aberto, que produziu sucessos como Firefox e Apache. Mas, como Timpson mostra, ele é aplicável muito além da vanguarda da tecnologia do *crowdsourcing*.*

Testemunhei um exemplo impressionante de monitoramento de colega em minha visita à usina nuclear Hinkley B. Acabara de receber um sumário da cultura de segurança da Hinkley de Peter Higginson, um físico amigável e prestativo responsável pela segurança de dois maciços reatores avançados resfriados a gás. A cultura de segurança soou impressionante e dependia pesadamente

---

*O *crowdsourcing* é um modelo de produção que utiliza a inteligência e os conhecimentos coletivos e voluntários espalhados pela internet para resolver problemas, criar conteúdo e soluções ou desenvolver novas tecnologias. [*N. da T.*]

A ORGANIZAÇÃO ADAPTÁVEL   285

do monitoramento do colega. Todas as ações importantes, como levantar ou baixar um interruptor na sala de controle do reator, eram reexaminadas por um colega. Cada empregado — recepcionistas, guardas de segurança e assessores de imprensa inclusive — fazia um curso de segurança nuclear; todo mundo era responsável por tomar conta de todos os outros. Tudo soava ótimo — mas um pouco bom demais para ser verdade.

Então, vestimos jalecos e botas forradas, preparando-nos para uma visita à sala das turbinas. Quando estávamos para sair da sala de reuniões, uma imponente senhora de meia-idade com um capacete entrou, empurrando um carrinho cheio de sanduíches. Ela nos olhou e educadamente, mas de maneira firme, advertiu nosso anfitrião de que havíamos deixado os sapatos num lugar onde constituíam risco de tropeção e nos pediu que mudássemos os sapatos de lugar. Talvez o incidente fosse incomum e muito distante de um erro no núcleo de um reator. Foi difícil esquecer a experiência do monitoramento de colega em ação: a correção instantânea de um problema, não importa o quão pequeno ele seja, nem a relação hierárquica entre o chefe da segurança e a dama do chá.[13]

4 A estratégia corporativa do Google: não tenha estratégia corporativa

Em Hinkley Point, a prioridade-chave é assegurar que a usina de energia opere exatamente como o planejado, sem desvios. Mas, em outras companhias, o desafio é fazer algo novo todo dia, e em nenhum lugar isso é mais verdadeiro do que no Google.

O diretor-executivo da companhia Eric Schmidt teve uma surpresa quando entrou no escritório de Larry Page em 2002. Page é o cocriador do Google e o homem que deu seu nome à ideia na fundação da companhia: o algoritmo de busca PageRank. Mas Page tinha algo muito diferente para mostrar a Schmidt: a máquina que ele mesmo havia construído, que cortava a lombada dos livros e depois escaneava as páginas para o formato digital.[14] Page vinha tentando imaginar se seria possível para o Google escanear os livros do mundo para um formato investigável. Em vez de instruir um funcionário a construir alguma coisa, ou encomendar uma análise de uma firma de consultoria, ele se juntou a Marissa Mayer, uma vice-presidente do Google, para ver o quão rápido duas pessoas poderiam produzir uma imagem de um livro de trezentas páginas. Armados com uma moldura de madeira compensada, um par de braçadeiras, um metrônomo e uma câmera digital, dois dos mais antigos membros da equipe do Google tentaram criar seu próprio projeto. (O livro passou do papel para os pixels em quarenta minutos.)[15]

Larry Page via o tempo que devotava ao projeto não como algo que poderia fazer porque era fundador do Google e podia fazer tudo que quisesse, mas como uma coisa a que tinha direito, porque todo engenheiro no Google tinha o mesmo acordo.[16] Notoriamente, o Google tem uma política de "20% do tempo": qualquer engenheiro (e alguns outros empregados) tem permissão para gastar um quinto de seu tempo em qualquer projeto que pareça valer a pena. Google News, Google Suggest, Adsense e o site de rede social Orkut são todos projetos que emergiram de projetos pessoais, junto com metade de todos os produtos de sucesso do Google — e um impressionante portfólio de fracassos.[17]

O Whole Foods Market teria pouco a ganhar por deixar seus empregados se envolverem em qualquer projeto que lhes pareça atraente, mas os 20% do Google são uma prática que se tornou sucesso pelo mesmo mecanismo básico de que depende o Whole Foods Market: a aprovação dos colegas. Os gerentes ficam fora do caminho dos projetos pessoais da equipe. São os outros en-

A ORGANIZAÇÃO ADAPTÁVEL

genheiros que determinam quais os projetos que ganham força e quais murcham: se você não conseguir convencer seus colegas a ajudá-lo com sua ideia, ela não irá a lugar algum. Os gerentes podem prover o espaço para a inovação, mas são os colegas que proveem a maior parte do tempo e da energia. Mais recentemente, o Google se tornou tão grande que Eric Schmidt, Larry Page e Sergey Brin formalizaram um processo para apoiar inovações promissoras, não com o objetivo de reprimir mais projetos, mas para dar fundos extras e recursos a projetos que, de outra maneira, poderiam se perder no ruído de 20 mil empregados.[18]

É difícil imaginar duas companhias mais diferentes do que a cadeia de reparo de sapatos Timpson e o gigante de busca na internet Google, mas veja as similaridades na linguagem: o Google quer manter uma "zona livre de bozos", a Timpson insiste em manter "drongos" fora do negócio. Bozos são engenheiros menos que brilhantes; drongos são assistentes de loja que não se importam com o negócio e não fazem a sua parte. A ideia básica é a mesma: numa companhia em que o mecanismo de seleção são os seus colegas em vez de regras de cima para baixo, não há lugar para pessoas que não fazem a sua parte.[19]

A política de 20% de tempo não é unicamente do Google: não apenas vem sendo amplamente imitada no Vale do Silício, como é muito anterior à criação do Googleplex. Acordo similar tem sido prática padrão por meio século na W.L. Gore, onde todos os empregados têm metade de um dia, toda semana, "para fuçar". Novamente, vemos que, enquanto a abordagem experimental pode ser perfeitamente exemplificada pelos habitantes do Vale do Silício e ainda mais pelas comunidades on-line que tornam possíveis, as ideias básicas estão por aí e bem-sucedidas muito tempo antes da internet.[20]

Um inovador serial como Google ou W.L. Gore sabe que, se você dá a pessoas inteligentes algum espaço, poderá conseguir um

Spitfire, a solução para o problema da longitude, a técnica para tirar genes de camundongos — ou o Gmail. Alguns sucessos como esses já justificam um monte de tempo de folga. Um exemplo é o "Elixir" de W.L. Gore, uma variedade de cordas de guitarra acústica que agora domina o mercado. Elas emergiram por meio de um longo período de experimentação, quando o engenheiro da W.L. Gore, Dave Myers, aplicou o polímero Gore-Tex primeiro aos cabos de sua bicicleta de montanha e depois a cordas de guitarra. Gore não tinha experiência na indústria da música e Myers não tinha aprovação da gerência para o que estava fazendo.[21] Ele não precisava dela.

O guru do gerenciamento Gary Hamel argumenta que o Google, especificamente, persegue ativamente uma estratégia darwiniana de pôr para fora a maior variedade possível de produtos — não um simples peixinho, mas uma estufa cheia de diferentes estratégias de peixinhos. O Google é, muito simplesmente, uma organização evolucionária: começou com um mecanismo de busca, depois transformou as consultas ao site em receita quando se uniu à AOL e ao Yahoo, em seguida desenvolveu um sistema de exibir anúncios junto com os resultados de busca. O Google topou depois com a ideia do Adsense, a habilidade de tornar os anúncios relevantes para qualquer página da web. Esta descoberta foi um feliz acaso enquanto se desenvolvia o Gmail e se tentava entregar anúncios contextualmente sensíveis junto com a caixa de entrada do Gmail, e depois se expandiu para os aplicativos Google e outros projetos. Hamel comenta que, "como um organismo favorecido por uma boa sorte genética, o sucesso do Google deve muito ao acaso". Isso é verdade para muitas companhias de sucesso — John Mackey, o diretor-executivo do Whole Foods, chama a si mesmo de "merceeiro acidental" —, mas o Google elevou isso a um princípio norteador.

Se existe uma companhia da qual se pode dizer que abraça muitas coisas na expectativa de que muitas vão falhar, ela é o

A ORGANIZAÇÃO ADAPTÁVEL   289

Google. Marissa Mayer, a vice-presidente que ajudou Larry Page a remendar o primeiro escâner de livro, diz que 80% dos produtos do Google vão falhar —, mas isso não importa, porque as pessoas vão se lembrar dos que ficam.[22] Bastante justo: a imagem do Google parece manter-se sem manchas pelas performances indiferentes do Knol, um serviço do Google vagamente similar à Wikipedia que não pegou; ou do SearchMash, um teste do Google para busca alternativa de produtos, rotulado "o pior produto do Google em todos os tempos" por um especialista em busca e agora descontinuado. De acordo com o influente website TechRepublic, dois dos cinco piores produtos de tecnologia em 2009 vieram do Google — e mesmo assim foram grandes produtos do Google —, Google Wave e o sistema operacional Android 1.0 para telefones móveis.[23] Mas muitos usuários de internet conhecem e dependem da busca do Google, dos Mapas Google e da busca do Image, e muitos outros confiam no Gmail, Google Reader e Blogger. Enquanto a companhia não jogar dinheiro demais em produtos falidos, os poucos grandes sucessos parecem justificar os muitos experimentos.[24]

Isso é fundamental para o modo como o Google faz negócios. O Google estabeleceu seu próprio equivalente às piscinas de peixinhos de John Endler e está vendo o que sobe à tona. A estratégia corporativa da companhia é não ter estratégia corporativa.

5 "Sucesso é o número de experimentos que podem ser colocados na rua em 24 horas"

Alguns anos atrás, uma rede de artesanato e tecidos chamada Jo-Ann Fabrics ofereceu a seus clientes um negócio surpresa. Não foi surpreendentemente criativo ou generoso. Na verdade, foi surpreendentemente fraco: compre uma máquina de costura e leve outra com 20% de desconto. Quem sobre a terra precisa de duas máquinas de costura? Mas o negócio também foi surpreendentemente bem-sucedido. Os clientes acharam que a perspectiva de poupar 10% por máquina de costura era tentadora o bastante para valer a pena tê-las, então foram caçar amigos que poderiam querer também comprar uma máquina de costura. Em resumo, a estranha oferta revelou-se um caminho inesperado para recrutar membros amadores da equipe de vendas.

Mais interessante do que a oferta especial foi a sua descoberta: Jo-Ann Fabrics estava usando seu website, JoAnn.com, como laboratório. A diferentes clientes poderiam ser mostrados automaticamente projetos de websites diferentes e ofertas diferentes, a combinação particular escolhida ao acaso por um computador. Em linha com os dois primeiros princípios de Palchinsky, Jo-Ann Fabrics estava preparada para muitas ofertas como essas falharem e podia arcar com isso. O negócio dos compradores em massa de máquinas de costura foi um dos sucessos improváveis que esse processo ao acaso descobriu, e o uso de experimentos randômicos no website mais do que triplicou a receita bruta por visitante.[25]

Como Ian Ayres explica em seu livro *Super Crunchers! Por que pensar com números é a nova maneira de ser inteligente*, histórias como a de Jo-Ann Fabrics estão se tornando cada vez mais lugares-comuns. Provedores de cartões de crédito usam há muito experimentos combinatórios em sua correspondência não desejada (*junk mail*) — esses experimentos aumentam o impulso do método de tentativa randomizado que já encontramos ao estender múltiplas randomizações uma em cima da outra para gerar um conjunto muito rico de dados. Os resultados são todos usados para refinar o envio de propaganda por e-mail e pescar mais clientes. Mas, considerando que esses experimentos antes requisitavam especialistas estatísticos e tecnologia de computador de vanguarda, eles agora são muito fáceis de executar on-line. Qualquer pessoa pode

A ORGANIZAÇÃO ADAPTÁVEL

comprar dois ou mais anúncios no Google AdWords e ver qual funciona melhor. (Ian Ayres acabou de fazer isso, e esta é a razão de seu livro ser chamado *Super Crunchers!*, em vez do título que ele preferia, *The End of Intuition* [O fim da intuição].) Ou para projetos maiores, a ajuda profissional está disponível para liberar todo o poder de elementos combinatórios.

Tais experimentos não estão limitados à web. Os supermercados podem randomizar, e randomizam, suas ofertas de preços, a colocação dos artigos nas prateleiras, os vales que mandam para os clientes com seus cartões de fidelidade ou o design de projetos que publicam nos jornais locais. Companhias com produtos de grande saída jogam com pacotes de suas marcas-chave. Editores com frequência oferecem capas diferentes para uma revista e veem o que vende.

Experimentos são realizados dentro de corporações, por trás da cena, há mais de um século. Thomas Edison podia ser conhecido como o Feiticeiro de Menlo Park, mas sua experimentação atingiu uma escala sistemática, industrial, em 1887, depois que construiu grandes laboratórios alguns quilômetros ao norte de West Orange, Nova Jérsei.[26] Ele deu emprego a milhares de pessoas numa "fábrica de invenções" e se assegurou de que os almoxarifados estivessem bem estocados e a disposição dos laboratórios permitisse o maior número de experimentos no menor espaço de tempo possível. Foi o pai da pesquisa industrial. Famoso por dizer "Se eu encontrar 10 mil maneiras de algo não funcionar, não terei falhado. Não fico desestimulado, porque toda tentativa errada descartada é apenas mais um passo à frente",[27] também comentou mais diretamente a industrialização do processo de tentativa e erro: "A medida real do sucesso é o número de experimentos que podem ser colocados na rua em 24 horas."[28]

Esse número agora pode ser de dúzias, centenas ou talvez até dezenas de milhares, graças à introdução de supercomputadores baratos e outras técnicas para sistematizar experimentos. Companhias farmacêuticas usam "química combinatória" para pesquisar em meio a uma variedade colossal de drogas possíveis: milhares de compostos químicos diferentes podem ser sintetizados agora na superfície de um único chip de silício, ou ligados à superfície de contas de polímero para permitir mistura fácil e mais sínteses, ou sintetizados em quantidades maiores em laboratórios robôs sem a intervenção humana.[29] Os compostos resultantes podem, então, ser testados em paralelo para responder a questões simples, mas vitais: eles são tóxicos? Pode o organismo absorvê-los? Os manufaturadores de chips de silício projetam chips feitos sob medida num contexto virtual antes de testá-los e refiná-los experimentalmente. Quanto mais rápidos os computadores se tornam, mais rapidamente os novos chips de computadores podem ser desenhados e testados. O mesmo processo é aplicado à aerodinâmica de um carro, ou à sua segurança durante uma batida. E o ponto fundamental de todos esses experimentos massivamente paralelos é o mesmo: quando um problema atinge um determinado nível de complexidade, a teoria formal não vai chegar tão longe quanto um processo de tentativa e erro incrivelmente rápido e sistemático.[30]

Vimos no capítulo 4 como as tentativas randômicas tornam certas pessoas desconfortáveis em medicina e na ajuda externa, e o mesmo é verdade nos negócios. Alguns anos atrás, a companhia de bens de consumo abordou Dan Ariely, um professor de marketing em Duke e no MIT, para lhe pedir um conselho sobre administrar alguns experimentos em seus próprios consumidores. Era um passo ousado: Ariely tornou-se um dos mais celebrados economistas comportamentais após o sucesso de seu livro *Previsivelmente irracional*. Ariely usa experimentos o tempo todo para desenvolver e testar ideias em psicologia e economia comporta-

A ORGANIZAÇÃO ADAPTÁVEL   293

mental, tais como a hipótese de que "grátis" não é simplesmente um preço igual a zero; "Compre um, leve outro grátis!" parece diferente de "Compre dois e leve ambos pela metade do preço!", embora as ofertas sejam idênticas. As aplicações no mundo real dessa visão eram alguma coisa que a companhia seria capaz de usar, e Ariely pôde usar sua colaboração para colher dados para sua pesquisa acadêmica.[31]

Tudo foi bem a princípio. Um experimento, com múltiplos websites e várias combinações de ofertas, estava pronto para entrar no ar quando subitamente algumas pessoas de alta posição na companhia começaram a levantar preocupações. Sua objeção tinha muito da queixa de longa data sobre testes randomizados em outro lugar: que alguns consumidores perderiam coisas boas. "Como estávamos estendendo ofertas diferentes", explica Ariely, "alguns consumidores poderiam comprar um produto que não fosse ideal para eles, gastar dinheiro demais ou conseguir um negócio totalmente pior que outros clientes". De certo modo, as preocupações dos executivos eram mais válidas do que aquelas que descartamos no capítulo 5. Os dois argumentos-chave contrários — que os sujeitos dos testes podem ser abordados e dar seu consentimento informado, e que essas tentativas trazem benefícios sociais mais amplos — não se aplicam nos negócios. Não se pode informar a um grupo de consumidores que eles estão pagando sem nenhum desconto para ver quanta diferença faz oferecer a outro grupo de consumidores um desconto. E os consumidores não são necessariamente os que irão beneficiar-se da pesquisa que é destinada a tornar o negócio mais lucrativo.

Mas essas preocupações poderiam ter sido tratadas com muita facilidade. Se um varejista está simplesmente testando se um desconto se pagará com vendas maiores, então existe um modo simples de compensar clientes na parte do teste de preço sem desconto:

depois que tomaram a decisão de compra, dê-lhes o desconto de qualquer maneira, seja imediatamente, seja como reembolso do dinheiro pago a mais quando o teste tiver sido completado.

No fim, os executivos decidiram reverter para uma forma de fazer negócios com a qual se sentem mais confortáveis: pediram a Dan Ariely que, simplesmente, contasse qual a melhor técnica de marketing possível. Isso foi o "Complexo de Deus", de Archie Cochrane, com Dan Ariely no papel de Deus. Mas Ariely não achava que sua opinião de especialista valia muito em comparação com a visão que emergiria de um experimento adequado: "As companhias pagam quantidades espantosas de dinheiro para obter respostas de consultores com confiança exagerada em sua própria intuição", estranha. O projeto foi encerrado.

Apesar desses recuos, a experimentação rotineira advogada por Edison é agora amplamente praticada. Parece muito mais segura do que os 20% do tempo ou a administração de cabeça para baixo; é menos anárquica; menos ameaçadora para a estrutura de poder existente numa companhia e menos ameaçadora para o status quo. Quando experimentos se tornam rotina, uma companhia como Wal-Mart ou Capital One pode mastigar os números do escritório central sem perturbar a hierarquia corporativa. Em contraste, criar um espaço para empregados da divisão de produtos médicos se reunirem informalmente e produzirem a marca líder de mercado em corda de guitarra é hilariante em retrospecto, mas profundamente inquietador para a maioria das corporações na época. Esta, na verdade, é certamente uma razão para tão poucas companhias terem imitado a W.L. Gore na última metade de século. E, mesmo assim, alguns estudiosos de negócios se perguntam se até mesmo a abordagem de uma W.L. Gore ou de um Google é realmente radical o bastante para enfrentar ideias verdadeiramente perturbadoras nos negócios.

A ORGANIZAÇÃO ADAPTÁVEL   295

6 Quando companhias se tornam dinossauros

Peixinhos se reproduzem tão rápido que John Endler foi capaz de produzir a evolução dos peixinhos em meses. Quando quis entender por que algumas companhias aparentemente capazes se viram eliminadas por uma súbita mudança na paisagem competitiva, Clayton Christensen, da Harvard Business School, buscou o equivalente econômico a uma estufa cheia de peixinhos. A indústria de unidades de discos foi seu primeiro porto de escala: um mercado em que os iniciantes frequentemente parecem usurpar os líderes de mercado. Como com os peixinhos de John Endler, o que Christensen descobriu aponta para uma verdade muito maior.

A explicação inicial de Christensen para a breve duração da vida de um fabricante de unidades de disco foi a "tecnologia da lama deslizante": o ritmo da mudança tecnológica é tão frenético que as companhias desesperadamente tentam alcançar o topo tecnológico enquanto o solo continua a escorregar debaixo de seus pés.[32] Não surpreende que o fabricante líder numa década seja um *case* corporativo na próxima década. Mas essa teoria que soa muito plausível não faz muito sentido se olhada de perto. Os maiores fabricantes de unidades de disco têm fluxo de caixa para financiar mais inovação e estão constantemente renovando seus procedimentos e respondendo a um constante fluxo de feedback de clientes. Estão mais afastados da lama deslizante do que os novos concorrentes e vencem repetidamente corridas puramente tecnológicas com os novatos, sejam estes fabricantes de unidades de disco que estão chegando pela primeira vez ao mercado com velocidades maiores de drive e capacidade de armazenamento mais concentrada, ou fabricantes de câmeras com as últimas e mais precisas lentes, ou ainda companhias de sapatos esportivos com novos estilos e solados mais bem desenhados.

Christensen descobriu que não é a tecnologia de ponta que tende a derrubar os líderes de mercado. É a abordagem totalmente nova, frequentemente com tecnologia bastante primitiva e invariavelmente de pequeno valor para os melhores clientes dos maiores competidores da indústria líder. No fim dos anos 1970, os fabricantes líderes de unidades de disco estavam fazendo seus produtos cada vez melhores para sua principal base de consumidores de grandes corporações e bancos com computadores centrais do tamanho de uma sala. Para esses clientes, uma nova geração de drives fisicamente menores — com muito menos armazenamento — não era interessante. Mas esses novos drives penetraram num novo mercado para computadores de mesa então desbravados por gente como Wang e Hewlett-Packard. Finalmente, os drives menores tornaram-se tecnologicamente mais avançados e até os clientes de computadores centrais começaram a comprá-los, e, nesse estágio, os fabricantes tradicionais já estavam muito atrás e já sem esperanças.

O exemplo mais recente da fotografia digital oferece lições muito parecidas. As primeiras câmeras digitais eram dispendiosas, tinham baixo desempenho e ofereciam pouca capacidade de armazenamento. Eram de pouca valia tanto para o fotógrafo amador, que queria algo barato, quanto para o fotógrafo profissional, que queria uma precisão de imagem que aquelas câmeras não forneciam. Os fabricantes líderes de câmeras de filmes, que eram a única coisa no mercado desde a invenção da fotografia, podem ter ficado preocupados, mas, aparentemente, viram pouco motivo para preocupação a partir do próprio mercado.

Mas as primeiras câmeras digitais apelaram para alguns nichos de consumidores, que, de outra maneira, não teriam dado atenção a uma câmera de filme: no fim dos anos 1990, por exemplo, eu usava uma câmera digital para fotografar *flip charts* em encontros

A ORGANIZAÇÃO ADAPTÁVEL 297

corporativos para que pudessem ser armazenados num disquete e transcritos depois. Nem o preço nem a má qualidade eram problemas: o que importava era a facilidade para passar as imagens para um computador e mandá-las por e-mail para um assistente no escritório central. Esses mercados de nicho deram à tecnologia um apoio para melhorar — e muito rapidamente — até que apenas uns poucos nostálgicos retardatários ficaram com o filme. Naquela altura, a companhia fotocopiadora Canon tinha uma posição forte no mercado e muitas companhias estabelecidas, como Fuji, Kodak, Olympus e Leica, estavam lutando para se atualizar num cenário que mudara dramaticamente.

A batalha entre o software do e-mail da área de trabalho e o webmail é, de várias maneiras, ainda mais reveladora. Nos anos 1990, o programa Microsoft Outlook na área de trabalho era claramente o produto superior: os serviços webmail tinham armazenamento limitado, eram incômodos e extremamente lentos com uma conexão discada. O Outlook controlava a maior parte do e-mail corporativo, e o Outlook Express servia o ainda pequeno mercado doméstico de uma forma que a maioria dos usuários achava muito superior ao webmail. Mas o webmail tinha, de fato, um nicho como *backup account* para o conhecedor da internet, ou para estudantes com acesso gratuito à internet e que queriam a habilidade de pular de computador para computador pelo campus. Só mais tarde as velocidades de conexão, os custos de armazenamento e a sofisticação dos browsers melhoraram o suficiente para demonstrar o verdadeiro potencial do webmail: poderia ser usado para arquivar e armazenar todos os e-mails que você já recebeu; usado como backup de documentos; usado como conta primária de e-mail com compactação de dados; e usado quando o computador não está conectado à internet. O espantoso foi a dificuldade da Microsoft com essa transição, embora tivesse comprado o serviço líder de webmail, Hotmail, muito cedo no jogo e embora o webmail não fosse uma tecnologia complicada para os engenheiros de software da Microsoft dominarem. As características do Hotmail foram depois eclipsadas pelo Gmail do Google.

Inovações que provocam rupturas são assim precisamente porque a nova tecnologia não atrai os clientes tradicionais: ela é diferente e inferior para os propósitos deles. Mas para um pequeno nicho de novos consumidores, o novo produto que causa ruptura é exatamente aquilo de que precisam. Eles querem discos rígidos menores, mais baratos, ou câmeras que produzam arquivos digitais, ou e-mail que possa ser acessado de qualquer computador — e estão dispostos a tolerar o fato de que o novo produto é inferior ao antigo em todas as dimensões tradicionais. Esse apoio no nicho do mercado dá à nova tecnologia uma oportunidade para se desenvolver e se tornar uma ameaça real ao velho jeito de fazer as coisas.

O problema para um líder de mercado na velha tecnologia não é necessariamente que lhe falte a capacidade para inovar, e sim que lhe falta a vontade. Quando aparece, tecnologia que causa ruptura pode confundir um competidor existente porque a tecnologia em si mesma é radicalmente diferente (isso foi verdade acerca das câmeras digitais, mas não do webmail ou dos acionadores de unidades de disco menores, que eram montados com o uso de tecnologia padrão). Christensen descobriu mais recentemente que o problema não era tecnológico, mas psicológico e organizacional: é difícil para uma grande organização prestar muita atenção a uma nova ideia trivial que faz pouco dinheiro e provoca um bocejo ou o olhar vazio de clientes importantes. A Microsoft comprou o Hotmail, sim — mas seria sempre difícil para a Microsoft prestar mais atenção ao Hotmail do que ao Outlook. Os clientes corporativos do núcleo da Microsoft olhavam o webmail como uma irrelevância. Os usuários do Google, não. O Google só fez aplicações na web, e o Gmail foi um ajuste natural.

A ORGANIZAÇÃO ADAPTÁVEL

Nós já sabemos uma solução possível para corporações diante de uma inovação potencialmente causadora de ruptura: oficinas de inovações, uma espécie ae versão corporativa da Lübeck, em que a cultura comum e as prioridades e políticas da velha corporação não se aplicam. A oficina de inovações da Lockheed Skunk Works ganhou seu nome (originalmente "skonk works") porque começou a vida dentro de uma tenda de circo armada ao lado de uma fábrica de plásticos malcheirosa. Seus engenheiros — que se vestiam informalménte demais até para os anos 1950 — aliviavam a tensão causada por seus projetos confidenciais e de alta pressão pregando peças uns nos outros. A cultura corporativa básica da Lockheed, sejam quais forem seus pontos fortes e fracos, tinha pouca influência sobre a forma como os inovadores se comportavam.[33]

A oficina de inovações pode ser uma divisão semi-independente, ou até uma organização inteiramente nova. Pode focar o principal negócio de um modo novo, como a oficina de inovações original fez, ou desmembrar-se em linhas de negócios totalmente novas.

A ideia pode funcionar muito além da indústria de armamentos. A Target, loja de descontos, era uma entidade quase separada dentro da Dayton Hudson, rede de lojas de departamentos mais tradicional. A Target se adaptou mais naturalmente ao grande negócio, com formato para fora da cidade e cresceu, fazendo sombra à mãe — um resultado de longe preferível à alternativa óbvia de a Dayton Hudson deixar algum iniciante lhe fazer sombra. Charles Schwab, o corretor de títulos, decidiu entrar no negócio de venda de títulos pela internet criando uma organização completamente independente para administrar um serviço on-line de comércio de ações com desconto. A organização on-line cresceu tão rapidamente que engoliu a mãe em 18 meses. Se Schwab tivesse uma abordagem mais cautelosa, o serviço on-line bem poderia ter sido sufocado por direitos adquiridos, e o próprio Schwab provavelmente teria sido marginalizado por algum outro participante do mercado num par de anos.[34]

Outro exemplo é o Virgin Group, de Richard Branson. Branson começou na distribuição de música antes de criar um selo de gravação, a Virgin Records. Seus outros projetos incluíram linhas aéreas transatlânticas, linhas aéreas sem acessórios desnecessários, serviços de celulares, trens de passageiros, vestidos de noiva, cola, vodca, turismo avançado (incluindo turismo espacial), estações de rádio e serviços financeiros. Cada um desses empreendimentos foi tentado com uma companhia separada, autônoma — algumas vezes várias companhias separadas em países diferentes. Algumas das ideias fracassaram: a maior conquista da Virgin Cola foi provocar uma resposta esmagadora da Coca-Cola. Outras, como as lojas de música Virgin Megastore, tiveram anos de sucesso antes que o modelo de negócio finalmente desaparecesse, e Richard Branson continuou. Mas toda a estrutura do Virgin Group sempre tem sido manter um alto grau de separação entre diferentes linhas de negócios: isso permite que organizações diferentes foquem as próprias prioridades, além de permitir que os fracassos ocorram isoladamente.[35]

Quando o Exército americano confrontou a "perturbadora inovação" da guerra de guerrilhas no Vietnã, houve uma grande relutância em aceitar que isso mudara a natureza do jogo, tornando obsoleta a especialidade duramente conquistada do Exército na guerra industrial. Como disse um oficial graduado, "Juro por minha vida que não permitirei que o Exército dos Estados Unidos, suas instituições, sua doutrina e suas tradições sejam destruídos só para vencer essa guerra nojenta".[36] É exatamente assim que executivos mais antigos devem sentir-se quando seu negócio de vanguarda, líder do mercado, se vê perturbado por uma nova tecnologia de aparência tola. Uma inovação suficientemente perturbadora contorna quase todo mundo que é importante numa

A ORGANIZAÇÃO ADAPTÁVEL 301

companhia: o Rolodex cheio de clientes-chave se torna inútil; as velhas habilidades não são mais necessárias; décadas de experiência na indústria não contam para nada. Em resumo, todos os que são importantes numa companhia vão perder status se a inovação perturbadora pegar dentro daquela companhia — e, consciente ou inconscientemente, eles com frequência vão garantir que não pegue. Como resultado, a companhia pode achar-se em sérios problemas. Pode até morrer. E, lembrando a experiência de Tom Peters, de "Quem é excelente agora?", que descobrimos no capítulo 1, é altamente provável que esse destino chegue imprevistamente para muitas companhias — mesmo aquelas elogiadas neste capítulo.

Mas, quando companhias morrem, isso importa?

7 Construída para fracassar

As corporações se tornaram algo tão estável na vida que parecem mais permanentes para nós do que jamais pretenderam ser. Um ponto central da corporação como estrutura legal é que, supostamente, ela é um espaço seguro no qual fracassar. Companhias de responsabilidade limitada foram desenvolvidas para estimular as pessoas a experimentar, inovar, adaptar-se — seguras no conhecimento de que, se sua aventura fracassasse, seria meramente a entidade legal abstrata que foi arruinada, e não elas pessoalmente.

Passei alguns anos trabalhando para uma companhia de petróleo, a Shell, que — com o objetivo de acompanhar inovações potencialmente perturbadoras em seu campo — fez várias investidas na energia solar, fazendas eólicas e outras tecnologias de energia renovável. Nada realmente importante parece ter vindo disso ainda. Teóricos da conspiração podem acreditar que isso é porque a

Shell tem um plano maligno para dominar e desorganizar a ameaça das fontes renováveis de energia. Duvido disso. Se existisse realmente uma alternativa renovável com uma relação custo-benefício eficiente às eras de energia concentrada no petróleo cru, haveria um interesse muito grande da Shell de comercializá-la. A explicação é mais simples: seguindo a lógica de Clayton Christensen, não existe simplesmente nenhuma razão para esperar que uma companhia de petróleo seja particularmente boa em inventar, manufaturar ou distribuir painéis solares fotovoltaicos. As companhias de petróleo são muito boas em coisas diferentes: negociar com os governos africanos e do Oriente Médio, desenvolver e executar operações complexas de perfuração, construir e operar refinarias e instalações de engenharia química, e vender combustíveis líquidos em postos à beira de estradas. Quando a energia renovável decolar, não há mais razão para esperar que Shell, Exxon e BP prosperem com ela do que há para se surpreender com o fato de que a companhia líder da internet seja o Google em lugar de algum gigante de tecnologias anteriores, como Texas Instruments ou Univac.

Mesmo a operação de uma oficina de inovação não é garantia de sucesso ante as inovações perturbadoras. Oficinas de inovação estão, por sua própria natureza, isoladas das companhias-mãe. Isso lhes dá espaço para inovar e liberdade para falhar sem arruinar a mãe. Mas isso pode não ser o bastante. Boas ideias podem simplesmente ficar encalhadas na oficina de inovação porque a companhia-mãe não as compreende. Se for assim, a companhia pode muito bem estar condenada.

Certo. Não há nada que diga que um negócio deve existir para sempre — e, como vimos no capítulo 1, todo o sucesso do sistema de mercado está baseado no fato de que negócios findam. Suponha que, agora mesmo, em alguma empresa iniciante, uma forma inédita de energia muito mais barata do que petróleo ou gás tenha sido descoberta e esteja a ponto de chegar ao mercado. Empresas

A ORGANIZAÇÃO ADAPTÁVEL

como Shell, Exxon ou BP poderiam então, muito plausivelmente, morrer. Não se sentiria muito a falta delas. Seria inconveniente para seus empregados e muito mais dispendioso para seus acionistas, mas os empregados, na maioria dos casos, encontrariam outros usos para os seus talentos. Os acionistas aceitam os riscos e, se são sábios, põem os ovos em mais de uma cesta. Enquanto isso, tanto os acionistas quanto os ex-empregados sentiriam os benefícios de uma energia mais barata e mais limpa, como todos os demais.

As corporações existem precisamente porque não nos importamos — e não deveríamos nos importar — quando entidades abstratas falham. Nós nos preocupamos com indivíduos. E é para indivíduos, que lutam para se adaptar, aprender e crescer, que finalmente nos voltamos.

8
Adaptação e você

"Ele não era muito cuidadoso como matemático. Cometia muitos erros, mas cometia os erros numa boa direção... Tentei imitá-lo, mas descobri que é muito difícil cometer bons erros."

— Matemático Goro Shimura, sobre o
amigo Yutaka Taniyama[1]

"Vamos tentar não estar certos ao menos por uma vez."

— Tristan Tzara[2]

1 "Como foi que isso aconteceu?"

Na sexta-feira, 19 de julho de 2002, *Movin' Out* estreou no Shubert Theater em Chicago. Era um balé e um musical ao mesmo tempo, uma ambiciosa e improvável colaboração entre Twyla Tharp, coreógrafa intelectual e desafiadora, e Billy Joel, o letrista de algumas das mais populares e agradáveis canções já criadas. Deveria ir para a Broadway três meses depois. E empacou.

"Espantosamente estereotipada e quase embaraçosamente ingênua",[3] concluiu o *Chicago Sun-Times*. O *Chicago Tribune* chamou a peça de "loucamente desigual", "barulhenta e mal concebida"[4] e observou que, enquanto uma cena era "no mínimo tão tola quanto qualquer coisa em *Reefer Madness*",* outra cena "deixa metade da audiência perguntando à outra metade: Então, o que foi que aconteceu? Quem morreu? Hein?"

Somando a injúria ao insulto, o jornal de Nova York *Newsday* rompeu a tradição para republicar uma crítica particularmente vigorosa da imprensa de Chicago. Em geral, o entendimento é que os espetáculos destinados à Broadway vão polir suas arestas numa breve temporada em Boston, Chicago ou Filadélfia, e a imprensa de Nova York vai esperar até que o espetáculo já pronto apareça na própria Broadway. Mas não foi assim desta vez: talvez as críticas tenham sido tão ferozes, e o nome de Billy Joel um chamariz tão grande, que foi impossível para o *Newsday* resistir à tentação.

A bagunça despencou no colo de Twyla Tharp. Ela era a pessoa que havia persuadido Billy Joel a lhe entregar sua vida de trabalho. Tharp concebera, dirigira e coreografara o espetáculo enquanto Joel ocupava um lugar deliberadamente desimportante. ("Fique no caminho de Twyla e você morre!", foi sua despreocupada explicação.)[5] Oito milhões de dólares tinham sido investidos no espetáculo. O moral do elenco se evaporara sob o calor da análise crítica em Chicago, e a imprensa de Nova York esperava o desastre teatral chegar à Broadway.

Existe uma história honrada de peças musicais reescritas. *A Funny Thing Happened on the Way to the Forum* foi originalmente (e sem sucesso) apresentada sem seu brilhante número de abertura, "Comedy Tonight". *Oklahoma!* começou como o desastre *Away We Go.*[6] Mas a escala da tarefa diante de Tharp era monumental, e

---

*Filme americano de propaganda de 1936, exibido nas escolas, que relacionava o uso da maconha com a loucura e a violência. [N. da T.]

ADAPTAÇÃO E VOCÊ 307

não se conserta um musical para a Broadway da mesma forma que se edita um ensaio num processador de texto — já é tarde demais para isso. *Movin' Out* não apenas se tornara um fracasso público, mas arrastara montes de outros seres humanos, com carreiras para se preocupar e egos para nutrir. Enquanto mudava linhas do texto e cortava personagens, Tharp tinha de cuidar de almas feridas e manter os espíritos animados — tudo numa época em que a sua credibilidade e a de sua equipe tinham sido severamente estressadas pelo fracasso dela. Além disso, esses dançarinos feridos e assustados precisavam se apresentar toda noite para audiências que mirravam e voltar ao estúdio todas as manhãs para praticar a nova coreografia. Uma das estrelas, Elizabeth Parkinson, simplesmente congelou no palco do Shubert Theater uma noite, presa entre o que havia aprendido naquela manhã e o que precisava dançar naquela noite. "Fiquei completamente perdida", disse.[7]

Três meses depois, o novo *Movin' Out* chegou à Broadway. Foi um triunfo. Um crítico do *New York Times* disse que era "um retrato brilhante de uma geração americana",[8] enquanto outro comentou que "entender por que dois elencos separados e iguais de grandes dançarinos americanos e músicos de rock impeliram os fãs de Billy Joel a ovações delirantes... é medir a conquista de Ms. Tharp."[9] Outros críticos disseram que o espetáculo estava "numa liga diferente" e era um "estouro". E o espetáculo foi realmente sensacional: veja a dança em "Keeping the Faith" e você verá homens e mulheres movimentando-se com tal velocidade, originalidade e força graciosa que o farão esfregar os olhos para ver se está acordado.

Logo o espetáculo arrebatou dois prêmios Tony, um para Twyla Tharp, outro para o próprio Billy Joel e o arranjador Stuart Malina. Foi amplamente reconhecida como a mais rápida e completa transformação de um espetáculo da Broadway em muitos anos. Michael Phillips, o crítico do *Chicago Tribune* cuja severa crítica tinha sido tão controversamente escolhida pelo *Newsday*, também aplaudiu, mas acrescentou uma pergunta que deveria interessar a todos nós: "Como foi que isso aconteceu?"[10]

2 "Desafie o status quo que você mesmo criou"

Parte da resposta se encontra na própria determinação de a tentativa inicial ser feita primeiro fora da cidade, o que equivale, no show business, à ideia da oficina de inovação: criar um espaço para experimentar em que os fracassos podem ser instrutivos e recuperáveis. Como Tharp escreve em seu livro *The Creative Habit* [O hábito criativo], "Os melhores fracassos são os privados, que você comete no confinamento de seu quarto, sozinha, sem estranhos olhando. Fracassos privados são ótimos."[11] Concordo: você pode aprender com eles sem ficar constrangido. Mas o segundo melhor tipo de fracasso é aquele que acontece na frente de uma audiência limitada. Se o seu novo espetáculo vai fracassar, é melhor que isso aconteça longe da Broadway, dando a você uma oportunidade de se recuperar antes de chegar ao palco grande.

Estar disposto a falhar é o primeiro passo essencial para aplicar as ideias deste livro na vida diária. Twyla Tharp prova seu ponto de vista de fracassar em particular todos os dias. Levanta-se às cinco da manhã para se exercitar, improvisando sozinha ou — cada vez com mais frequência, enquanto continuava a dançar com seus 50 e 60 anos — com um jovem dançarino, "arranhando", buscando ideias. Ela filma três horas de improvisação e fica contente se consegue encontrar trinta segundos que pode usar. "Como um músico de jazz que improvisa durante uma hora para achar algumas notas interessantes, um coreógrafo procura movimentos interessantes... a inspiração vem em moléculas de movimento, algumas vezes em nanossegundos."[12] O próximo passo é encontrar, sempre que

ADAPTAÇÃO E VOCÊ 309

possível, espaços relativamente seguros nos quais falhar: quando chegou a hora de revelar seu novo trabalho criativo para o público, ela fez isso não diretamente na Broadway — de onde teria sido ainda mais duro se recobrar de uma pane inicial —, mas de uma forma que levasse em conta a possibilidade de o espetáculo não ser tão bom quanto ela deve ter pensado que era.

Num contexto radicalmente diferente, a abordagem de Tharp segue os princípios de Palchinsky: primeiro, tente coisas novas; segundo, tente essas coisas num contexto onde se possa sobreviver ao fracasso. Mas o terceiro e essencial passo final é como reagir ao fracasso, e Tharp evitou várias singularidades do cérebro humano que frequentemente nos impedem de aprender com nossos fracassos e ter mais sucesso.

A primeira dessas idiossincrasias leva à negação. Esse é o motivo pelo qual sir James Crosby demitiu Paul Moore em lugar de aceitar sua crítica válida ao banco; pelo qual Josef Stalin ordenou que Peter Palchinsky fosse morto pela análise correta dos grandes projetos de engenharia soviética; e pelo qual Donald Rumsfeld proibiu seu general mais graduado de usar a palavra "insurgência". Parece ser a coisa mais difícil do mundo admitir que cometemos um erro e tentar consertá-lo. A própria Twyla Tharp tem uma explicação perfeita do porquê: "isso requer que você desafie o status quo que você mesmo criou".[13]

Tharp, que estava com 61 anos na época em que *Movin' Out* fracassou em Chicago, tinha uma reputação impecável e já havia trabalhado com todo mundo: Philip Glass, David Byrne, Milos Forman, Mikhail Baryshnikov. Teria sido fácil para alguém de sua estatura rejeitar inteiramente as críticas, recusar-se a mudar o espetáculo, perder o dinheiro dos investidores e ir para o túmulo convencida de que o mundo não havia compreendido sua obra-prima.

Por que a negação é uma tendência tão natural? Os psicólogos têm um nome para a causa de raiz que se tornou famosa o bastante para muitos não psicólogos reconhecerem o termo: dissonância cognitiva. A dissonância cognitiva descreve a dificuldade da mente em conter dois pensamentos aparentemente contraditórios simultaneamente: no caso de Tharp, "Sou uma coreógrafa capaz, experiente e respeitada" e "Meu último trabalho é um estupidificante clichê". Esse estranho fenômeno foi reconhecido pela primeira vez numa engenhosa experiência de laboratório meio século atrás.[14] Leon Festinger e James Carlsmith pediram aos sujeitos da experiência que desempenhassem uma tarefa tediosa — encher e esvaziar uma bandeja com carretéis, usando apenas uma das mãos durante meia hora. Com algum pretexto que soou plausível, eles, depois, ofereceram a um terço dos sujeitos US$ 1 — uma pequena soma até em 1959, cerca do salário de uma hora — para dizerem ao próximo sujeito da experiência (na verdade uma atriz) como eles tinham se divertido colocando carretéis numa bandeja durante meia hora. Ofereceram a outro terço de seus sujeitos uma soma mais substancial, US$ 20, o salário típico de metade da semana, para fazerem a mesma coisa. O terço remanescente foi direto para o questionário que todos os sujeitos finalmente preencheram, perguntando se haviam se divertido.

Sem que isso surpreendesse, a maioria das pessoas disse que não havia se divertido. Mas houve uma exceção muito estranha: os estudantes a quem tinham solicitado que garantissem ao estranho que estavam se divertindo e que haviam recebido 1 dólar para fazer isso eram mais propensos a dizer aos experimentadores que haviam se divertido. O processo cognitivo inconsciente parece ser: "Com muito pouco incentivo, disse a essa garota que me diverti. Isso está em contradição com a ideia de que não me diverti. Então, acho que me diverti, não é?" Em contraste, aqueles que tinham recebido US$ 20 pareciam mais capazes de separar os eventos em suas mentes: "Ei, se o pagamento é bom, quem não conta uma mentira inocente?"

ADAPTAÇÃO E VOCÊ   311

Em nenhum lugar o poder notável da negação é mais bem ilustrado do que nas reações de alguns advogados quando a prova do DNA se tornou admissível nos tribunais e muitas convicções aparentemente sólidas foram derrubadas. Analise a resposta de Michael McDougal, um promotor do Texas, quando confrontado com a prova de que Roy Criner, um homem condenado por violar e assassinar uma jovem, não era o homem cujo sêmen foi encontrado no corpo da vítima. McDougal aceitou a prova, mas, incrivelmente, rejeitou sua implicação. "Significa que o esperma encontrado no corpo dela não era dele. Não significa que ele não a violentou, não significa que ele não a matou."[15] A juíza-chefe do Tribunal de Apelações do Texas, Sharon Keller, destacou que Criner poderia ter cometido a violação criminosa enquanto usava preservativo.

Tal negação está longe de ser isolada. E se o DNA do sêmen na vítima não combina com o do homem preso, e a vítima tem *8 anos de idade*? Fácil. Talvez ela fosse uma menina de 8 anos sexualmente ativa. Ou talvez a irmã de 11 anos fosse sexualmente ativa e usasse as calcinhas da irmã de 8 anos. Ou talvez o pai das crianças tivesse se masturbado com as calcinhas delas. Ou talvez o homem preso fosse uma quimera biológica com duas estruturas diferentes de DNA (existem apenas trinta registros de casos como esse na história da medicina). Cada uma dessas hipóteses — e mais — foi apresentada por Michael McGrath, então promotor-geral de Montana, após um homem chamado Jimmy Ray Bromgard ter anulada a sua prisão por violar uma menina depois que a prova do DNA mostrou que ele era inocente. Bromgard havia passado 15 anos na prisão.[16]

Para um promotor, a ideia de ter condenado o homem errado é perturbadora. Como comenta o psicólogo social Richard Ofshe, "é um dos piores erros profissionais que se pode cometer — como um médico que amputa o braço errado".[17] Naturalmente, o modo correto de resolver a contradição evidente é acreditar: "Sou uma boa pessoa e um promotor experiente, mas, apesar disso, cometi um engano." Para a mente humana, aparentemente incapaz de compreender "Eu estava mentindo quando disse que me diverti alinhando carretéis", isso pode ser pedir demais. Para Tharp, que disse de sua estreia "Não me promovo como estrela. Sempre me vi como uma estrela: eu queria ser uma galáxia",[18] a tensão entre "Sou uma estrela" e "Meu novo trabalho é risível" deve ter sido particularmente tentadora de reprimir.

A segunda armadilha que nossas mentes montam para nós é que perseguimos nossas perdas na tentativa de fazê-las desaparecer. Lembre-se de Frank, o concorrente sem sorte de *Deal or no Deal*: tendo descartado a caixa que continha meio milhão de euros, foi adiante para rejeitar ofertas ainda mais razoáveis do banqueiro até terminar com quase nada. Tudo isso porque, para citar os psicólogos Kahneman e Tversky, "ele não havia feito as pazes com as suas perdas".

Fazer as pazes com as nossas perdas pode ser insuportavelmente difícil — até para Twyla Tharp. Em 1965, ela se relacionava com o artista Bob Huot. Ele queria casar-se e ter filhos, ela queria concentrar-se em sua dança. Quando ficou grávida, suportou um horrível aborto de ruela sem anestesia antes de ser abandonada pelos abortadores, sangrando profusamente, no saguão de uma sorveteria em Nova Jersey. Como escreve Tharp em sua biografia: "Aquela experiência permaneceu intensamente dolorosa, uma das poucas que me levam a perguntar se minhas aspirações artísticas e profissionais realmente valeram a pena."[19]

Agora vem o momento de perseguir a perda: Tharp casou-se com Bob Huot. Apenas em retrospecto ela identificou sua motivação na época: "Bob e eu havíamos perdido um bebê; o casamento provaria nosso amor e nos fortaleceria novamente."[20]

O casamento durou apenas quatro anos.

ADAPTAÇÃO E VOCÊ 313

Três décadas depois, Tharp não perseguiu suas perdas. Deve ter sido tentador insistir na visão original para *Movin' Out*, iludindo-se com o pensamento de que os críticos de Nova York poderiam mostrar mais discernimento ou que as audiências de Nova York gostariam mais do espetáculo. Em vez disso, fez as pazes com suas perdas e imediatamente começou o duro trabalho de conquistar de volta os críticos e os públicos.

O perigo final que Tharp evitou foi o que poderíamos chamar de "edição hedônica", tomando emprestado um termo cunhado por Richard Thaler, o economista comportamental por trás do livro *Nudge: O empurrão para a escolha certa*. Enquanto a negação é o processo de recusar-se a reconhecer um erro e a perseguição da perda é o processo de causar mais dano ao tentar apressadamente apagar o erro, a edição hedônica é um processo mais sutil de nos convencer que o erro não importa.

Um jeito de fazer isso é juntar perdas e ganhos, como uma criança que tenha de comer alguma comida saudável de que não gosta, misturando a comida com alguma coisa mais saborosa até que a confusão se torna palatável, mas irreconhecível. Pense naquela confiável ferramenta de vida profissional — na verdade, de toda a vida — do "sanduíche de elogio". O sanduíche de elogio é uma crítica imprensada entre duas fatias deliciosas de elogio: "Acho que esse trabalho está excelente. Ficaria ótimo se você pudesse [feedback importante aqui]. Mas, no geral, é um excelente trabalho." É uma boa maneira de evitar afastar todos que trabalham com você, mas a crítica ensanduichada entre elogios pode perder-se num conjunto maior. Você diz: "Está excelente, mas você precisa corrigir..."; eu ouço: "Está excelente no geral." Sinto-me melhor, mas não me tornarei melhor.

Um processo psicológico diferente, mas com efeito similar em nossa habilidade para aprender com nossos erros, é simplesmente reinterpretar nossos fracassos como sucessos. Nós nos persuadimos de que o que fizemos não estava tão ruim; na verdade, tudo aconteceu para o melhor. Twyla Tharp poderia ter decidido que, na realidade, o que ela iniciara era algo artisticamente radical em lugar de comercialmente voltado para o grande público, e, daí, a incompreensão dos críticos seria, de certa forma, uma convalidação; ela poderia ter descoberto alguns poucos membros do público que haviam gostado e se convencer de que deveria dar mais peso aos pontos de vista dessa clientela criteriosa.

O modo como essa tendência está profundamente enraizada no cérebro humano foi demonstrado por uma equipe de pesquisadores que incluía o psicólogo Daniel Gilbert. Os pesquisadores mostraram aos sujeitos de sua experiência um conjunto de seis pinturas de Claude Monet — os lírios, as Casas do Parlamento ao pôr do sol, os montes de feno e outras — e pediram a eles que ordenassem as imagens colocando em primeiro lugar aquela de que tivessem gostado mais e por último a de que gostassem menos. Os pesquisadores então ofereceram aos sujeitos da experiência uma escolha entre duas imagens que "acabavam de descobrir" que haviam sobrado, e as sobras eram sempre o par colocado no meio — número três e número quatro. Naturalmente, o sujeito escolhia em geral a imagem número três, pois acabava de dizer que a preferia à de número quatro.[21]

Os pesquisadores voltavam mais tarde com o mesmo conjunto de seis imagens e pediam aos sujeitos para reordená-las de um a seis. A ordem mudava: a imagem que os sujeitos haviam escolhido antes agora vinha em primeiro ou segundo lugar; mais surpreendentemente, a imagem que haviam rejeitado ia para o quinto ou sexto lugar. Como brinca Gilbert, esta é a "felicidade sendo sintetizada... 'A que escolhi é realmente melhor do que pensei! A que eu não escolhi é uma droga!'"[22] Normalmente, reinterpretamos nossa decisão passada como sendo melhor do que realmente foi.

ADAPTAÇÃO E VOCÊ 315

Isso pode soar de forma muito surpreendente, mas psicólogos de fato têm observado e mensurado essa tendência na última metade de século. O que verdadeiramente espanta é que os sujeitos da experiência neste caso eram pessoas com amnésia anterógrada severa — ou seja, pessoas completamente incapazes de formar novas memórias. Gilbert e seus colegas não voltaram semanas ou meses mais tarde, mas trinta minutos depois, tempo no qual os infelizes sujeitos haviam esquecido tudo. Eles não tinham absolutamente lembrança alguma de já ter visto imagens de Monet, e ainda assim mostravam forte preferência pela imagem anteriormente escolhida, mesmo sem ter nenhum conhecimento consciente de que haviam escolhido aquela. Nossa capacidade de reinterpretar nossas decisões passadas como tendo funcionado brilhantemente é muito profunda.

Estes, então, são os três obstáculos para dar atenção àquele velho conselho, "aprenda com seus erros": *negação*, porque não podemos separar nosso erro do senso de valor próprio; *comportamento autodestrutivo*, porque, como Frank, o concorrente do programa de televisão, ou Twyla Tharp, quando se casou com Bob Huot, fazemos um acordo com nossas perdas tentando compensá-las; e *os processos róseos* delineados por Daniel Gilbert e Richard Thaler, em que lembramos erros passados como triunfos ou misturamos nossos fracassos com nossos sucessos. Como podemos superar isso?

3 "Você sabe que eles têm razão"

Fazer coisas tolas numa tentativa de "corrigir o passado", como casar-se com o homem cujo bebê você acabou de abortar, não é de forma alguma incomum. É parte de ser humano. Fora do comum foi a habilidade resoluta revelada por Tharp em sua autobiografia de analisar seus motivos, aprender com eles e tornar-se uma pessoa mais forte.

Algumas pessoas parecem naturalmente melhores nisso do que outras. Archie Cochrane nunca parece ter feito nada sem antes perguntar a si mesmo o que aconteceria se estivesse enganado e se haveria alguma maneira de pôr à prova seu curso de ação. Outros têm que aprender a se questionar. David Petraeus ficou famoso como oficial jovem por ser sempre incapaz de admitir que estava errado. Seu mentor, Jack Galvin, ensinou a Petraeus que todos são falíveis.[23]

Se, como Tharp ou Petraeus, achamos que a insegurança é uma habilidade que devemos adquirir, como deveríamos fazer isso? Jack Galvin ordenou a Petraeus que agisse como seu próprio crítico particular — útil por suas próprias virtudes, mas também uma lição para o jovem soldado. Petraeus mais tarde procurou vozes discordantes enquanto preparava seu manual de contrainsurgência. Nem todos acham isso tão fácil: Donald Rumsfeld e sir James Crosby suprimiam o dissenso, mas sofreram por isso no final. Precisamos de informantes em nossas vidas para nos advertir sobre os "erros latentes" que cometemos e que estão só esperando para nos pegar com a mão na massa. Em resumo, todos precisamos de um crítico, e, para a maioria de nós, o crítico interno não está nem perto de ser franco o bastante. Precisamos de alguém que possa nos ajudar a segurar aqueles dois pensamentos que se acotovelam um ao outro: *Eu não sou um fracasso — mas cometi um engano.*

Precisamos daquilo que Twyla Tharp chama de "esquadrão de convalidação": amigos e conhecidos que vão apoiá-lo, mas também que vão dizer o que acontece com todas as letras. Bons amigos vão animá-lo — e isso é uma coisa de que todos nós necessitamos de vez em quando, alguns mais, outros menos —, mas nem todos os amigos lhe dirão quando você cometeu um

ADAPTAÇÃO E VOCÊ

erro. Na manhã seguinte à estreia de *Movin' Out* em Chicago, Tharp tomou o café da manhã com sua velha colaboradora, a iluminadora Jennifer Tipton. Tipton desafiara Tharp quando trabalhavam juntas no primeiro balé de Tharp, *Tank Dive* [Tanque de mergulho], em 1965, e Tharp sabia que não seria tratada com luvas de pelica por sua velha amiga e colega. Elas se sentaram juntas e leram as críticas abrasadoras. O café da manhã não foi um sanduíche de elogios: "Ela não tentou me consolar, e disse: 'Você sabe que eles têm razão.'"[24]

O "esquadrão de convalidação" de Tharp incluía seu filho Jesse, que, metodicamente, peneirava as críticas negativas, observando semelhanças e avaliando para ela quando sentia que a crítica era acurada. Tharp explicou que Jesse "tirava o veneno, concentrando-se na substância das críticas", mas esse é um comentário revelador, porque, se você lê as primeiras críticas de *Movin' Out*, não há veneno. As críticas são ásperas, mas justas.[25] Não há zombaria ou crítica pessoal a Tharp, nenhum sentido de interesse pessoal. Algumas críticas são muito específicas sobre o que precisava ser consertado. Quando Jesse entrou para proteger a mãe dos críticos, não foi porque estes eram maliciosos ou maus. Não eram; eles diziam a verdade. Mas, para um ser humano, a verdade pode ser muito venenosa.

As qualificações de Tharp para alguém estar no esquadrão são facilmente afirmadas, embora um pouco menos facilmente preenchidas: "Tudo de que você precisa são pessoas com bom julgamento em outros setores de suas próprias vidas e que se preocupam com você e dão sua opinião honesta sem restrições."[26]

Um dos méritos subvalorizados do mercado é que ele supre a maioria dos elementos do esquadrão de convalidação. Os clientes de um empreendedor têm bom julgamento acerca de seu melhor interesse e, ao comprar o que ele tem para vender — ou recusar-se a comprar —, estão dando uma opinião honesta sem limitações. É verdade que o mercado "não se importa com você", mas há uma coisa muito significativa, apesar disso, acerca de fazer uma compra — em outras palavras, receber a aprovação de um completo estranho. Talvez seja essa uma das razões pelas quais pesquisadores acham que as pessoas que trabalham por conta própria tendem a ser mais felizes do que as que são empregadas regularmente: elas recebem aprovação implícita do que fazem toda vez que alguém paga sua fatura, enquanto as pessoas com empregos regulares tendem a receber feedback que tanto é menos frequente quanto menos significativo.[27]

Como vimos ao longo deste livro, quando um teste de mercado não está disponível ou não é apropriado, precisamos descobrir outros meios de testar nossas ideias: os "mapas de calor" de estresse financeiro, de Andrew Haldane; os elaborados exercícios de interpretação de papéis numa Bagdá virtual em Fort Carson, Colorado, de H.R. McMaster; os engenhosos experimentos dos randomistas na luta contra a pobreza. Para os nossos próprios projetos, não existem mapas de calor, nem testes duplos-cegos randomizados. Existe às vezes a possibilidade de sermos nosso próprio esquadrão de convalidação: como escritor, descobri que o processo simples de pôr um capítulo de lado durante algumas semanas me ajuda a "soltá-lo"; eu o leio com novos olhos e localizo falhas com muito mais facilidade. Pessoas que apresentam espetáculos descobrem frequentemente que filmar o desempenho e observá-lo mais tarde lhes dá o necessário distanciamento, uma distância que tem duas facetas: a distância no tempo permite que você aplique a perspectiva de uma terceira pessoa a você mesmo, e o filme ou o documento provê um registro objetivo de realizações passadas; a memória sozinha não é suficiente. Mas isso tem seus limites. O conselho honesto dos outros é melhor.

Qualquer biólogo evolucionário sabe como o sucesso emerge do fracasso na natureza: mutações incessantemente geradas ao acaso em organismos delicados descartam a grande maioria das mutações que tornam aqueles organismos piores e preservam as poucas que os tornam melhores. Faça bastante disso, e milagres aparentes emergem. Quando se tem três meses para realizar o milagre aparente de transformar um fracasso em Chicago num triunfo na Broadway, não é necessário um processo seletivo tão extraordinariamente desperdiçador, e eis por que o "esquadrão de convalidação" de Twyla Tharp era vital. Não se tratava de torcer de fora do campo de jogo; tratava-se de ajudá-la a decidir o que ficava e o que precisava ser mudado. Ela já fizera seu próprio e impiedoso exame de suas improvisações privadas, mas era necessário mais do que isso. A quantidade de novas ideias que não funcionam é tão grande que um bom mecanismo de seleção é indispensável, e um bom esquadrão de convalidação é um editor muito melhor de nossa própria experiência do que nós jamais seremos.

4 Criando nossos próprios espaços seguros para experimentos

John Kay, cujo livro *The Truth about Markets* [A verdade sobre os mercados] tem uma profunda influência sobre este livro, usa o termo "pluralismo disciplinado" para descrever como os mercados funcionam: explorando muitas ideias novas, mas cortando impiedosamente as que vão fracassar, sejam novas em folha ou tenham séculos de existência. Mas, embora Kay não faça essa afirmação, "pluralismo disciplinado" também poderia ser um credo para uma vida bem-sucedida e satisfatória.

O pluralismo importa porque a vida não vale a pena ser vivida sem novas experiências — novas pessoas, novos lugares, novos desafios. Mas a disciplina importa também: não podemos tratar a vida simplesmente como uma viagem psicodélica através de uma série de novas sensações ao acaso. Devemos às vezes nos empenhar no que funciona: decidir que o hobby que perseguimos vale a pena dominar; que é tempo de escrever aquele romance ou lutar por aquela diplomação num curso noturno; ou, talvez, casar-nos. Igualmente importante: às vezes precisamos fazer o tipo oposto de empenho e decidir que o emprego ruim ou o namorado errado simplesmente não valem o custo que cobram em nossa vida.

Lembre-se da metáfora do cenário de aptidão utilizada no capítulo 1, uma vasta e mutante geografia que consiste em valas de fracasso e picos de sucesso. A evolução explora essa paisagem com a mistura feliz de grandes saltos e passos pequenos. Os grandes saltos em geral terminam no fundo de algum abismo, mas, às vezes, acabam nos contrafortes de uma variedade de montanhas totalmente novas. Os pequenos passos em geral levam para cima mais do que para baixo, mas talvez ao topo de um montinho.

Na vida, tendemos a notar e idolatrar aqueles que dão os grandes saltos: a enfermeira aposentada que se apresenta como voluntária para os Médicos sem Fronteiras e é designada para o Congo; o colega de cubículo que vende tudo para comprar uma pequena fazenda de oliveiras na Sardenha rural. Nas artes criativas, da mesma forma, celebramos os momentos decisivos depois dos quais nada é o mesmo novamente — *Ulisses*, de Joyce, *Guernica*, de Picasso, *The Love Song of J. Alfred Prufrock*, de Eliot, ou, naturalmente, *Sgt. Pepper's Lonely Hearts Club Band*, dos Beatles. O economista David Galenson dá uma perspectiva diferente. Galenson estuda o ciclo criativo da vida, reunindo dados sobre quando artistas, arquitetos, poetas, compositores e outros produzem seus trabalhos definitivos. Ele descobriu muitos exemplos que confirmam nossa tendência natural a fundir o jovem talento precoce e o gênio criativo, mas oferece igualmente muitos contraexemplos. Para cada artista que dá impressionantes saltos conceituais — um Picasso, um T.S. Eliot — há muitos experimen-

ADAPTAÇÃO E VOCÊ 321

talistas tentativos como Piet Mondrian ou Robert Frost. Muitos dos mais antológicos poemas de Frost foram escritos quando ele tinha mais de cinquenta anos; o maior trabalho de Mondrian foi pintado com 71 anos de idade. Galenson argumenta convincentemente que isso aconteceu porque vagarosa, mas firmemente, eles aperfeiçoavam sua destreza, subindo uma única montanha de realização, enquanto Picasso (ou Orson Welles, ou Jasper Johns, ou Bob Dylan) pulava de um ponto alto para outro.[28]

Sejam quais forem nossos empenhos pessoais, para a maioria de nós vale a pena combinar as duas abordagens. Todos conhecemos alguém que vaga em torno dos níveis mais baixos de várias cadeias de montanhas, fascinado pela novidade de tudo, mas sempre disperso ou desestimulado antes de subir além do sopé das montanhas, e alguém que passa anos trabalhando para alcançar o cume da primeira montanha insípida com a qual cruza. É um equilíbrio difícil de alcançar.

Para muitas pessoas, é na universidade que se dão os grandes saltos — espaço relativamente seguro e tempo apropriado para experimentar: com sexo, com novas ideias, com sua própria identidade. Pode existir um mundo mais excitante de oportunidades sem limite do que os dias de clube e de sociedades, onde novos estudantes podem inscrever-se na Industrial Society, na Libertarian Society, no Live-Roleplaying club, na Baha'i association ou até na Poohsticks Society? E o tempo todo sabem que, enquanto não levarem o sexo, a política estudantil ou os Poohsticks longe demais, eles se graduarão depois de aprender um bocado e adquirir uma qualificação valiosa. A experimentação não fica muito mais segura que isso.

Nosso primeiro emprego, em contraste, envolve sentar-se próximo a um grupo específico de colegas, aprender um conjunto particular de habilidades e embarcar no caminho de uma carreira específica. Em lugar de abrir novas opções, as primeiras semanas num novo trabalho fecham todas elas e concentram o foco. Apesar de todas as aparentes similaridades com a situação de iniciar na universidade — novos amigos, novas cidades, novas habilidades —, a situação é fundamentalmente diferente. Talvez não seja coincidência que o Google, a mais admirada e invejada das companhias, conscienciosamente procure se automodelar como a experimentação livre da vida que se encontra no período de graduação numa faculdade de Stanford.

Mas a maioria das empresas não é o Google. A excitação que tantos estudantes sentem ao chegar à universidade — um mundo de possibilidades, de experimentos seguros — tendemos a perder. Mas não precisamos perder: as novas possibilidades estão lá fora. Uma coisa é empenhar-nos; outra é entrarmos numa armadilha sem necessidade. Talvez fiquemos mais tímidos na experimentação à medida que envelhecemos porque nos tornamos mais conscientes da verdade que definiu este livro: que, num mundo complexo, é improvável que acertemos da primeira vez. Abraçar a ideia de adaptar-se na vida diária parece ser aceitar tropeçar num processo de incessante fracasso. Então, vale a pena lembrar uma vez mais *por que* vale a pena experimentar, mesmo que muitos experimentos terminem, na verdade, em fracasso. É porque o processo de corrigir os erros pode ser mais libertador do que os próprios erros serem esmagadores, apesar de, naquele momento, pensarmos com tanta frequência que o oposto é verdade. É porque um simples experimento bem-sucedido pode tornar-se o Spitfire de Reginald Mitchell ou a estratégia de contrainsurgência de H.R. McMaster no Iraque. Um único experimento bem-sucedido pode transformar nossas vidas para melhor de uma forma que um experimento fracassado não transformará nossas vidas para pior — sempre que não nos engajarmos na negação ou na perseguição da perda. O prêmio Tony de Twyla Tharp é testemunho da importância de arriscar alguma coisa nova e de adaptar até que tenha sucesso.

ADAPTAÇÃO E VOCÊ

Experimentar pode ser um processo assustador. Estamos constantemente cometendo enganos sem saber se estamos no caminho certo. Kathryn Schulz, em seu elegante livro, *Being Wrong* [*Por que erramos?*], descreve o estado de profunda incerteza quando sentimos que estamos errados a respeito de alguma crença fundamental.[29] Ela compara isso a ser um bebê perdido no coração de Manhattan. Mas experimentar não precisa ser assim. No mesmo dia em que li as palavras de Schulz, minha filha de 3 anos perdeu-se no centro de Londres — na South Bank, um lugar livre de automóveis e que é, de outra maneira, tão perturbador como Times Square. E aquilo não a incomodou em absoluto: ela saiu pela porta de um café e começou a brincar de esconde-esconde. Testemunhas disseram à sua família cada vez mais desesperada que ela havia saracoteado ao longo da margem do Tâmisa, brincado nos sinais de trânsito, escondendo-se atrás de cercas, dançando e explorando um espaço que achou delicioso. Durante os dez minutos nos quais esteve perdida, parece que ela se sentia absolutamente segura de que encontraria sua família ou de que sua família a encontraria.

A habilidade para adaptar-se requer um senso de segurança, uma confiança interna de que o custo do fracasso é um custo que seremos capazes de suportar. Algumas vezes requer coragem verdadeira; outras vezes, tudo o que é necessário é um feliz autoengano de uma menina de 3 anos perdida. Seja qual for a fonte, precisamos de disposição para arriscar fracassar. Sem isso, nunca seremos verdadeiramente bem-sucedidos.

Agradecimentos

"Escreva bêbado. Edite sóbrio."

— Atribuído a Ernest Hemingway

"Tente. Fracasse. Não importa: tente de novo. Fracasse de novo. Fracasse melhor."

— Samuel Beckett[1]

Meu próprio experimento mais bem-sucedido foi escrever um livro chamado *The Undercover Economist*. Um amigo, David Bodanis, me disse que eu deveria tirar algum tempo de folga para escrever em vez de gastar cinco dias por semana trabalhando para uma companhia de petróleo — em outras palavras, pluralismo. Quando o projeto empacou e eu estava planejando fazer algo totalmente diferente, um segundo amigo, Paul Domjan, me convenceu a abandonar os outros planos e terminar o que havia começado — isso é disciplina. Um terceiro amigo, Andrew Wright, leu cada página diversas vezes, dizendo-me o que estava ou não funcionando. Não pensei neles como o "esquadrão de validação", mas eles o foram e são. Toda a minha segunda carreira como escritor teria sido impossível sem eles. Obrigado.

O livro que você tem agora nas mãos levou muitos anos para ser escrito, muita tentativa e erro, e uma grande dose de ajuda. Sou particularmente grato àqueles que leram partes deste livro no rascunho e fizeram comentários: David Bodanis, Duncan Cromarty, Mark Henstridge, Diana Jackson, Sandie Kanthal, John Kay, David Klemperer, Paul Klemperer, Richard Knight, Andrew Mackay, Fran Monks, Dave Morris, Roz Morris, Martin Sandbu e Tim Savin.

Também sou imensamente grato aos meus colegas no *Financial Times* e à equipe de *More or Less* na BBC, em particular: Lionel Barber, Dan Bogler e Lisa MacLeod por sua paciência enquanto eu trabalhava no livro; meus colegas da equipe de editorial; Sue Norris, Sue Matthias, Andy Davis e Caroline Daniel na *FT Magazine*; Peter Cheek e Bhavna Patel da biblioteca do *FT*; a "faculdade econômica" do *FT*, Chris Cook, Chris Giles, Robin Harding, Martin Sandbu e Martin Wolf; e na BBC, Richard Knight e Richard Vadon.

Um grande número de pessoas fez a gentileza de concordar em ser entrevistado ou simplesmente fazer sugestões ou comentários breves. Também me baseei no relato de outros escritores, a quem espero ter agradecido apropriadamente nas notas, mas a quem quero agradecer aqui, onde a dívida é particularmente grande. Sem implicá-los de forma alguma no livro que resultou, sou grato a:

Capítulo 1: Thomas Thwaites, Eric Beinhocker, Philip Tetlock, John Kay, Paul Ormerod, Donald Green, Michele Belot, Richard Thaler, David Halpern, Matthew Taylor e Jonah Lehrer.

Capítulo 2: H.R. McMaster, Andrew Mackay, John Nagl, George Feese, Dennis DuTray, Jacob Shapiro, Steve Fidler, Toby Dodge e Adrian Harford.

Capítulo 3: Will Whitehorn, Paul Shawcross, Richard Branson, Suzanne Scotchmer, David Rooney, Steven B. Johnson, Alex Tabarrok, Bob Weiss, Owen Barder, Robin Hanson, Jani Niipola e Ruth Levine.

Capítulo 4: William Easterly, Owen Barder, Jeffrey Sachs, Michael Clemens, Edward Miguel, Sandra Sequeira, Esther Duflo, John McArthur, Ben Goldacre, sir Iain Chalmers, Gabriel Demombynes, Michael Klein, Macartan Humphreys, Daron Acemoglu,

AGRADECIMENTOS 327

Dean Karlan, Chris Blattman, Joshua Angrist, Jonathan Zinman, Clare Lockhart, Mark Henstridge, César Hidalgo, Bailey Klinger, Ricardo Hausmann e Paul Romer.

Capítulo 5: Gabrielle Walker, David King, James Cameron, Cameron Hepburn, Mark Williamson, Euan Murray, Justin Rowlatt, David MacKay, Tim Crozier-Cole, Geoffrey Palmer e Prashant Vaze.

Capítulo 6: Sophy Harford, James Reason, Charles Perrow, Gillian Tett, Philippe Jamet, Ed Crooks, Steve Mitchelhill, Peter Higginson, Andrew Haldane, Martin Wolf, Raghuram Rajan, Jeremy Bulow e Paul Klemperer.

Capítulo 7: Sandie Kanthal e Peter Higginson.

Capítulo 8: Richard Wiseman.

Embora não os tenha entrevistado para este livro, apoiei-me bastante, em certos trechos, nos escritos ou nas opiniões, transmitidas em programas de rádio ou televisão, das seguintes pessoas: Loren Graham, Thomas Ricks, David Cloud, Greg Jaffe, George Packer, Leo McKinstry, Dava Sobel, Ian Parker, Sebastian Mallaby, Andrew Ross Sorkin, Jennifer Hughes, Gary Hamel, Peter Day, Michael Buerk, Twyla Tharp e Kathryn Schulz. Estou em dívida com eles.

Também estou em dívida, pela excelente assistência em pesquisa, com Elizabeth Baldwin, Kelly Chen, Bob Denham e Cosmina Dorobantu.

Meus editores, Eric Chinski, Iain Hunt, Tim Rostron e Tim Whiting, me incentivaram muito. Assim como meus agentes, Sally Holloway e Zoe Pagnamenta. E, como sempre, fico maravilhado com a habilidade misteriosa de Andrew Wright de prover apoio incondicional e críticas penetrantes.

Acima de tudo, obrigado a Fran, Stella e Africa por tolerar um marido e um pai ausente por tanto tempo. Amo todas vocês.

Londres, janeiro de 2011

Notas

1. Adaptando

1. Friedrich Von Hayek, *The Fatal Conceit* (Chicago: University of Chicago Press, 1991).
2. http://www.toaster.org/1900.php.
3. Entrevista por telefone com Thomas Thwaites, 30 de junho de 2009.
4. Eric Beinhocker, *The Origin of Wealth* (Londres: Random House, 2007), p. 9.
5. Barack Obama, "Discurso no Jantar de Correspondentes da Casa Branca, 2009". Disponível em: http://politicalhumour.about.com/od/barackobama/a/obama-white-house-correspondents-transcript_2.htm.
6. Beinhocker, *The Origin of Wealth*, p. 9.
7. Philip E. Tetlock, *Expert Political Judgement* (Nova York: Princeton University Press, 2005).
8. Louis Menand, "Everybody's an Expert", *New Yorker*, 5 de dezembro de 2005.
9. *Business Week*: "Oops! Who's Excellent Now?", 5 de novembro de 1984; Christopher Lorenz, "'Excellence' Takes a Knock", *Financial Times*, 1º de novembro de 1984.
10. Leslie Hannah, "Marshall's 'Trees' and the Global 'Forest': Were 'Giant Redwoods' Different?", em N. Lamoreaux, D. Raff e P. Temin (eds), *Learning by Doing in Markets, Firms and Countries* (Londres: University of Chicago Press, 1999).
11. FT Global 500, 2008. Disponível em: http://media.ft.com/cms/8aa8acb8-4142-11dd-9661-0000779fd2acpdf.
12. Paul Ormerod, *Why Most Things Fail* (Londres: Faber and Faber, 2005), p. 12.

13. Ormerod, *Why Most Things Fail*, p. 15.
14. Tom Scocca, "The First Printed Books Came with a Question: What Do You Do with These Things?", *Boston Globe*, 29 de agosto de 2010. Disponível em: http://www.boston.com/bostonglobe/ideas/articles/2010/08/29/cover_story/?page=full.
15. Ormerod, *Why Most Things Fail*, p. ix.
16. Beinhocker, *The Origin of Wealth*, p. 333.
17. John Kay, *The Truth about Markets* (Londres: Penguin Allen Lane, 2003), pp. 101-103.
18. http://www.toaster.org/museum.html.
19. Não há escassez de relatos populares sobre evolução. Eu me baseei aqui no excelente sumário de Eric Beinhocker em *The Origin of Wealth*.
20. Ver Karl Sims, "Evolving Virtual Creatures' Computer Graphics", *Siggraph '94 Proceedings*, julho de 1994, pp. 15-22. Disponível em: http://www.karlsims.com/papers/siggraph94.pdf. Vídeos disponíveis em: http://www.karlsims.com/evolved-virtual-creatures.html.
21. Beinhocker em *The Origin of Wealth*, cap. 9.
22. Ormerod, *Why Most Things Fail*, caps. 9 e 10.
23. Ormerod, *Why Most Things Fail*, cap. 11; e Paul Ormerod e Bridget Rosewell, "How Much Can Firms Know?" Working Paper, fevereiro de 2004. Disponível em: http://www.paulormerod.com/pdf/intent-6mar03.pdf.
24. Malcom McMillan, da Universidade de Deacon, tem uma coleção de informações sobre Gage. Disponível em: http://www.deakin.edu.au/hmnbs/psychology/gagepage/.
25. Loren Graham, *The Ghost of the Executed Engineer: Technology and the Fall of the Soviet Union* (Cambridge, MA: Harvard University Press, 1993), pp. 51-5.
26. *The Ghost of the Executed Engineer*, p. 69.
27. Kotkin, *Steeltown URSS* (Berkeley: University of California Press, 1991), p. 254.
28. Graham, *The Ghost of the Executed Engineer*, p. 75.
29. Graham, *The Ghost of the Executed Engineer*, p. 46.
30. Andy Warhol, *The Philosophy of Andy Warhol* (Nova York: Harcourt, 1975), p. 100.

NOTAS   **331**

31. Tim Harford, "How a Celebrity Chef Turned into a Social Scientist", *Financial Times*, 7 de novembro de 2009. Disponível em: http://timharford.com/2009/11/how-a-celebrity-chef-turned-into-a-social-scientist/; e Michele Belot e Jonathan James, "Healthy School Meals and Educational Achievements", Nuffield College Working Paper. Disponível em: http://cess-wb.nuff.ox.ac.uk/downloads/schoolmeals.pdf.

32. Ver James Surowiecki, *The Wisdom of Crowds* (Londres: Abacus, 2005), pp. 253-4. Surowiecki refere-se a dois estudos que chegam a essa conclusão de senso comum, mas não fui capaz de descobrir uma citação precisa.

33. Mancur Olson, *Power and Prosperity* (Nova York: Basic Books, 2000), pp. 138-9.

34. Tim Harford, "The Poker Machine", *Financial Times*, 6 de maio de 2006. Disponível em: http://timharford.com/2006/05/the-poker-machine/; eTim Harford, *The Logic of Life* (Nova York: Random House, 2008).

35. Gary Smith, Michael Levere e Robert Kurtzman, "Poker Player Behavior after Big Wins and Big Losses", *Management Science*, vol. 55, n° 9 (setembro 2009), pp. 1547-55.

36. Daniel Kahneman e Amos Tversky, "Prospect Theory: An Analysis of Decision under Risk", *Econometrica*, vol. 47, n° 2 (1979), p. 287.

37. Thierry Post, Martijn J. Van den Assem, Guido Baltussen e Richard H. Thaler, "Deal or No Deal? Decision Making under Risk in a Large-Payoff Game Show", *American Economic Review*, vol. 98, n° 1 (março de 2008). Disponível em: http://ssrn.com/abstract=636508. Tendo escrito sobre a pesquisa de Thaler antes e até apresentado um documentário no rádio sobre o programa, estou em dívida com Jonah Lehrer e seu livro *How We Decide* (Boston, MA: Houghton Mifflin Harcourt, 2009) por enfatizar como esse resultado é realmente espantoso.

38. Terrance Odean, "Are Investors Reluctant to Realize Their Losses?", *Journal of Finance*, vol. 53, n° 5 (outubro de 1998), pp. 1775-98. Disponível em: http://faculty.haas.berkeley.edu/odean/Papers%20current%20versions/AreInvestorsReluctant.pdf.

2. Conflito ou: como as organizações aprendem

1. George Packer: "The Lesson of Tal Afar", *The New Yorker*, 10 de abril de 2006.
2. David Petraeus, entrevista a *The Washington Post*, 9 de fevereiro de 2010, http://views.washingtonpost.com/leadership/panelists/2010/02/transcript-gen-petraeus.html.
3. Thomas Ricks, *The Gamble* (Nova York: The Penguin Press, 2009), pp. 3-6.
4. "A hard look at Haditha", *New York Times*, 4 de junho de 2006, http://www.nytimes.com/2006/06/04/opinion/04sun1.html.
5. Mark Oliver, "Haditha marine 'watched superior kill surrendering civilians'". *Guardian*, 10 de maio de 2007.
6. "Collateral damage or civilian massacre in Haditha?" *Time Magazine*, 19 de março de 2006, http://www.time.com/time/magazine/article/0,9171,1174682,00.html.
7. Ricks, *The Gamble*, pp. 3-6.
8. Ricks, *The Gamble*, capítulo 2, e George Packer, "The Lesson of Tal Afar".
9. Transcrição de coletiva à imprensa, Secretário da Defesa Donald H. Rumsfeld e o presidente do Estado-Maior Conjunto, gen. Peter Pace, 29 de novembro de 2005, http://www.defense.gov/transcripts/transcript.aspx?transcriptid=1492.
10. Packer, "The Lesson of Tal Afar".
11. Eric Schmitt, "Pentagon contradicts General on Iraq occupation force's size", *New York Times*, 28 de fevereiro de 2003, http://www.nytimes.com/2003/02/28/politics/28COST.html?th e Tom Shanker, "New strategy vindicates ex-Army Chief Shinseki", *New York Times*, 12 de janeiro de 2007, http://www.nytimes.com/2007/01/12/washinton/12shinseki.html?_r=1.
12. Cloud & Jaffe, *The Fourth Star*, pp. 27-34 e 84-7.
13. Cloud & Jaffe, *The Fourth Star*, pp. 113-14.
14. Ricks, *The Gamble*, pp. 16-17.
15. H.R. McMaster, *Dereliction of Duty* (Harper, 1977), p. 52.
16. McMaster, *Dereliction of Duty*, pp. 88-9.

NOTAS

17. McMaster, *Dereliction of Duty*, pp. 60, 109.
18. S.E. Asch, "Effects of group pressure upon the modification and distortion of judgement", em H. Guetzkow (ed.), *Groups, Leadership and Men* (Pittsburgh, PA: Carnegie Press, 1951).
19. S.E. Asch, "Opinions and social pressure", *Scientific American*, 193 (1955), pp. 31-5.
20. Vernon L. Allen & John M. Levine, "Social support and conformity: the role of independent assessment of reality", *Journal of Experimental Social Psychology*, vol. 7 (1) (jan. 1971), pp. 48-58.
21. Lu Hong & Scott E. Page, "Groups of diverse problem solvers can outperform groups of high-ability problem solvers", *Proceedings of the National Academy of Sciences*, vol. 101, n° 46, 16 de novembro de 2004, pp. 16385-9, http://www.cscs.umich.edu/~spage/pnas.pdf.
22. McMaster, *Dereliction of Duty*, pp. 89-91.
23. McMaster, *Dereliction of Duty*, p. 324.
24. Para esta parte me apoiei grandemente no abrangente texto de George Packer, "The Lesson of Tal Afar". Outras fontes incluem Ricks, *The Gamble*; Cloud & Jaffe, *The Fourth Star*; e minhas outras entrevistas com H.R. McMaster em março e agosto de 2009.
25. Veja Packer, "The Lesson of Tal Afar"; também Jim Garamone, "'Head Fobbit' works for quality of life at forward operating base", *Armed Forces Press Service*, http://www.defense.gov/news/newsarticle. aspx?id=18520.
26. Entrevista do autor com John Nagl, 4 de fevereiro de 2010.
27. Packer, "The Lesson of Tal Afar".
28. Ricks, *The Gamble*, p. 60.
29. Entrevista de H.R. McMaster ao *Sunday Times*, "Leaving now not the way out of Iraq", 29 de julho de 2007.
30. Cloud & Jaffe, *The Fourth Star*, pp. 199-200, 207.
31. Entrevista do autor com H.R. McMaster, 18 de março de 2009.
32. Cloud & Jaffe, *The Fourth Star*, p. 291.
33. http://smallwarsjournal.com/blog/2007/07/contrary-peter-principle/ e http://www.outsidethebeltway.com/archives/hr_mcmaster_passed_ over_-_reverse_peter_principle/.
34. Niel Smith & Sean MacFarland, "Anbar awakens: the tipping point", *Military Review*, 1° de março de 2008.

35. Ricks, *The Gamble*, pp. 60-72.
36. George Packer, "Knowing the enemy", *The New Yorker*, 18 de dezembro de 2006.
37. Entrevista de Kilcullen a *Men's Journal*: http://www.mensjournal.com/is-this-any-way-to-fight-a-war/3.
38. Correspondência com o brigadeiro general Andrew Mackay, fevereiro de 2010.
39. Travis Patriquin, "How to win the war in Al Anbar by Cpt. Trav", disponível em vários sites *on-line*, incluindo http://abcnews.go.com/images/us/how_to_win_in_anbar_v4.pdf.
40. Andrew Lubin, "Ramadi from the Caliphate to capitalism", *Proceedings Magazine*, abril de 2008, http://www.usni.org/magazines/proceedings/story.asp?STORY_ID=1420.
41. Cloud & Jaffe, *The Fourth Star*, capítulo 7.
42. Cloud & Jaffe, *The Fourth Star*, p. 217.
43. Richard Norton Taylor & Jamie Wilson, "US Army in Iraq institutionally racist, claims British officer", *Guardian*, 12 de janeiro de 2006.
44. Ricks, *The Gamble*, pp. 23-5.
45. James Fallow de *The Atlantic*, como descrito por John Nagl no prefácio de *Counterinsurgency Manual*.
46. Entrevista do autor com John Nagl, 4 de fevereiro de 2010.
47. Ricks, *The Gamble*, p. 22.
48. Cloud & Jaffe, *The Fourth Star*, p. 42.
49. Irving Janis, *Victims of Group Think* (Boston: Houghton Mifflin Company, 1972).
50. Cloud & Jaffe, *The Fourth Star*, p. 172.
51. Cloud & Jaffe, *The Fourth Star*, p. 220; e Ricks, *The Gamble*, pp. 24-31.
52. Ricks, *The Gamble*, p. 96, e mais em geral sobre todo o processo pelo qual Jack Keane, David Petraeus e Ray Odierno mudaram a estratégia no Iraque.
53. Entrevista do autor com John Nagl, 4 de fevereiro de 2010, e Peter Maass, "Professor Nagl's war", *New York Times*, 11 de janeiro de 2004, http://www.nytimes.com/2004/01/11/magazine/professor-nagl-s-war.html?pagewanted=all.
54. Entrevista do autor com Andrew Mackay, maio de 2009.

NOTAS **335**

55. Michael Ellman, "Economic calculation in socialist countries", *The New Palgrave Dictionary of Economics*, Ed. Steven N. Durlauf & Lawrence E. Blume (Palgrave Macmillan, 2008).

56. Raymond Fisman & Edward Miguel, *Economic Gangsters* (Princeton: Princeton University Press, 2008), pp. 160-7.

57. Eden Medina, "Designing freedom, regulating a nation: socialist cybernetics in Allende's Chile", *J. Lat. Amer. Stud.* 38 (2006), pp. 571-606, http://www.informatics.indiana.edu/edenm/EdenMedina-JLASAugust2006.pdf.

58. Andy Beckett, "Santiago dreaming", *Guardian*, 8 de setembro de 2003, http://www.guardian.co.uk/technology/2003/sep/08/sciencenews.chile.

59. Stafford Beer, *The Brain of the Firm* (Chichester: Wiley, 2ª edição, 1981), capítulos 16-20.

60. James Kitfield, "The counter-revolution in military affairs", *National Journal*, 5 de dezembro de 2009; e Cloud & Jaffe, *The Fourth Star*, p. 171.

61. Cloud & Jaffe, *The Fourth Star*, p. 111.

62. Medina, "Designing freedom, regulating a nation", pp. 571-606, http://www.informatics.indiana.edu/edenm/EdenMedinaJLASAugust2006.pdf.

63. Friedrich A. Hayek, "The use of knowledge in society", *American Economic Review*, XXXV, nº 4 (setembro de 1945), pp. 519-30, http://www.econlib.org/library/Essays/hykKnw1.html.

64. H.R. McMaster, "On war: lessons to be learned", *Survival* 50:1 (2008), 19-30.

65. H.R. McMaster entrevistado para um documentário postado no YouTube por "Cold War Warriors", http://www.youtube.com/watch?v=aBG_g678Trg&fearure=related.

66 Robert Scales, *Certain Victory: The U.S. Army in the Gulf War* (Office of the Chief of Staff, U.S. Army, 1993) capítulo 1, e Tom Clancy, *Armoured Cav* (Berkeley Trade, 1994).

67. Raghuram Rajan & Julie Wulf (2003), "The flattening of the firm", NBER Working Paper 9633.

68. Daron Acemoglu, Philippe Aghion, Claire Lelarge, John van Reenen & Fabrizio Zilibotti, "Technology, information and the decentralization of the firm", *Quarterly Journal of Economics*, novembro de

336 ADAPTE-SE

2007, e Erik Brynjolfsson & Lorin M. Hitt, "Beyond computation: information technology, organizational transformation and business performance", *Journal of Economic Perspectives*, vol. 14, n° 4 (outono de 2000).

69. John Nagl, palestra em King's College, Londres, 2 de fevereiro de 2010.
70. Cloud & Jaffe, *The Fourth Star*, pp. 146-7.
71. Ricks, *The Gamble*, p. 70.
72. Eli Berman, Jacob N. Shapiro & Joseph H. Felter, "Can hearts and minds be bought? The economics of counterinsurgency in Iraq", NBER Working Paper n° 14606, dezembro de 2008.
73. Fred Kaplan, "Challenging the generals", *New York Times*, 26 de agosto de 2007, http://www.nytimes.com/2007/08/26/magazine/26military-t. html?_r=2&ref=magazine&pagewanted=all&oref=slogin.
74. Cloud & Jaffe, *The Fourth Star*, p. 291, e Ricks, *The Gamble*, p. 276. Ricks diz que o voo para o Pentágono foi feito em novembro de 2007, Cloud & Jaffe o datam em 2008. A decisão foi anunciada no verão de 2008.
75. O conceito angular em 2001, citado em H.R. McMaster, "Centralization vs. decentralization: preparing for and practicing mission command in counterinsurgency operations", em *Lessons for a Long War: How America Can Win on New Battlefields*. O conceito angular de 2009 está disponível em: http://www.tradoc.army.mil/tpubs/pams/ tp525-3-0.pdf.
76. Vídeo promocional para o conceito angular do exército em 2009: http:// www.vimeo.com/7066453.

3. Criando novas ideias que importam ou: variação

1. David Pye, *The Nature of Design*, citado em Daniel Roth, "Time your attack", *Wired*, janeiro de 2010.
2. Robert Friedel, "Serendipity is no accident", *The Kenyon Review*, vol. 23, n° 2 (primavera de 2001).
3. Leo McKinstry, *Spitfire: Portrait of a Legend* (Londres: John Murray, 2007), p. 37.
4. McKinstry, *Spitfire*, p. 47.
5. Todas as citações coletadas em McKinstry, *Spitfire*, pp. 3-6.

NOTAS

6. Andrew Roberts, "Hitler's England: what if Germany had invaded Britain in May 1940?", em Niall Ferguson (ed.), *Virtual History: Alternatives and Counterfactuals* (Nova York: Basic Books, 1997), p. 284.
7. McKinstry, *Spitfire*, pp. 188-9.
8. Roberts, "Hitler's England", pp. 285-6.
9. Roberts, "Hitler's England", pp. 310, 320.
10. McKinstry, *Spitfire*, p. 51, e Lawrence H. Officer, "Purchasing power of British pounds from 1264 to present", MeasuringWorth, 2009, http://www.measuringworth.com/ppoweruk/.
11. Nassim Nicholas Taleb, *A lógica do cisne negro* (Rio de Janeiro: Best Seller, 2008).
12. McKinstry, *Spitfire*, p. 12.
13. Richard Dawkins, *The Greatest Show on Earth* (Londres: Bantam, 2009), pp. 254-73.
14. Ver também Richard Florida, "The world is spiky", *The Atlantic Monthly*, outubro de 2005, o meu *The Logic of Life* (2008), *The Rational Optimist*, de Matt Ridley (2010) e *Where Good Ideas Come From*, de Steven Johnson (2010).
15. McKinstry, *Spitfire*, pp. 17-18.
16. McKinstry, *Spitfire*, p. 20.
17. McKinstry, *Spitfire*, p. 31.
18. McKinstry, *Spitfire*, p. 29.
19. McKinstry, *Spitfire*, p. 32.
20. McKinstry, *Spitfire*, p. 194.
21. Enquanto este livro ia para a gráfica, o livro de Tyler Cowen, *The Great Stagnation* (Dutton, 2011) apareceu. O livro de Owen dá mais provas de redução da inovação além das apresentadas aqui.
22. Chris Anderson, "In the next industrial revolution, atoms are the new bits", *Wired*, fevereiro de 2010, http://www.wired.com/magazine/2010/01/ff_newrevolution/.
23. Clay Shirky, *Here Comes Everybody* (Londres, Penguin, 2008).
24. http://www.pbs.org/newshour/bb/health/jan-june01/aids_6-27.html.
25. Benjamin F. Jones, Brian Uzzi & Stefan Wuchty, "The increasing dominance of teams in the production of knowledge", *Science*, maio de 2007, http://www.kellogg.northwestern.edu/faculty/jones-ben/html/ResearchframeTeams.htm.

26. Benjamin F. Jones, "Age and great invention", *Review of Economics and Statistics*, próxima edição, http://www.kellog.northwestern.edu/faculty/jones-ben/AgeAndGreatInvention.pdf.
27. "The making of Elite", *Edge*, 29 de maio de 2009 http://www.edge-online.com/magazine/the-making-of-elite?page=0%2C0.
28. Clive Thompson, "Learn to let go", *Wired*, janeiro de 2010, http://www.wired.com/magazine/2009/12/fail_duke-nukem/all/1.
29. "Frontier reveals Elite 4", http://uk.pc.ign.com/articles/092/092218p1.html.
30. Desde a encomenda original do governo. Fontes: http://en.wikipedia.org./wiki/F-22_Raptor; Ben Rich & Leo Janos, *Skunk Works* (Nova York: Sphere, 1994), p. 350; Samuel H. Williamson, "Six ways to compute the relative value of a U.S. dollar amount, 1790 to present", MeasuringWorth, 2009, http://www.measuringworth.com/uscompare/.
31. The Hudson Institute, *The Year 2000: A Framework for Speculation on the Next 33 Years*, Herman Kahn & Anthony J. Wiener (Nova York: Macmillan, 1967). John Kay foi quem primeiro chamou minha atenção para as previsões de Kahn & Wiener.
32. http://www.economist.com/blogs/gulliver/2010/01/what_business_travellers_appreciate_most.
33. Murray Aitken, Ernst R. Berndt & David M. Cutler, "Prescription drug spending trends in the United States", *Health Affairs* Web Exclusive, 16 de dezembro de 2008.
34. Benjamin F. Jones, "The burden of knowledge", *Review of Economic Studies*, próxima edição, http://www.kellogg.northwestern.edu/faculty/jones-ben/htm/BurdenOfKnowledge.pdf.
35. Bjorn Lomborg, "Devemos mudar de direção em relação ao clima depois de Copenhagen", *Financial Times*, 23 de dezembro de 2009, http://www.ft.com/cms/s/0/5369f3e8-ef69-11de-86c4-00144feab49a.html.
36. Hal Varian, "A patent that protects a better mousetrap spurs innovation. But what about one for a new way to amuse a cat?" *New York Times*, 21 de outubro de 2004, seção C, p. 2; Jeff Hecht, "Boy takes swing at US Patents", *New Scientist*, 17 de abril de 2002; Adam Jaffe & Josh Lerner, *Innovation and its Discontents* (Princeton University Press, 2004).

NOTAS 339

37. Paul Klemperer, "America's patent protection has gone too far", *Financial Times*, 2 de março de 2004.
38. Alex Tabarrok (2002), Patent theory versus patent law, *Contributions to Economic Analysis & Policy*, vol. 1, questão 1, artigo 9, http://www. bepress.com/bejeap/contributions/vol1/ss1/art9.
39. Keith Bradsher com Edmund L. Andrews, "Cipro", *New York Times*, 24 de outubro de 2001, http://www.nytimes.com/2001/10/24/ business/24BAYE.html.
40. James Kanter, "Roche offers to negociate on flu drug", *New York Times*, 19 de outubro de 2005, http://query.nytimes.com/gst/fullpage. html?res=9803EEDF123FF93AA25753CIA9639C8B63&sec=health.
41. A ampla e comovente autobiografia de Mario Capecchi está disponível no website do Prêmio Nobel: http://nobelprize.org/nobel_prizes/medi-cine/laureates/2007/capecchi-autobio.html.
42. http://www.hhmi.org/research/investigators/.
43. As bolsas do Howard Hughes Medical Institute são de US$ 700 milhões anuais. Os gastos globais em Pesquisa & Desenvolvimento foram de US$ 1,1 bilhão em 2009. Ver Gautam Naik, "R&D spending in U.S. expected to rebound", wsj.com, 21 de dezembro de 2009, sec. Economy, http://online.wsj.com/article/SB10001424052748703344704574610350 0092009066 2.html.
44. McKinstry, *Spitfire*, pp. 34-5.
45. Tirei muito desse relato de *Longitude*, de Dava Sobel (Londres:Fourth Estate, 1996).
46. Officer, "Purchasing power of British pounds", citado acima, n. 10107 Em 1810, Nicolas Appert: http://en.wikipedia.org/wiki/Nico-las_Appert.
47. Maurice Crosland, "From prizes to grants in the support of scientific research in France in the nineteenth century: The Montyon legacy", *Minerva*, 17(3) (1979), pp.355-80, e Robin Hanson, "Patterns of patronage: why grants won over prizes in science", University of California, Berkeley, papelada burocrática, 1998, http://hanson.gmu.edu/ whygrant.pdf.
48. Hanson, "Patterns of patronage".
49. Um prêmio de continuação foi anunciado e depois cancelado após um processo em torno de privacidade. Uma usuária da Netflix alegou

que os dados liberados pela Netflix não encobriam suficientemente o anonimato dela e poderiam permitir que outros descobrissem que ela era lésbica por ligá-la a críticas "anônimas". (Ryan Singel, "Netflix spilled your Brokeback Mountain secret, lawsuit claims", *Wired*, 17 de dezembro de 2009, http://www.wired.com/threatlevel/2009/12/netflix-privacy-lawsuit/).

50. Entrevista do autor, 13 de dezembro de 2007.

51. "Russian maths genius Perelman urged to take $1m prize", BBC News, 24 de março de 2010, http://news.bbc.co.uk/1/hi/8585407.stm.

52. A ideia do compromisso do mercado avançado foi desenvolvida por Michael Kremer em "Patent buyouts: a mechanism for encouraging innovation", *Quarterly Journal of Economics*, 113:4 (1998), 1137-67; mas veja também http://www.vaccineamc.org/ e o Center for Global Development's "Making markets for vaccines", http://www.cgdev.org/section/iniciatives/_archive/vaccinedevelopment.

53. Medicines Australia, "Global pharmaceutical industry facts at a glance", p. 3, http://www.medicinesaustralia.com.au/pages/images/Global%20-%20facts%20at%20a%20glance.pdf.

54. Amanda Glassman, "Break out the champagne! The AMC delivers vaccines", Center for Global Development, Global Health Policy blog, 13 de dezembro de 2010; http://blogs.cgdev.org/globalhealth/2010/12/break-out-the-champagne-the-amc-delivers-vaccines.php.

55. Tim Harford, "Cash for answers", *FT Magazine*, 26 de janeiro de 2008, http://timharford.com/2008/01/cash-for-answers/.

56. Leonard David, "Brave New World? Next steps planned for private space travel", Space.com 6 de outubro de 2004, http://www.space.com/news/beyond_spaceshipone_041006.html.

57. Ian Parker, Annals of Aeronautics, "The X Prize", *The New Yorker*, 4 de outubro de 2004; e também veja as sequências do Discovery Channel do Voo 15P da SpaceShipOne, por exemplo, em: http://www.youtube.com/watch?v=29uQ6fjEozI.

58. Leonard David, "Brave New World? Next steps planned for private space travel", Space.com 6 de outubro de 2004, http://www.space.com/news/beyond_spaceshipone_041006.html.

NOTAS

341

4. Descobrindo o que funciona para os pobres ou: seleção

1. Muhammad Yunus & Alan Jolis, *Banker to the Poor* (Londres: Aurum Press, 1999), p. 65.
2. Bill Gates, Harvard University Commencement Adress, 2007, http://ow.ly/JwQH.
3. Yunus & Jolis, *Banker to the Poor*, p. 3.
4. Yunus & Jolis, *Banker to the Poor*, p. 31.
5. "The hidden wealth of the poor", *The Economist*, 3 de novembro de 2005, http://www.economist.com/surveys/displaystory.cfm?story_id=5079324; e Tina Rosenberg, "How to fight poverty: 8 programs that work", *New York Times*, 16 de novembro de 2006, http://select.nytimes.com/2006/11/16/opinion/15talkingpoints.html?pagewanted=3&_r=1.
6. Yunus & Jolis, *Banker to the Poor*, p. 5.
7. Owen Scott, "The Playpump III: the challenge of good inquiry", http://thoughtsfrommalawi.blogspot.com/2009/11/playpump-iii-challenge-of-taking-photos.html; para o teste da bomba manual versus a experiência da PlayPump, ver http://barefooteconomics.ca/2010/04/11/the-playpump-iv-playpump-vs-afridev/.
8. A declaração da Case Foundation está aqui, acessada em 5 de junho de 2010: http://www.casefoundation.org.blog/painful-acknowledgement-coming-short, e Laura Freschi, "Some NGOs can adjust to failure: the PlayPump story", 19 de fevereiro de 2010, http://aidwatchers.com/2010/02/some-ngos-can-adjust-to-failure-the-playpump-story/. Ver também reportagem da PBS sobre PlayPumps, "Troubled Water", http://www.pbs.org./frontlineworld/stories/southernafrica904/video_index.html.
9. O exemplo de Benjamin Spock (e citação) vem de *Testing Treatments: better research for better healthcare* de Imogen Evans, Hazel Thornton & Iain Chalmers, com um novo prefácio de Bem Goldacre, que pode ser baixado em http://www.jameslindlibrary.org/testing-treatments.html.
10. R.E. Gilbert, G. Salanti. M. Harden & S. See, "Infant sleeping position and the sudden infant death syndrome: systematic review of observational studies and historical review of recommendations from 1940 to 2002", *International Journal of Epidemiology* (2005), 34:874-87.

11. Jan Baptiste van Helmont, *Oriatrike, or Physick Refined: The Common Errors Therein Refuted and the Whole Art Reformed and Rectified* (Londres: Lodowick Loyd, 1662), p. 526, citado em Iain Chalmers, "Comparing like with like", *International Journal of Epidemiology* (2001), 30:1156-64. Observe que o livro de Helmont foi publicado postumamente. Ele morreu em 1644.

12. Evans, Thornton & Chalmers, *Testing Treatments*, p. 3.

13. G. Sutton (2004), "James Lind aboard Salisbury". The James Lind Library (www.jameslindlibrary.org).

14. Evans, Thornton & Chalmers, *Testing Treatments*, p. 57.

15. Archie Cochrane com Max Blythe, *One Man's Medicine* (British Medical Journal, 1989), pp. 62-70.

16. Cochrane com Blythe, *One Man's Medicine*, pp. 7, 191-2.

17. Cochrane com Blythe, *One Man's Medicine*, pp. 7, 211.

18. Cochrane com Blythe, *One Man's Medicine*, p. 82.

19. Palestra de Esther Duflo no TED, fevereiro de 2010, http://www.ted.com/talks/esther_duflo_social_experiments_to_fight_poverty.html e entrevista com a autora, abril de 2009.

20. Paul Glewwe, Michael Kremer & Sylvie Moulin, "Many children left behind? Textbooks and test scores in Kenya", NBER Working Paper 13300, agosto de 2007.

21. Paul Glewwe, Michael Kremer, Sylvie Moulin & Eric Zitzewitz, "Retrospective versus prospective analyses of school inputs: the case of flip charts in Kenya", NBER Working Paper 8018, novembro de 2000.

22. Edward Miguel & Michael Kremer, "Worms: education and health externalities in Kenya", Working Paper, maio de 2002.

23. Jeffrey Gettleman "Shower of aid brings flood of progress", *New York Times*, 8 de março de 2010, http://www.nytimes.com/2010/03/09/world/africa/09kenya.html.

24. Michael Clemens, "Why a careful evaluation of the Millenium Villages is not optional", *Views from the Center*, 18 de março de 2010, http://blogs.cgdev.org/globaldevelopment/2010/03/why-a-careful-evaluation-of-the-millenium-villages-is-not-optional.php.

25. Madeleine Bunting, "The Millennium Villages project: could the development 'wonk war' go nuclear?", *Guardian online*, quinta-feira, 4 de novembro de 2010, http://www.guardian.co.uk/global-development/

NOTAS 343

poverty-matters/2010/nov/04/millennium-villages-sachs-clemens-demombynes?CMP=twt_gu.

26. Ian Parker, "The poverty lab", *The New Yorker*, 17 de maio de 2010, pp. 78-89; entrevista do autor com Edward Miguel, 16 de março de 2010. Ver também Michael Clemens & Gabriel Demombynes, "When does rigorous impact evaluation make a difference? The case of the Millennium Villages", Center for Global Development Working Paper 225, http://www.cgdev.org/content/publications/detail/1424496.

27. Entrevista do autor com Joshua Angrist, março de 2010.

28. Benjamin Olken, "Measuring corruption: evidence from a field experiment in Indonesia", *Journal of Political Economy*, vol. 115, n° 2 (2007), pp. 200-49.

29. Marianne Bertrand, Simeon Djankov, Rema Hanna & Sendhil Mullainathan, "Obtaining a driving license in India: an experimental approach to studying corruption", Working Paper 2006, http://www. economics.harvard.edu/faculty/mullainathan/files/driving.pdf.

30. Esther Duflo & Rema Hanna (2005), "Monitoring works: getting teachers to come to school", NBER Working Paper N° 11880, http:// www.nber.org/papers/w11880.pdf.

31. Suresh de Mel, David McKenzie & Christopher Woodruff, "Returns to capital: results from a randomized experiment", *Quarterly Journal of Economics*, vol. 123 (3) (2008), pp. 1329-72.

32. Dean S. Karlan, Margaret McConnell, Sendhil Mullainathan & Jonathan Zinman, "Getting to the top of mind: how reminders increase saving", Working Paper, 1° de abril de 2010, http://ssrn.com/abstract=1596281.

33. Ian Parker, "The poverty lab".

34. World Bank, "Liberia at a glance", setembro de 2009, http://devdata. worldbank.org/AAG/lbr_aag.pdf.

35. As acusações da promotoria estão reunidas aqui: http:// www.charlestaylortrial.org/trial-background/who-is-charles-taylor/#four.O testemunho de Joseph "ZigZag" Marzah é registrado aqui: http://www. charlestaylortrial.org/2008/03/13/zigzag-marzah-says-taylor-ordered-cannibalism-defense-works-to-discredit-his-testimony/.

344   ADAPTE-SE

36. Entrevista do autor com Macartan Humphreys em Nova York, fevereiro de 2009, e entrevistas por telefone em maio e junho de 2010; James D. Fearon, Macartan Humphreys & Jeremy Weinstein, "Can development aid contribute to social cohesion after civil war? Evidence from a field experiment in Liberia", *American Economic Review Papers and Proceedings*, 99:2 (2009), pp. 287-91; e James D. Fearon, Macartan Humphreys & Jeremy Weinstein, "Development assistance, institution building, and social cohesion after civil war: evidence from a field experiment in Liberia", Center for Global Development Working Paper 194, dezembro de 2009.

37. BBC News, "UN official calls DR Congo "rape capital of the world", 28 de abril de 2010, http://news.bbc.co.uk/1/hi/world/africa/8650112.stm.

38. Cochrane com Blythe, *One Man's Medicine*, p. 183.

39. Owen Barder, "What can development policy learn from evolution?", Blog Post, 27 de outubro de 2010, http://www.owen.org/blog/4018.

40. Ritva Reinikka & Jakob Svensson, "The power of information: evidence from a newspaper campaign to reduce capture of public funds", Working Paper, http://people.su.se/~jsven/information2006a.pdf.

41. Martina Björkman & Jakob Svensson, "Power to the people: evidence from a randomized field experiment of community-based monitoring in Uganda", *Quarterly Journal of Economics* (prestes a circular), http://people.su.se/~jsven/PtP_QJE.pdf.

42. Os trabalhos de pesquisa e os mapas de espaço do produto de César Hidalgo estão disponíveis em: http://www.chidalgo.com/. Outras fontes: entrevistas do autor com César Hidalgo e Bailey Klinger, verão de 2007, e com Ricardo Hausmann, setembro de 2010.

43. "Dying assets",*The Economist*, 30 de julho de 2009, e "Chilean salmon exports", PREM Notes Technology and Growth Series n° 103, Banco Mundial, outubro de 2005, http://www1.worldbank.org/prem/PREMNotes/premnote103.pdf.

44. Ver Dani Rodrik, *One Economics, Many Recipes* (New Jersey: Princeton University Press, 2007), p. 104; Keith Bradsher, "Once elusive, orchids flourish on Taiwanese production line", *New York Times*, 24 de agosto de 2004, http://www.nytimes.com/2004/08/24/business/once-elusive-orchids-flourish-on-taiwanese-production-line.html?fta=y&pagewantedc=all; e um *press release* do Taiwan

NOTAS 345

International Orchid Show 2010, http://www.tios.com.tw/tios_test/ eng/5_2taiwan.php.

45. Jim Pickard, "Venture capital fund turned £74m into £5m", *Financial Times*, 9 de março de 2010, http://www.ft.com/cms/s/0/76859892-2ae1-11df-886b-00144feabdc0.html; e o discurso de abertura de Josh Lerner no debate da revista *The Economist* sobre política industrial: http://www.economist.com/debate/overview/177/Industrial%20policy.

46. Sebastian Mallaby, "The politically incorrect guide to ending poverty", *The Atlantic*, julho/agosto de 2010, http://www.theatlantic.com/ magazine/archive/2010/07/the-politically-incorrect-guide-to-ending-poverty/8134/1/;Wikipedia; Simon Heffer, "Lübeck: the town that said no to Hitler", *Daily Telegraph*, 2 de junho de 2009, http://www. telegraph.co.uk/travel/citybreaks/5428909/Lubeck-The-town-that-said no-to-Hitler.html.

47. Paul Romer, "For richer, for poorer", *Prospect*, edição 167, 27 de janeiro de 2010.

48. David Warsh, "Learning by doing", *Economic Principals*, 19 de julho de 2009, http://www.economicprincipals.com/issues/2009.07.19/571.html.

49. Entrevista do autor com Paul Romer, 20 de setembro de 2010.

50. Sean Campbell, "Metropolis from scratch", *Next American City*, edição 8, abril de 2005, http://americancity.org/magazine/issue/i08/; e Greg Lindsay, "Cisco's big bet on New Songdo; creating cities from scratch", *Fast Company*, 1 de fevereiro de 2010, http://www.fastcompany.com/ magazine/142/the-new-new-urbanism.html.

5. Mudança climática ou: mudando as regras para o sucesso

1. Príncipe Charles, entrevista para a BBC, outubro de 2005, http://news. bbc.co.uk/1/hi/uk/4382264.stm.

2. Obituário: Professor Leslie Orgel, *The Times*, 6 de dezembro de 2007, http://www.timesonline.co.uk/tol/comment/obituaries/article3006557. ece.

3. Gabrielle Walker & Sir David King, *The Hot Topics* (Bloombsbury, 2008), pp. 14-18; nota da Wikipedia sobre John Tyndall, http:// en.wikipedia.org/wiki/John_Tyndall; & James Rodger Fleming, *His-*

346　　　　　　　　　　ADAPTE-SE

torical Perspectives on Climate Change (Nova York: Oxford University Press, 2008), pp. 68-71.

4. Intergovernmental Panel on Climate Change Third Assessment Report, Table 6.1, http://www.grida.no/publications/other/ipcc_tar/?:src=climate/ipcc_tar/wg1/221.htm#tab61.

5. Citado em Fleming, *Historical Perspectives*, pp. 70-1.

6. "350 science" em 350.org http://www.350.org/about/science; e "Top climate scientists share their outlook", *FT Magazine*, 20 de novembro de 2009.

7. Geoff Mason é fictício. Minha mulher de fato se tornou ambientalista após ler o livro de Al Gore, *Earth in the Balance*, no início dos anos 1990, então a ideia de Al Gore de criar ambientalistas recém-convertidos é familiar para mim.

8. Martin Cassidy, "Tackling problem of belching cows", BBC News website, 3 de junho de 2009, http://news.bbc.co.uk/1/hi/northern_ireland/8078033.stm.

9. "The environmental, social and economic impacts associated with liquid milk consumption in the UK and its production", Department for Agriculture and Rural Affairs, dezembro 2007, http://www.defra.gov.uk/foodfarm/food/industry/sectors/milk/pdf/milk-envsocecon-impacts.pdf.

10. Mensuração direta do poder de consumo da chaleira.

11. Elizabeth Baldwin de Nuffield College, Oxford, calculou isso para mim. Uma torradeira de 1000W operando durante 90 segundos para torrar duas fatias de pão é responsável por apenas 7 g de dióxido de carbono por fatia. O próprio pão é 52 g de dióxido de carbono por fatia. A manteiga é 80 g de dióxido de carbono por onça (28,691 g) de acordo com http://www.eatlowcarbon.org/Carbon-Calculator.html e Elizabeth admite mesquinhas 3 g (1/9 avos de onça) de manteiga por fatia de pão torrado, para cerca de 9 g de dióxido de carbono para a manteiga num dos lados da fatia. (Ai de mim, ponho mais manteiga no pão à custa do planeta.) Um total de 68 g de dióxido de carbono por fatia. Os dados para o leite e os cereais são de Prashant Vaze, no livro *The Economical Environmentalist* (Londres: Earthscan, 2009), via Elizabeth Baldwin.

12. Mike Berners-Lee , *How Bad Are Bananas?* (Londres: Profile, 2010), p. 86.

NOTAS

13. Vaze, *The Economical Environmentalist*, capítulo 3.

14. Existe uma escola de pensamento que diz que o vegetarianismo seria desnecessário se apenas criássemos gado com a mudança climática em mente. Ver George Monbiot, "I was wrong about veganism", *Guardian*, 6 de setembro de 2010, http://www.guardian.co.uk/commentisfree/2010/sep/06/meat-production-veganism-deforestation.

15. Um desses estudos da Nova Zelândia é detalhadamente examinado por Michael Shuman, autor de *Going Local*, em http://www.ethicurean.com/2007/08/10/shuman-on-lamb/. Shuman questiona os números, mas seu ponto principal não é que eles estejam errados, e sim que poderiam ser mudados: se os fazendeiros britânicos mudassem para métodos mais ambientalmente amigáveis e a energia britânica viesse mais de fontes renováveis, então o cordeiro britânico teria um conteúdo de carbono mais baixo.

16. Estou considerando 100 g numa salada de tomates. Vaze, *The Economical Environmentalist*, p. 57. Berners-Lee, *How Bad Are Bananas?*, p. 78.

17. Berners-Lee, *How Bad Are Bananas?*, p. 78.

18. Berners-Lee, *How Bad Are Bananas?*, p. 18.

19. Um Prius emite 104 g/km, de acordo com http://cars.uk.msn.com/features/green-monitoring/articles.aspx?cp-documentid=147863613, e 89 g/km, de acordo com http://carpages.co.uk/co2/.

20. Tim Harford, "A marginal victory for the well-meaning environmentalist", *Financial Times Magazine*, 6 de fevereiro de 2010. Ver também as publicações do blog de Justin Rowlatt para a BBC em http://www.bbc.co.uk/blogs/ethicalman/2009/11/why_cars_are_greener_than_buses.html e http://www.bbc.co.uk/blogs/ethicalman/2010/01/justin-piece.html.

21. David MacKay, *Sustainable Energy – without the Hot Air* (Cambridge, UIT, 2009), p. 58, Figura 9.3.

22. Brendan Koerner, "Is a dishwasher a clean machine?", Slate, abril de 2008, http://www.slate.com.id/2189612; e Berners-Lee, *How Bad Are Bananas?*, p. 63. Berners-Lee calcula 540g–8000g para lavar os pratos à mão e 770 g para uma máquina a 55°C. Para uma lavagem efetiva de pratos à mão de baixa emissão de carbono, use duas pias, uma para a água com sabão e outra para enxaguar e não deixe os pratos perto da água corrente. Por pura extravagância, lave-os à mão e *depois* no lava-louça.

23. Berners-Lee, *How Bad Are Bananas?*, p. 84.
24. MacKay, *Sustainable Energy*, p. 268.
25. MacKay, *Sustainable Energy*, p.70.
26. Estou considerando que a rede elétrica é responsável por cerca de 600 g de dióxido de carbono por 1000W por hora. Isso é mais ou menos certo para o Reino Unido e os Estados Unidos, embora na União Europeia esse número está perto de 350 g graças à hidroeletricidade e à geração nuclear (MacKay, *Sustainable Energy*, p. 335).
27. Fonte: The Carbon Trust, "Product carbon footprinting and labelling: the new business opportunity", outubro de 2008, e entrevista do autor com Euan Murray, 4 de junho de 2009.
28. Quando escrevi as páginas de abertura do *Undercover Economist*, me baseei num conto popular moderno que os economistas contam um para o outro — vagamente sob a impressão de que pode ter se originado com Milton Friedman. Eu não tinha percebido que o conto tinha uma fonte identificável, mas tem: o notável ensaio de 1958 de Leonard Read, "I, pencil". Você pode lê-lo on-line em: http://www.econlib.org/library/Essays/rdPnclCover.html.
29. Esse número foi divulgado num anúncio da Starbucks do Reino Unido na campanha de 2008. Artigo de 2006 em *The Economist* ("Face value: staying pure", 23 fevereiro 2006, http://www.economist.com/business/displaystory.cfm?story_id=E1_VVQVVJD) coloca isso em 55 mil, então o número parece subir bastante rápido.
30. Dados da pesquisa de opinião em Vaze, *The Economical Environmentalist* (Londres: Earthscan, 2009), pp. 8-9. As pesquisas foram feitas no Reino Unido em 2007 e cada uma entrevistou mais de 2 mil adultos.
31. O conteúdo de carbono de vários combustíveis fósseis está disponível aqui: http://bioenergy.ornl.gov/papers/misc/energy_conv.html. A página da Wikipedia sobre os impostos de carbono também contém uma cômoda tabela sobre as implicações de um imposto de carvão em diferentes combustíveis: http://en.wikipedia.org.wiki/Carbon_tax, acessada em 3 de novembro de 2010.
32. Conversações com o consultor de energia Tim Crozier-Cole me alertaram sobre as consequências não intencionais da Regra Merton. Outras referências incluem "Councils aim to enforce microgeneration targets", Relatório ENDS, 28 de agosto de 2009; Bibi van der Zee, "Renewables

NOTAS 349

rule making green a reality", *Guardian Unlimited*, 11 de dezembro de 2007; Vicki Shiel, "Mayor's city energy policy faces debate", *Planning*, 12 de outubro de 2007; "Golden rule hits backlash", *Planning*, 14 de setembro de 2007; Emma Clarke, "The truth about...the Merton rule", Climate Change Corp, 30 de janeiro de 2009, http://www.climatechangecorp.com/content.asp?:ContentID=5932.

33. Entrevista com Geoffrey Palmer, quinta-feira, 19 de novembro de 2009.

34. Sobre os padrões do CAFE ver Pinelopi Koujianou Goldberg, "The effects of the corporate average fuel efficiency standards in the US", *Journal of Industrial Economics*, vol. 46, n° 1 (mar. de 1998), pp. 1-33; Feng An & Amanda Sauer, "Comparison of passenger vehicle fuel economy and greenhouse gas emissions standards around the world", The Pew Center on Climate Change, pp. 6-7 e Fig. 1, http://www.pewclimate.org/docUploads/Fuel%20Economy%20and%20GHG%20Standards_010605_110719.pdf; "Fuel economy fraud: closing the loopholes that increase U.S. oil dependence", Union of Concerned Scientists, 2005, p. 4, http://www.ucsusa.org/assets/documents/clean_vehicles/executive_summary_final.pdf; and Christopher Knittel, "Automobiles on steroids", julho de 2009, NBER Working Paper w15162, http://www.econ.ucdavis.edu/faculty/knittel/papers/steroids_latest.pdf.

35. Susanne Retka Schill "EU adopts 10 percent mandate", *Biodiesel Magazine*, fevereiro de 2009, http://www.biodieselmagazine.com/article.jsp?article_id=3140; e "EU in crop biofuel goal rethink", BBC News, 11 de setembro de 2008, http://news.bbc.co.uk/1/hi/world/europe/7610396.stm.

36. United Nations Environment Programme, "Assessing biofuels", outubro de 2009, http://www.unep.fr/scp/rpanel/pdf/Assessing_Biofuels_Full_Report.pdf, pp. 53-54; John Gapper. "Corn kernels are no cure for oil junkies", *Financial Times*, 29 de janeiro de 2007; e Gabrielle Walker, "Biofuels: the sweet smell of power", *Daily Telegraph*, 12 de agosto de 2008.

37. Nicola Rooney & David Sargan, "Pedigree dog breeding in the UK: a major welfare concern?", um relatório encomendado pela RSPCA.

38. Alan Gibbs, "Does tariff protection cost jobs?", discurso em Wellington, 25 de junho de 1990, http://www.nzbr.org.nz/site/nzbr/files/speeches/speeches-90-91/tariff-spch.pdf.

39. David Popp, "Induced innovation and energy prices", *American Economic Review*, 92(1), março de 2002, pp. 160-80, http://www.jstor.org/stable/3083326.

40. George Monbiot, "I was wrong about veganism", *Guardian*, 6 de setembro de 2010, http://www.guardian.co.uk/comentisfree/2010/sep/06/meat-production-veganism-deforestation.

41. "Quest to make cattle fart like marsupials", *The Age*, 7 de dezembro de 2007, http://www.theage.com.au/news/climate-watch/quest-to-make-cattle-fart-like-marsupials/2007/12/06/1196812922326.html.

6. Prevenindo colapsos financeiros ou: separando

1. John Maynard Keynes, "The Great Slump of 1930", publicado primeiro em Londres, *The Nation & Athenæum*, edições de 20 e 27 de dezembro de 1930, http://www.gutenberg.ca/ebooks/keynes-slump/keynes-slump-00-h.html.

2. BBC, *On This Day*, http://news.bbc.co.uk/onthisday/hi/dates/stories/july/6/newsid_3017000/3017294.stm; página da Piper Alpha na Wikipedia, http://en.wikipedia.org/wiki/Piper_Alpha; The Fire and Blast Information Group, http://www.fabig.com/Accidents/Piper+Alpha.htm.

3. John Kay, "Same old folly, new spiral of risk", *Financial Times*, 14 de agosto de 2007, http://www.johnkay.com/2007/08/14/same-old-folly--new-spiral-of-risk/ e correspondência pessoal com um advogado de seguros.

4. Vários pesquisadores e escritores estudaram ou comentaram a ligação entre acidentes industriais e financeiros, incluindo: Stephen J. Mezias, "Financial Meltdown as Normal Accident: The Case of American Savings and Loan Industry", *Accounting Organization & Society*, 18: 181-92 (1994); James Reason, *Managing the Risks of Organizational Accidents* (Ashgate Publishing Limited, 1997); Charles Perrow, *Normal Acccidents*, segunda edição (Princeton: Princeton University Press, 1999); Andrew Lo, "The Three P's of Total Risk Management", *Financial Analysts Journal*, 55 (1999), 13-16; Richard Bookstaber, *A Dream of Our Own Design* (New Jersey: Wiley & Sons, 2007) e James Surowiecki, "Bonds Unbound", *The New Yorker* (11 de fevereiro de 2008).

NOTAS

5. Entrevista do autor com James Reason, fevereiro de 2009.

6. Charles Perrow, *Normal Accidents* (Princeton: Princeton University Press, 1999); primeira edição publicada por Basic Books, 1984).

7. Entrevista do autor com Charles Perrow, 25 de fevereiro de 2010.

8. A.M. Dowell III & D.C. Hendershot, "No good deed goes unpunished: case studies of incidents and potential incidents caused by protective systems", *Process Safety Progress* 16, 3 (outono de 1997), pp. 132-9.

9. Perrow, *Normal Accidents*, pp. 50-4.

10. Gillian Tett, *Fool's Gold* (Londres: Little, Brown, 2009), pp. 51-6.

11. John Lanchester, *Whoops!* (Londres: Allen Lane, 2010), p. 65.

12. Ver Steven Peterson, George Hoffer & Edward Millner, "Are drivers of air-bag-equipped cars more aggressive? A test of the offsetting behavior hypothesis", *Journal of Law & Economics*, University of Chicago Press, vol. 38(2) (outubro de 1995), pp. 251-64. A evidência sobre o efeito Peltzman é mesclada. Então, para uma visão alternativa, ver Alma Cohen & Liran Einav, "The effects of mandatory seat belt laws on driving behavior and traffic fatalities", *Discussion Paper* nº 341, Harvard Law School, novembro de 2001, http://www.law.harvard.edu/programs/olin_center/papers/pdf/341.pdf.

13. James Surowiecki, "Bonds unbound", *The New Yorker*, 11 de fevereiro de 2008; e Aline van Duyn, "Banks and bond insurers ponder CDS costs", *Financial Times*, 24 de junho de 2008, http://www.ft.com/cms/s/0/f6e40e9a-4142-11dd-9661-0000779fd2ac.html#axzz1GDDrJ3OR.

14. Perrow, *Normal Accidents*, cap. 1; e Trevor Kletz, *An Engineer's View of Human Error* (Rugby, Warwickshire: Institution of Chemical Engineers, 2001; primeira edição publicada em 1985).

15. Richard Bookstaber, *A Dream of Our Own Design* (New Jersey: Wiley & Sons, 2007), pp. 149-50.

16. Perrow, *Normal Acccidents*, cap. 1; e John G. Kemeny, "President's Comission: the need for change: the legacy of TMI", outubro de 1979, Overview, http://www.threemileisland.org/resource/item_detail.php?item_id=00000138.

17. Entrevista do autor com Philippe Jamet, 24 de março de 2010.

18. Andrew Ross Sorkin, *Too Big to Fail* (Londres: Allen Lane, 2009), pp. 235-7.

19. Sorkin, *Too Big to Fail*, p. 372.

20. Lake Working Group on Financial Regulation, "A new information infrastructure for financial markets", fevereiro de 2009, http://www.cfr.org/publication/18568/new-information_infrastructure_for_financial_markets.html; e Andrew Haldane, "Rethinking the financial network", discurso feito em 28 de abril de 2009 para a Financial Student Association em Amsterdã, http://www.bankofengland.co.uk/publications/speeches/2009/speech386.pdf, e entrevista do autor com Andrew Haldane, agosto de 2010.

21. Para o relato da bancarrota do Lehman na Europa, baseei-me no excelente relato de Jennifer Hughes, "Winding up Lehman Brothers", *FT Magazine*, 8 de novembro de 2008, http://www.ft.com.cms/s/2/e4223c20-aad1-11dd-897c-000077b07658.html.

22. Andrew Haldane, "The $100 billion question", discurso feito no Institute of Regulation and Risk, Hong Kong, 30 de março de 2010, http://www.bankofengland.co.uk/publications/speeches/2010/speech433.pdf.

23. Jane Croft, "Definition on Lehman client money sought", *Financial Times*, 10 de novembro de 2009; e Anousha Sakoui & Jennifer Hughes, "Lehman creditors face long delays", *Financial Times*, 14 de setembro de 2009.

24. Henry Sender & Jeremy Lemer, "'Repo 105' accounting in focus", *Financial Times*, 12 de março de 2010, http://www.ft.com/cms/s/0/1be0aca2-2d79-11df-a262-00144feabdc0.html.

25. Sakoui & Hughes, "Lehman creditors".

26. Andrew Haldane, "The $100 billion question".

27. BBC News, "Sparrow death mars record attempt", 19 de novembro de 2005, http://news.bbc.co.uk/1/hi/world/europe/4450958.stm; e vídeo em http://news.bbc.co.uk/player/nol/newsid_4450000/newsid_4452600/4452646.stm?bw=bb&mp=wm&news=1&bbcws=1.

28. "Reforming capital requirements for financial institutions", *Squam Lake Working Group Paper*, abril de 2009, http://www.cfr.org/content/publications/attachments/Squam_Lake_Working_Paper2.pdf.

29. Lex, "CoCo Bonds", *Financial Times*, 11 de novembro de 2009, http://www.ft.com/cms/s/3/d7ae2d12-ced1-11de-8812-00144feabdc0.html; Gillian Tett, "A staple diet of CoCos is not the answer to bank failures", *Financial Times*, 13 de novembro de 2009, http://www.ft.com/

NOTAS 353

cms/s/0/d791f38a-cff4-11de-a36d-00144feabdc0.html; e entrevista com Raghuram Rajan, julho de 2010.

30. "Improving resolution options for systemically relevant financial institutions", *Squam Lake Working Group Paper*, outubro de 2009, http://www.cfr.org/content/publications/attachments/Squam_Lake_Working_Paper7.pdf.

31. Willem Buiter, "Zombie solutions: good bank vs. bad bank approaches", VoxEU, 14 de março de 2009, http://www.voxeu.org/index.php?q=node/3264; Robert Hall & Susan Woodward, "The right way to create a good bank and a bad bank", VoxEU, 24 de fevereiro de 2009; Tim Harford, "A capital idea to get the banks to start lending again", *FT Magazine*, 4 de abril de 2009, http://timharford.com/2009/04/a-capital-idea-to-get-the-banks-to-start-lending-again/.

32. John Kay, "The reform of banking regulation", 15 de setembro de 2009, http://www.johnkay.com/2009/09/15/narrow-banking/; e entrevista com o autor, setembro de 2010.

33. John Kay "Why too big to fail is too much for us to take", *Financial Times*, 27 de maio de 2009, http://www.johnkay.com/2009/05/27/why-%E2%80%98too-big-to-fail%E2%80%99-is-too-much-for-us-to-take/.

34. Leo Lewis, "Exchange chief resigns over 'fat finger' error", *The Times*, 21 de dezembro de 2005, http://business.timesonline.co.uk/tol/business/markets/japan/article775136.ece.

35. Alexander Dyck, Adair Morse & Luigi Zingales, "Who blows the whistle on corporate fraud?", European Corporate Governance Institute Finance Working Paper N° 156/2007, janeiro de 2007, http://faculty.chicagobooth.edu/finance/papers/Who%20Blows%20The%20Whistle.pdf.

36. HBOS Whistleblower Statement: http://news.bbc.co.uk/1/hi/uk_politics/7882581.stm; e entrevista de Paul Moore no documentário *The Choice*, da Rádio 4, terça-feira, 9 de novembro de 2009.

37. Paul Moore levou a HBOS a um tribunal trabalhista e o banco fez acordo com ele. Os termos do acordo incluíram um impedimento para falar, que mais tarde Moore ignorou depois que ouviu Deus lhe dizer para "testemunhar".

38. O testemunho completo de Crosby pode ser visto em: http://news.bbc.co.uk/1/hi/business/7883425.stm.

39. Brian Trumbore, "Ray Dirks v. the SEC", http://www.buyandhold.com/bh/en/education/history/2004/ray_dirks/html; e Ronald Soble & Robert Dallos, *The Impossible Dream* (Nova York: G.P. Putnam's Sons, 1975).

40. John Gapper, "King Lear proves the point: listen to that whistle-blower", *Financial Times*, 14 de fevereiro de 2009, http://www.ft.com/cms/s/0/09a0a19c-fa07-11dd-9daa-000077b07658.html.

41. Entrevista de Paul Moore em *The Choice*, 9 de novembro de 2009.

42. David Kocieniewski, "Whistle-blowers become investment option for hedge funds", *New York Times*, 19 de maio de 2010, http://www.nytimes.com/2010/05/20/business/20whistleblower.html?pagewanted=all.

43. BBC News, "Time line: The Bank of Scotland", http://news.bbc.co.uk/1/hi/scotland/7620761.stm; Robert Preston, "Lloyds to buy HBOS", 17 de setembro de 2008, http://www.bbc.co.uk/blogs/thereporters/robertpeston/2008/09/lloyds_to_buy_hbos.html; e BBC News, "UK Banks receive £37bn bail-out", http://news.bbc.co.uk/1/hi/business/7666570.stm.

44. Ben Casselman, "Gulf rig owner had rising tally of accidents", *Wall Street Journal*, 10 de maio de 2010. http://online.wsj.com/article/SB10001424052748704307804575234471807539054.html.

45. "Blowout: the Deepwater Horizon disaster", *CBS 60 Minutes*, 16 de maio de 2010, http://www.cbsnews.com/stories/2010/05/16/60minutes/main6490197.shtml.

46. David Hammer, "Rig's blowout preventer last inspected in 2005", *Times-Picayune*, 26 de maio de 2010, http://www.nola.com/news/gulf-oil-spill/index.ssf/2010/05/hearings_rigs_blowout_prevente.html.

47. Ian Urbina, "Documents show early worries about safety of rig", *New York Times,* 29 de maio de 2010, http://www.nytimes.com/2010/05/30/us/30rig.html?_r=1.

48. Julie Cart & Rong-Gong Lin II, "BP testimony: officials knew of key safety problem on rig", *Los Angeles Times*, 21 de julho de 2010, http://articles.latimes.com/2010/jul/21/nation/la-na-oil-spill-hearings-20100721.

NOTAS   355

49. Casselman, "Gulf rig owner had rising tally of accidents".
50. Elena Bloxman, "What BP was missing on Deepwater Horizon: a whistleblower", *CNN Money*, http://money.cnn.com/2010/06/22/news/companies/bp_horizon_macondo_whistleblower.fortune/index.htm. A Transocean defendeu seu histórico de segurança.

7. A organização adaptável

1. Gary Hamel e Bill Breen, *The Future of Management* (Harvard Business Press, 2007), p. 130.
2. Cory Doctorow, "How to prototype and iterate for fun and profit", 9 de novembro de 2010, http://www.boingboing.net/2010/11/09/howto-prototype-and.html.
3. Richard Dawkins, *The Greatest Show on Earth* (Londres: Bantam Press, 2009), pp. 135-9 e http://highered.mcgraw-hill.com/sites/dl/free/0072437316/120060/evolution_in_action20.pdf.
4. Apresentação da Whole Foods na Jeffries 2010 Global Consumer Conference, 22 de junho de 2010, http://www.wholefoodsmarket.com/pdfs/jefferieswebcast.pdf.
5. Hamel e Breen, *The Future of Management*, cap. 4.
6. O website de Timpson acessado em julho de 2010, http://www.timpson.co.uk/.
7. Detalhes sobre os métodos administrativos de Timpson, e entrevista com John Timpson, de *In Business, Hell for Leather*, transmissão quinta-feira , 7 de agosto de 2009, 8h30, BBC Radio 4, http://www.bbc.co.uk/programmes/b00lvlv3.
8. John Kay, "Too big to fail? Wall Street, we have a problem", *Financial Times*, 22 de julho de 2009, http://www.johnkay.com/2009/07/22/too-big-to-fail-wall-street-we-have-a-problem/.
9. Glynn Davis, "Entrevista com James Timpson", *HR Magazine*, 4 de janeiro de 2010, http://www.hrmagazine.co.uk/news/974936/View--Top-Interview-James-Timpson-managing-director-Timpsons/.
10. Hamel e Breen, *The Future of Management*, p. 119.
11. Ken Auletta, *Googled* (Londres: Virgin Books, 2010), p. 71.
12. Hamel e Breen, *The Future of Management*, pp. 88-92.
13. Visita do autor a Hinkley Point, Somerset, 22 de julho de 2010.

14. Ken Auletta, *Googled* , p. 95.
15. Hamel e Breen. *The Future of Management*, p. 115.
16. Auletta, *Googled* , p. 18; e website do Google, "What's it like to work in Engineering, Operations, & IT?".
17. Auletta, *Googled*, p. 286.
18. "Creative tension", *The Economist*, 19 de setembro de 2009, pp. 80-1.
19. Hamel e Breen, *The Future of Management*, p. 108.
20. Hamel e Breen, *The Future of Management*, capítulo 5.
21. Hamel e Breen, *The Future of Management*, pp. 90-1.
22. Hamel e Breen, *The Future of Management*, p. 104.
23. Jason Hiner, "The five worst tech products of 2009", *TechRepublic*, 14 de dezembro de 2009, http://blogs.techrepublic.com.com/hiner/?p=3430.
24. Kevin Maney, "What scares Google", *The Atlantic*, setembro de 2009, p. 28.
25. Ian Ayres, *Supercrunchers* (Londres: John Murray, 2007), p. 54.
26. Stefan H. Thomke, *Experimentation Matters* (Harvard Business School Press, 2003), capítulo 3.
27. Thomke, *Experimentation Matters*, p. 24.
28. A. Millard, *Edison and the Business of Innovation* (Baltimore: Johns Hopkins University Press, 1990), p. 40, citado em Thomke, *Experimentation Matters*.
29. Thomke, *Experimentation Matters,* pp.40-1.
30. Thomke, *Experimentation Matters*, pp. 36-88; e Malcom Gladwell, "The treatment", *The New Yorker*, 17 de maio de 2010.
31. Dan Ariely, "Why businesses don't experiment", *Harvard Business Review*, abril de 2010, http://hbr.org/2010/04/column-why-businesses-dont-experiment/ar/1.
32. Clayton M. Christensen, *The Innovator's Dilemma* (Harvard Business School Press, 1997).
33. Ben Rich & Leo Janos, *Skunk Works* (Little, Brown, 1994).
34. Clayton M. Christensen, *The Innovator's Solution* (Harvard Business School Press, 2003), p. 198.
35. Richard Branson, *Business Stripped Bare* (Virgin Books, 2008), pp. 169-214.
36. Oficial anônimo citado em John Nagl, *Learning to Eat Soup with a Knife* (University of Chicago Press, 2005), p. 172.

NOTAS

8. Adaptação e você

1. Shimura é citado em "Andrew Wiles and Fermat's Last Theorem", MarginalRevolution.com, 29 de agosto de 2010, http://www.marginalrevolution.com/marginalrevolution/2010/08/andrew-wiles-and-fermats-last-theorem.html.
2. Tristan Tzara, *The Dada Manifesto*, 1918.
3. Hedy Weiss, "Good music, flashy moves can't fill emotional void", *Chicago Sun-Times*, 21 de julho de 2002.
4. Michael Phillips, "'Movin' Out'? Maybe not; Broadway-bound Tharp-Joel show has to get acts together", *Chicago Tribune*, 22 de julho de 2002.
5. Cathleen McGuigan, "Movin' to Broadway: Twyla Tharp heads uptown with Billy Joel", *Newsweek*, 28 de outubro de 2002.
6. Linda Winer, "Top secret? Get out of town!, *Newsday*, 11 de agosto de 2002.
7. Robin Pogrebin, "How Twyla Tharp turned a problem in Chicago into a hit on Broadway", *New York Times*, 12 de dezembro de 2002.
8. Pogrebin, "How Twyla Tharp...".
9. Anna Kisselgoff, "The story is in the steps", *New York Times*, 25 de outubro de 2002.
10. Michael Phillips, "Manhattan transfers successful and not so", *Los Angeles Times*, 20 de dezembro de 2002.
11. Twyla Tharp e Mark Reiter, *The Creative Habit: Learn it and Use it for Life* (Nova York: Simon & Schuster, 2003), p. 213.
12. Tharp & Reiter, *The Creative Habit*, p. 99.
13. Tharp & Reiter, *The Creative Habit*, p. 218.
14. Leon Festinger & James M. Carlsmith, "Cognitive consequences of forced compliance", *Journal of Abnormal and Social Psychology*, 58 (1959), 203-10.
15. Carol Tavris & Elliot Aronson, *Mistakes Were Made (But Not by Me)* (Londres: Pinter & Martin, 2008), p. 150.
16. Kathryn Schulz, *Being Wrong: Adventures in the Margin of Error* (Londres: Portobello, 2010), pp. 233-8.
17. Tavris & Aronson, *Mistakes Were Made*, p. 130.
18. Twyla Tharp, *Push Comes to Shove*, (Nova York: Bantam, 1992), p. 82.
19. Tharp, *Push Comes to Shove*, p. 84.

20. Tharp, *Push Comes to Shove*, p. 98.

21. M.D. Lieberman, K.N. Ochsner, D.T. Gilbert, & D.L. Schacter, "Do amnesics exhibit cognitive dissonance reduction? The role of explicit memory and attention in attitude change", *Psychological Science*, 12 (2001), 135-40.

22. Dan Gilbert em TED, fevereiro de 2004, http://www.ted.com/talks/dan_gilbert_asks_why_are_we_happy.html.

23. David Cloud & Greg Jaffe, *The Fourth Star* (Nova York: Crown, 2009), p. 43.

24. Tharp & Reiter, *The Creative Habit*, p. 221.

25. Revisões de Hedy Weiss, Michael Phillips & Sid Smith, referências acima.

26. Tharp & Reiter, *The Creative Habit*, p. 229.

27. Andrew Oswald, "What's a happiness equation?", maio de 2006, http://www2.warwick.ac.uk/fac/soc/economics/staff/academic/oswald/happinessformula06.pdf.

28. Tim Harford, "What really counts", *FT Magazine*, 28 de janeiro de 2006, http://timharford.com/2006/01/what-really-counts/; Malcom Gladwell, "Late bloomers", *The New Yorker*, 20 de outubro de 2008, http://www.gladwell.com/2008/2008_10_20_a_latebloomers.html; David Galenson, *Old Masters and Young Geniuses: The Two Life Cycles of Artistic Creativity* (Princeton University Press, 2005).

29. Kathryn Schulz, *Being Wrong*.

Agradecimentos

1. Samuel Beckett, *Worstward Ho* (1983) publicado em *Nohow On* (The Limited Editions Club, 1989).

Índice

A Funny Thing Happened on the Way to the Forum (musical), 306
Abizaid, tenente-general John, 61, 71, 74, 86, 93
Académie des sciences, 137
ACCION International, 150
aeronáutica, 105-6, 111, 114, 116
Afeganistão, 89, 172
  Operação Anaconda, 99, 97
África do Sul, 184
agências de classificação de crédito, 234, 235, 236
AIG (American International Group), 235, 240, 267, 281
  ajuda para o desenvolvimento: movimento das cidades com carta, 188
  Aldeias de Desenvolvimento do Milênio, 164, 165
  circuitos de *feedback*, 178
  conceito de espaço do produto, 182+5
  corrupção e, 168, 178
  estratégias de identificação, 167
  governos e, 150, 152, 180, 185-7
  "grande empurrão" econômico e, 181, 185
  microfinanças, 149, 117, 120

Muhammad Yunus e, 148, 149-50
  princípio da seleção e, 149, 140-3, 186
  projeto sudoeste na China, 165
  questões fundamentalmente não identificadas (FUQs), 166, 168
  randomistas, 161, 166, 167, 171-6, 318
  reconstrução impulsionada pela comunidade (CDR), 172
  sucesso e fracasso, 150-2, 149, 130-1
  testes randômicos e, 1161, 165, 167, 177, 134, 179, 171
almirantado, 155
Al-Qaeda no Iraque (AQI), 56, 59, 69, 74, 76-7, 100
al-Zarqawi, Abu Musab, 56, 69
Allan, Maud, 113
Allen, Paul, 143
Allen, Vernon, 66
Allende, presidente Salvador, 91, 99
Amazon, 180, 276, 238
American Brands, 19
Anaconda, 19
análise quantitativa, 46-7, 90, 78
Ansari X Prize, 143
antraz, 124

Apache Software Foundation, 284
Appert, Nicolas, 137
Apple, 22, 31
Ariely, Dan, 292
Asch, Solomon, 65-6, 67
Aviação, Ministério britânico da, 105-6, 133, 111
Aylwin-Foster, brigadeiro Nigel, 91
Ayres, Ian, *Supercrunchers*, 290, 291
Azoulay, Pierre, 131

Baía dos Porcos, invasão da (abril de 1961), 58, 83
Banco Barings, colapso do (1995), 229, 258
Banco da Escócia, 265
Banco da Inglaterra, 242, 247
Banco Mundial, 152, 161, 165, 168, 172, 178
Bangladesh Rural Advancement Committee (BRAC), 150
Bangladesh, 148, 150
Barabási, Albert-László, 181
Barder, Owen, 177, 178
Batalha da Grã-Bretanha, 107, 115
Battersea Power Station, 213
Bayer, 124
Beatles, Os, 320
Beattie, Geoff, *Why Aren't We Saving the Planet?*, 207
Bechtel Corporation, 100
Beer, Stafford, 91, 92, 94
Beinhocker, Eric, 11, 205
Belot, Michele, 45
Berners-Lee, Mike, *How Bad Are Bananas?*, 207
Bertrand, Marianne, 170
Bhopal, desastre de, 229

Billing, Noel Pemberton, 113
biologia molecular, 127
    pesquisa de DNA, 127-8
    prêmios por, 139, 140
Björkman, Martina, 179
Blair, Tony, 32, 43, 177
Boulton-Paul Defiant, avião, 111
BP, 269, 302
Bradley, James, 136
Branson, sir Richard, 143, 300
Brasil, 150, 185
Bremer, Paul, 78
Brin, Sergey, 287
Bromgard, Jimmy Ray, 311
Buiter, Willem, 254
buldogue, britânico, 218-9
Bulow, Jeremy, 254
Bunting, Madeleine, 165
Burroughs 3500, computador, 91, 92
Bush, Laura, 152
Bush, presidente George W., 31, 79, 85

Cadbury, laticínios, leite achocolatado, 165
Canon, 297
Capecchi, Mario, 125, 130, 131, 144, 176, 191, 276
Carbon Trust, 204-5
Cardano, Gerolamo, 108
Carlsmith, James, 310
Case Foundation, 152
Casey, general George W., 74, 79, 93
Cave-Brown-Cave, comodoro do ar Henry, 106, 108, 111, 144
Cingapura, 188
Citigroup, 254
Clay Mathematics Institute, 140
Coca-Cola, 41, 300

ÍNDICE

Cochrane, Archie, 157-60, 163, 165, 176, 294, 316
código aberto, 117
Colégio Real de Médicos, 155
Colômbia, 150, 184
complexidade, teoria da, 12, 23, 27, 49, 72, 132, 292
computador, indústria do, 21, 91, 94, 296
computador, jogos de, 120
conceito de loteria de "endereçamento postal", 42
Conselho de Pesquisa em Medicina, 128
Coreia do Sul, 184, 190
corporações e companhias: tecnologias perturbadoras e, 301 , 245-6
achatamento de hierarquias, 75, 224-5, 285
desvantagem limitada, 244
economia e finanças
estratégia e, 26, 27-8, 36, 275, 224-34
experimentos randômicos e, 290
fraude e, 208, 260, 262-3, 264,157-8, 159, 161, 165, 170-1, 214
inovação e, 17, 81-2, 87-9, 90, 93-4, 95-7, 113, 120, 123, 138, 142, 145, 277-9, 287
modelo oficina de inovações e, 89, 118, 93, 152, 224, 302, 299
patentes e, 123, 110, 111, 145
questões ambientais e,
ver também mundo dos negócios
Criner, Roy, 311
crise dos mísseis cubanos, 58, 83
crise financeira (de 2007), 5, 21, 25
acordos de derivativos e, 246, 220
AIG e, 235, 240-2, 267, 281

bônus de banqueiros, 198
comparações com a "espiral LMX", 227, 228, 235
honorários pagos a administradores, 197
Lehman Brothers e, 240, 241, 243, 244, 245-8, 253-4, 257, 267
negócio de seguro de títulos e, 234
obrigações colaterais de débitos (CDOs), 236, 258
resgates pelo governo/garantias, 202, 265, 223
sistema bancário complexo e de encaixe apertado, 230, 231, 234, 248, 249, 257, 272
sistemas defeituosos de informação e, 193-5
trocas de crédito vencido (CDSs), 233-4, 236, 241
truque contábil Repo 105, 199
Crosby, sir James, 262, 265, 309, 316
Cudahy Packing, 19
Challenger, desastre do ônibus espacial, 229
Charles, príncipe, 193
Chernobyl, desastre de, 230
Chile, 11, 91, 92, 93, 76, 185
China, 22, 121, 165, 180, 184, 188, 190
Christensen, Clayton, 295, 298, 302
Chuquicamata, mina de (Chile), 11
Churchill, Winston, 58, 107, 111

Darwin, Charles, 111
Dayton, Hudson, 299
de Montyon, barão, 137
Deal or No Deal (programa de prêmios na tevê), 47, 312

Deepwater Horizon, desastre da (abril de 2010), 50, 268, 272

Deng Xiaoping, 9

Denunciantes 283, 261, 266 , 220, 270,

Departamento para o Desenvolvimento Internacional (DFID), 168, 173

descentralização, 73, 97, 99, 224-5, 274, 281
  guerra do Iraque e, 76-8, 79
  tentativa e erro, 45, 174-5, 232, 234

Dinamarca, 186

Dirks, Ray, 262, 264

dissonância cognitiva, 310

Djankov, Simeon, 170

Don, bacia do (Rússia), 33, 37, 40

Dubai, 184, 188

Duflo, Esther, 161, 165, 171

Dyck, Alexander, 260, 263-4

e-Bay, 123, 284

econometria, 166

economia e finanças: sistema bancário sendo complexo e de encaixe apertado, 230, 231, 234, 248, 249, 207-8, 272
  abordagem do banco "ponte" bom e banco "rebotalho" ruim, 255
  abordagem do banco estreito, 256, 266
  bancos zumbis, 250
  CoCos (títulos de contingência conversíveis), 252
  complexidade e, 12
  corporações e companhias
  crise de energia (anos 1970), 223
  crise financeira (de 2007)
  economias de planejamento centralizado, 21, 21, 25, 90, 70

empregados como localizadores de erro/fraude, 261, 262, 263, 266,
  erros latentes e, 259, 266
  "espiral LMX", 227-8, 235
  exigências de capital, 252, 253
  lei de reforma Dodd-Frank (2010), 243
  melhoramentos desde os anos 1960, 266
  mercados de resseguro, 227
  necessidade de mapas de calor sistêmico, 243
  negócio do seguro de títulos, 234
  planos de contingência para a bancarrota, 253
  regulações Basel III, 243
  separação do sistema financeiro, 202, 203-8, 266, 220
  sistema de pagamentos interbancários, 257
  teoria evolucionária e, 25, 30, 174-5
  ver também mundo dos negócios

economias de planejamento centralizado, 21, 21, 23-6, 68-9, 92
  análise quantitativa, 64, 90, 102
  informação localizada/transitória e, 21-2, 24, 25, 31, 52-3, 57-8, 66-7, 71-3, 74, 78, 79
  "operações com base em efeitos" (EBO), 89, 74

economias de planejamento centralizado, 21, 21, 35, 68-9, 92

Edison, Thomas, 291, 238

efeito estufa, 193-5

Eliot, T.S., 320

Elizabeth House (Waterloo), 212, 214

ÍNDICE

Emirados Árabes Unidos, 184
Endler, John, 274, 223, 234, 295
energia solar, 109, 117, 124, 223, 245
Engenheiros sem Fronteiras, 151
Enron, 197-8, 248, 258, 260
Equity Funding Corporation, 262
Ernst and Young, 247
erros e enganos, tipos de, 258
   erros latentes, 259, 266, 269, 272
escorbuto, 155
Escritório para Pesquisa Financeira, EUA, 243
especialidade, limites da, 15, 16, 17, 19, 66
especialistas em catástrofe, 228, 237, 241, 258
esquemas-piloto, 42
estudantes universitários, 321-2
European Bank for Reconstruction and Development (EBRD), 233
Evans, Martin, 128
eventos de extinção, biológica, 29
exército, Estados Unidos: no Afeganistão, 94, 97
   adaptação local e, 72, 76, 95, 88, 97, 75, 76-8, 103
   assassinatos de Haditha (19 de novembro de 2005), 53-4, 40, 59, 43, 70
   estratégia de contrainsurgência e, 70, 74, 81, 84, 87-8, 97, 98, 76-7, 102, 256, 262
   Forward Operating Bases (FOBs) no Iraque, 69, 57, 65
   Guerra do Vietnã, 63, 68, 75, 82, 84, 91, 89, 101, 244
   primeira Guerra do Golfo e, 61, 72, 87, 88, 93, 95, 74, 79

recusa de Donald Rumsfeld ao aconselhamento de, 61, 62, 64, 68, 77, 81, 83, 63, 65, 88, 223, 316
   reviravolta no Iraque, 35, 40, 64, 50-1, 53-6, 57-8, 59-61, 63-5, 78
exibições de derrubada de dominós, 230, 248-50
Exxon (antes Jersey Standard), 19, 23, 233, 302

F-22, avião de combate *Stealth*, 120
Facebook, 116, 118
Fearon, James, 173, 138
Federal Aviation Administration, 260
Federal Reserve Bank, 240
feedback, 39, 59, 222
   autoemprego e, 258
   desenvolvimento e, 177-9
   em hierarquias burocráticas, 44
   guerra do Iraque e, 60, 76, 63, 78-81
   homens que sempre concordam com seu superior e, 30
   imunidade das ditaduras a, 27
   sanduíche de elogio, 313
   serviços públicos e, 177
   sistema de mercado e, 177
Feith, Douglas, 61, 62
Ferguson, Chris "Jesus", 45
Festinger, Leon, 310
Filipinas, 171
Financial Services Authority (FSA), 265
Firefox, 273, 230
Fleming, Alexander, 109
Força Aérea dos Estados Unidos, 120
Ford Motor Company, 64

fotografia digital, 296, 298

Fourier, Joseph, 194

fracasso: nos negócios, 19, 21, 30, 51, 186, 224, 301

aprendendo de, 45, 102, 152, 308-9, 315-19 , 321-22

como natural no sistema de mercado, 20, 21, 22, 301, 302-3

conselho honesto de outros e, 256-7, 318, 259

de indústrias estabelecidas, 20

de jovens indústrias, 19

disposição para fracassar, 249-50, 323

edição hedônica e, 313

em sistemas complexos e de encaixe apertado, 230, 248, 249, , 191-2, 257, 271, 272

extinções corporativas, 29-19

financiamento do governo e, 185-7

mercados de nicho e, 297

"modelo do queijo suíço" de sistemas de segurança, 232, 190, 259, 269

moderna indústria do computador e, 21, 239-42

mudanças na paisagem competitiva, 239-46

negação e, 32, 34-5, 309, 315

perseguição das perdas, 46, 312, 256

reconhecimento de, 36, 224

reinterpretado como sucesso, 313, 256

tecnologias perturbadoras, 239-44, 245-6

teoria do acidente normal, 271

tipos de erro e engano, 258

fraude corporativa, 208, 260, 212-13, 214

Friedel, Robert, 105

Frost, Robert, 321

Gage, Phineas, 32, 40

Galápagos, ilhas, 111, 113

Gale (incorporador americano), 190

Galenson, David, 320

Galileu, 232

Galvin, major-general Jack, 82, 316

Galland, Adolf, 107

Gallipoli, campanha (1915), 58

Gates, Bill, 140, 147

Gates, Fundação, 140

Gates, Robert, 79, 85, 102

Geithner, Tim, 240, 243

GenArts, 23

General Electric, 19, 23, 122

Gilbert, Daniel, 314, 315

GlaxoSmithKline, 122

Glewwe, Paul, 162

globalização, 98

Google, 12, 26, 116, 118, 294, 302, 322

estratégia corporativa, 50, 285

Gmail, 288, 289, 298

monitoramento do colega em, 283, 284

Gore, Al, An Inconvenient Truth, 198

Göring, Hermann, 107

governo e políticas: mudança climática e, 196-8, 204, 169-74, 176, 180

ajuda para o desenvolvimento e, 118, 120, 179, 181, 148-9

crise financeira (de 2007) e, 240, 198-9, 251, 265, 215-16, 223

ÍNDICE 365

esquemas-piloto e, 29, 30

falta de adaptabilidade recompensada, 32

financiamento da inovação, 82, 88, 120, 125 127, 130-3, 133-4, 144

grandiosidade e, 41

hierarquias ideais e, 64, 49-50, 62-3, 102

métodos de avaliação rigorosa e, 29

GPS, 144

Graham, Loren, 39Grameen Bank, 149, 150

Grécia, 184

Green, Donald, 29

gripe aviária, 124

Guerra do Golfo, primeira, 61, 72, 87, 88, 93

Batalha de 73 Rumo Leste, 96, 97

Guerra Fria, 15, 41, 62-3

gurus da administração, 8, 288

Gutenberg, Johannes, 20

Haldane, Andrew, 242, 318

Halifax (subsidiária HBOS), 261

Halley, Edmund, 135

Halliburton, 269

Hamel, Gary, 273, 279, 288

Hanna, Rema, 170

Hannah, Leslie, 18, 29

Harrison, John, 136, 138, 141

Hastings, Reed, 138

Hausmann, Ricardo, 181

Hayek, Friedrich von, 1, 94, 97-8, 281

HBOS, 261, 263, 265

Heckler, Margaret, 90-1

Henrique, o Leão, 187, 189, 191

Hewitt, Adrian, 211

Hidalgo, César, 181-7, 148

Higginson, Peter, 284

Hinkley Point B, usina de energia elétrica, 239, 284

Hitachi, 21

Hitler, Adolf, 58, 107, 108, 187

HIV-AIDS, 117, 124, 142, 144

Holland, John, 27, 132

Hong Kong, 188

Houston, Dama Fanny, 115, 145

Howard Hughes Medical Institute (HHMI), 130-3, 143

Hughes (empresa de computadores), 21

Humphreys, Macartan, 171, 173, 174

Hurricane, avião, 82

IBM, 21, 116, 123

In Search of Excellence (Peters e Waterman, 1982), 18, 19

Índia, 180, 184, 211

indivíduos: adaptação e, 275, 248-62

experimentação e, 321

mudança climárica e, 197-8, 164, 207

tentativa e erro e , 45

Indonésia, 158, 179, 143

indústria automobilística, 20, 64, 121

carros de nicho, 117

padrões CAFE nos EUA, 215, 219

Toyota Prius, 199, 202, 206

indústria da impressão, inicial, 20

indústria de unidade de disco, 239-40, 298

indústria farmacêutica, 121, 141, 145, 292

indústria nuclear, 229, 185, 233, 237, 266, 227-8, 284

Innocentive, 139

inovação: corporações e, 17, 81-2, 113, 117, 120, 123 108-11, 142, 145, 277, 287

bolsas de, 137

custos/financiamento de, 90-4, 128, 131

diminuição da velocidade de, 90-5, 125

especialização e, 118

financiamento do governo, 82, 88, 127, 120, 124, 131, 133, 143-4

fracasso como preço que vale a pena pagar, 132, 133, 228-9, 266, 291

grandes equipes e especialização, 118

imprevisibilidade e, 84-5

metodologia do prêmio, 135-31, 143, 144, 223, , 222-3

modelo da oficina de inovações, 118, 93, 152, 224, 299, 302

no campo da saúde, 90-1, 96

novas tecnologias e, 89-90, 91, 122

passos pequenos e, 27, 24, 29, 51, 99, 103, 180, 186, 153, 224, 320

possibilidades paralelas e, 113, 104

randomistas e, 161, 132, 133, 171, 258

retorno sobre o investimento e, 108

saltos especulativos e, 16, 51, 91, 99-100, 132, 259-60

sistema de mercado e, 17, 122-4, 133-4

turismo especial, 143, 114

Intel, 21, 116, 122

International Christelijk Steunfonds (ICS), 161, 166

International Harvester, 19

International Rescue Committee (IRC), 172-3, 174-5

internet, 12, 15, 63, 90, 144, 180, 233, 238, 241

experimentos randomizados e, 290, 293

ver também Google

Iraque, guerra do: província al Anbar, 75-6, 77, 64, 100

assassinatos de Haditha (19/11/ 2005), 37-9, 56, 59, 43, 70

bombardeio de Samarra (22/2/ 2006), 55

Commander's Emergency Response Program (CERP), 100

descentralização e, 99

estratégia de contrainsurgência, 43, 45, 74, 58, 81, 63-4, 65

EUA/incompetência aliada e, 54, 55-6, 58-9, 63, 68, 84 , 67, 102-3 223

feedback e, 61, 46, 57-8, 82

FM 3-24 (manual de contrainsurgência), 84

Forward Operating Bases (FOBs), 69, 76, 86

guerra civil (2006), 39-40

novas tecnologias e, 71, 72, 74, 78-9, 196

paralelos com Vietnã, 63

progresso dos Estados Unidos em, 35, 40, 46, 50-1, 53-6, 57-8, 59-61, 63-5, 78

Tal Afar, 69, 70, 71, 81, 85, 97, 101, 102

tentativa e erro e, 86, 66-7

J&P Coats, 19
Jacobs, Jane, 113
James, Jonathan, 43
Jamet, Philippe, 239
Janis, Irving, 83
Japão, 21, 180, 176, 253, 208
Jay-Z, 152
Jo-Ann Fabrics, 290
Jobs, Steve, 31
Joel, Billy, 305, 307
Johnson, presidente Lyndon, 63, 64, 67, 81, 83, 84, 101
Jones, Benjamin F., 118
Joyce, James, 320
JP Morgan, 233

Kahn, Herman, 120-1
Kahneman, Daniel, 46, 312
Kantorovich, Leonid, 90, 99
Kaplan, Fred, 101
Karlan, Dean, 170
Kauffmann, Stuart, 24, 132
Kay, John, 255, 257, 266, 319
Keller, Sharon, 311
Kelly, Terri, 284
Kennedy, presidente John F., 58, 64, 83, 109, 143
Kerry, John, 31
Keynes, John Maynard, 225
Kilcullen, David, 77, 81
Klemperer, Paul, 123, 254
Klinger, Bailey, 181-2
Kotkin, Stephen, 38

Kremer, Michael, 161-2, 163
Krepinevich, Andy, 62

lâmpadas elétricas, 203, 176
Lanchester, John, 234
Laticínios, 158, 200, 206, 166
Leamer, Ed, 132
Leeson, Nick, 229, 258
Lehman Brothers, 240, 241, 243-4, 248, 253, 257, 267
Lenin, represa (rio Dnieper), 36
Levine, John, 66
Levitt, Steven, 167
Libéria, 172
líderes: tomada de decisões e, 57
    enganos por, 41-2, 56, 67
    fracasso de *feedback* e, 30-1, 62
    grandiosidade e, 41
    ignorância do fracasso, 36
    necessidade de acreditar em, 5-6
    novo líder como uma solução, 59
Liga Hanseática, 187
Lind, James, 155
Lindzen, Richard, 196
Livingstone, Ken, 211
Local Motors, 177
Lockheed, divisão da oficina de inovações, 115, 93, 224, 299
Lomas, Tony, 243, 246-8, 253, 254, 257, 271
Lomborg, Bjorn, 122
longitude, problema da 134, 108
Lu Hong, 67
Lübeck, 187, 189-90, 191
Lloyd's, mercado de seguros, 227-8
Lloyds TSB, 265
Luftwaffe, 106

MacFarland, coronel Sean, 76, 85, 96, 100, 101
Mackay, general Andrew, 89, 97
Mackey, John, 281, 288
Madoff, Bernard, 258, 263
Magnitogorsk, fábricas de aço, 37, 39, 191
Malawi, 152
Mallaby, Sebastian, 188, 189
Manhattan, Projeto, 108, 109
Manso, Gustavo, 131
Mao Tsé-Tung, 21, 58
Markopolos, Harry, 263
Marmite, 158
Maskelyne, Nevil, 136
matemática, 29, 108, 183, 247
  crise financeira (de 2007) e, 209, 213
  prêmios, 140, 144
Mayer, Marissa, 286, 289
McDonald's, 26, 41
McDougal, Michael, 311
McGrath, Michael, 311
McMaster, H.R. (coronel H.), 53, 86, 100, 276, 281
  Batalha de 73 Rumo Leste e, 96
  em Tal Afar, 71-5, 81, 85, 102
  estratégia de contrainsurgência e, 53-5, 57, 81, 64, 74, 75, 79, 258, 262
  na Guerra do Vietnã, 46, 47, 50, 56, 78
  traço de sedição, 54-5, 56, 78, 59, 78
McNamara, Robert, 63-4, 68, 81, 89, 90, 99, 102
Melvill, Mike, 143, 145
Menand, Louis, 17

mercado, sistema de: competição, 20, 28, 30-1, 75, 122-23, 212, 239-46
  circuitos de *feedback*, 178
  fracasso como natural, 20, 21, 22, 301, 245-6
  inovação e, 17, 122-5, 134
  patentes e, 123
  "pluralismo disciplinado", 319
  tentativa e erro, 32
  teoria evolucionária e, 29
  validação e, 257-8
microfinanças, organizações de, 149, 117-18, 120
Microsoft, 22, 116, 143, 297, 298
Miguel, Edward, 163, 165
missão comando, doutrina da, 102
Mitchelhill, Steve, 240
Mitchell, Reginald, 114, 116, 145, 276, 322
Mondrian, Piet, 321
Moore, Paul, 262, 263, 265, 309,
Morse, Adair, 260, 264
Moulin, Sylvie, 161
Movin' Out (balé/musical), 305, 313, 317
Mprize, 140
mudança climática, 13, 32
  "alimentos-milha" e, 159, 201-2, 168
  comportamento individual e, 198, 164, 165-6
  cutucada Thaler-Sunstein, 221
  efeito estufa e, 194
  emissões de dióxido de carbono e, 166, 195, 200-6, 208-11, 216, 219, 222-24
  governos/política e, 196-7, 204, , 169-74, 219, 224
  imposto de carbono/ideia de preço, 209-10, 222, 275

incerteza e, 196

metano e, 195, 197, 200, 216, 222, 224

novas tecnologias e, 122

paradoxo simplicidade/complexidade, 196, 157-8

"pegada de carbono", 204-5

prêmios por inovação e, 139, 223

regulações ambientais e, 211-14, 220

Mullainathan, Sendhill, 170

mundo dos negócios: teoria evolucionária e, 25, 28, 29, 18-19,174-5, 233-4

economia e finanças

fracasso em, 20, 21-2, 50, 186, 276, 295-99

ver também corporações e companhias

muro de Berlim, queda de (1989), 39

Murray, Euan, 204

Myers, Dave, 288

Nagl, John, 70, 81, 84, 86, 87, 99

Napoleão, 137

NASA, 143

National Academy of Sciences, 15

National Bureau of Economic Research, 182

National Institutes of Health, EUA (NIH), 127-8, 129-30

Netflix, 138

New Songdo City (Coreia do Sul), 190

Newsweek, 83

Newton, sir Isaac, 135

Nobel, Prêmios, 90, 98, 128, 138, 149, 152

Nova Zelândia, 201, 219

Obama, president Barack, 14, 243

Odean, Terrance, 49

Ofshe, Richard, 311

Oklahoma! (musical), 306

Oliver, Jamie, 43

Olken, Benjamin, 168-9, 179

Opportunity International, 150

orgânicos, produtos, 199, 201, 279

organizações: adaptação "de pernas para cima", 58, 60-1, 134

governo e políticas

grandiosidade e, 41

hierarquia idealizada, 40-1, 59, 64, 68, 74

monitoramento de colega, 283, 287,

padronização e, 41

tradicionais, 42, 44

ver também corporações e companhias

Orgel, Leslie, 217, 219, 220, 222, 180

Ormerod, Paul, 29, 30

Pace, general Peter, 59, 60

Packer, George, 60

padrões ambientais CAFE nos EUA, 215, 219

Page, Larry, 285

Page, Scott, 67

Palchinsky, Peter, 33, 39, 40, 43-4, 67, 150, 309

Palmer, Geoffrey, 212

Palo Alto Research Center (Parc), 21

Papéis do Pentágono, 82

Parkinson, Elizabeth, 307

patentes, 90, 118, 122, 123, 134,141, 144, 179

Patriquin, capitão Travis, 78
PEPFAR, 152
Pepys, Samuel, 123
Perelman, Grigory, 140
Perrow, Charles, 230, 231, 237, 242
pesquisa e desenvolvimento, 109, 113-4, 130, 141
  ver também inovação
Peters, Tom, 17, 19, 301
Petraeus, general David, 53, 79, 83, 96-7, 101-2, 316
Pfizer, 116
Philco, 21
Phillips, Michael, 307
Picasso, Pablo, 320-1
Pinochet, general Augusto, 92
Piper-Alpha, desastre (julho 1988), 225-6, 229, 231, 232, 258, 271
planejamento, 30, 68-9
PlayPumps, 151, 152, 165, 178
pneumocócicas, infecções, 141, 114
pobreza, global, 4, 5, 115-16
políticas ver governo e políticas
pontocom, bolha, 20, 120
pôquer, 45
POSCO, 190
pousos na Lua, 109, 113
Prêmio de Preservação de Alimentos, 107, 138
Prêmios do Milênio, 140, 145
princípio da capacidade de sobrevivência, 38, 50, 153, 257, 266, 277, 235, 243, 250
princípio da seleção, 38, 40, 257, 224, 250, 259
  ajuda para o desenvolvimento, 149, 177-9, 149, 152, 153
  cidades com carta e, 190, 191

esquemas-piloto e, 42
teoria evolucionária e, 23, 25, 28, 36, 86
princípio da variação, 38, 103, 100, 117, 176, 174-5, 207, 224, 235, 250
  cidades com carta e, 149, 190, 191,
  grandiosidade e, 41
  padrões uniformes e, 41
  pluralismo e, 111
  teoria evolucionária e, 24, 25, 28, 36
"princípios de Palchinsky", 38, 41, 42, 50, 257, 276, 290, 309
  princípio da capacidade de sobrevivência, princípio da variação
  ver também princípio da seleção
problemas, solução de, 13, 24
  inovação
  lições da história e, 63, 86
  "princípios Palchinsky"
  "Projeto da Torradeira", 9, 12, 22
  tecnologia e, 104, 122
  tentativa e erro
  teoria evolucionária e, 25, 28
  ver também tomada de decisões
  visão idealizada de, 57, 64, 67, 74
Procter & Gamble, 19, 23
profissão médica, 154
  evidência rigorosa e, 154, 122-3, 125-7
  na história, 155, 140-1
  testes clínicos, 123-4, 125-6
Pullman, 19, 26
PwC, 244-47
Pye, David, 105

Quênia, 161

ÍNDICE

questões ambientais: biocombustíveis, 109, 216, 219

corporações/companhias e, 159, 161, 165, 170-1, 172-3

energia limpa, 117, 121, 124, 303

tecnologia da energia renovável, 84, 91, 96, 164, 179, 209, 212-14, 302

ver também mudança climática

Rajan, Raghuram, 98

Raskin, Aza, 273

Reagan, presidente Ronald, 15

Reason, James, 229, 231-2, 258, 259, 269

reator nuclear Fermi (perto de Detroit), 232

registro fóssil, 29

Regra Merton, 211-15, 219, 220

Reinikka, Ritva, 178

reprodução seletiva, 175-6

República Democrática do Congo, 175

Ricks, Thomas, 82

risco, administração do, 183, 185, 187-90, 206-7

risco, psicologia do, 46, 253-4, 256

Roche, 24

Roger Preston Partners, 212

Romer, Paul, 188-9

Royal Air Force (RAF), 105-6, 114

Royal Observatory, 134, 135, 137

Rumsfeld, Donald, 79, 82

centralização e, 47, 90, 93, 72, 76, 196

recusa de conselho/*feedback*, 63, 45, 46, 50, 57, 60, 62, 63, 65, 67, 223, 256

termo "insurgência" e, 60, 74, 84, 309

Rússia, 33-6, 68-9, 250

Rutan, Burt, 42

Sachs, Jeffrey, 164-65

Saddam Hussein, 61, 62, 87, 95

Santa Fe Institute, 27, 103

Scott, Owen, 151-52

Schmidt, Eric, 283, 285, 287

Schneider, Troféu, 114, 116, 141, 145

Schulz, Kathryn, *Being Wrong*, 323

Schumacher, E.F., 225

Schwab, Charles, 299

Schwarzkopf, Norman, 88, 90

Securities and Exchange Comission (SEC), 260, 212

Segunda Guerra Mundial, 81-2, 83, 85, 89, 157, 126

Sepp, Kalev, 81

serviços públicos, 28, 141, 213-14

setor de saúde pública (EUA), 213-14

Sewall, Sarah, 81, 84

Shell, 19, 301-2

Shenzhen, 188, 190

Shimura, Goro, 305

Shindell, Drew, 160

Shinseki, general Eric, 60, 45

Shirky, Clay, 117

Shovell, almirante sir Clowdisley, 135

SIGMA I, jogo de guerra, 68

Sims, Karl, 23, 217, 219

síndrome da morte súbita de bebê durante o sono, 153

Singer, 19, 20, 26

sistemas de biomassa, 212

sistemas de controle do tráfego aéreo, 242

Skunk Works, divisão, Lockheed, 115, 120, 224, 299

Smith, Adam, 180, 184

Sobel, Dava, *Longitude*, 107

Solidariedade, movimento polonês, 39

Sorkin, Andrew Ross, 240

Spitfire, aeronave, 106, 108, 110, 114, 145, 322

Spock, Dr. Benjamin, *Baby and Child Care*, 153

Sri Lanka, 136

Stalin, Josef, 36, 309

Starbucks, 41, 198, 205, 206, 208

Sunstein, Cass, 220

Supermarine, 106, 114

Svensson, Jakob, 178

Tabarrok, Alex, 124

Taiwan, 185

Taleb, Nassim, *The Black Swan*, 109

Target, loja de descontos, 299

Taylor, A.J.P., 115

Taylor, Charles, 172

tecnologia de energia renovável, 84, 91, 96, 130, 209, 211-16, 179, 302

tecnologias novas: centralização e, 71, 75, 76, 79, 226, 227, 228

aplicativos iPhone e Android, 117, 120

conceito de espaço dos produtos e, 145-8

descentralização e, 99

empresas *hi-tech* nascentes, 116

experimentos randômicos e, 290

fraude e, 263

guerra do Iraque e, 93, 72, 74, 103, 196

imprevisibilidade e, 109

inovação e, 116, 118, 121, 295

movimento de *software* de código aberto, 284

"operações com base em efeitos" (EBO), 89, 74

prêmios e, 137

primeira Guerra do Golfo e, 67, 71, 95, 79

Projeto CyberSyn, 91

retorno sobre o investimento e, 108

Robert McNamara e, 64, 90

sistemas de segurança e, 193

software, 22, 99, 117, 119, 284, 297

teoria evolucionária e, 24, 216

tomada de decisão virtual, 49

ver também internet

tentativa e erro, 22, 24, 28, 31, 33, 50, 51, 87, 272

descentralização e, 45, 174-5, 232, 234

experimentos randômicos, 290

guerra do Iraque e, 64-5, 66-7,

indivíduos e, 45

Muhammad Yunus e, 148, 149

sistema de mercado, 32

Thomas Edison e, 291

teoria dos jogos, 174, 254

teoria evolucionária, 6, 24, 15-17, 216, 258

cenários de aptidão, 25, 320

Darwin e, 111

economia e, 14-17, 217

experimentos com peixinhos de Endler, 273-4, 223, 295

lei de Leslie Orgel, 217, 219, 220, 222

mundo digital e, 13-14, 259-60

mundo dos negócios e, 14-17, 174-5, 233-4

procriação seletiva e, 218

solução de problemas e, 24-5, 27

ÍNDICE

terrorismo, 13, 69, 73, 57, 124, 192

Tesco , 99, 279

testes randômicos, 290

desenvolvimento e, 161, 165, 167, 168, 172, 177, 134, 135-6,

Tetlock, Philip, 15, 20, 27, 28, 31, 87

Thaler, Richard, 47, 48, 220, 313, 315

Tharp, Twyla, 305-9, 312-3, 315, 316, 319, 322

Thatcher, Margaret, 32

Three Mile Island, desastre de (1979), 50, 229, 230, 237, 240, 272

Thwaites, Thomas, "Projeto da Torradeira", 9, 4, 22

Timpson, John, 280-1, 281-2, 284, 287

Tipton, Jennifer, 317

tomada de decisão centralizada, 70, 74-5, 226, 227, 228

guerra e, 46-7, 88-9, 91, 93, 76, 101

tomada de decisão: pensamento do quadro global, 41, 42, 46, 55

aprendendo com os erros, 45-9, 102, 119, 309, 315, 261-2

canais de comunicação/cadeia de comando, 41, 42, 64, 68, 74, 84, 58, 59-60, 101

diversidade de opiniões, 31, 44-5, 46, 48-50, 84

doutrina do conselho unânime, 30-1, 47-50, 62-3, 64, 78

equipe de apoio com visão compartilhada, 57, 42, 46, 56, 62-3

grandiosidade e, 41

hierarquia idealizada, 40-1, 58, 64, 49-50, 55, 102

malsucedido, 31, 32, 34-5, 41-2

padrões consistentes e, 41

situado em campo, 73, 74, 75, 76-8, 79, 224-5, 226-31

ver também tomada de decisão centralizada

Toyota, 19, 199, 161, 165

Transitron, 21

Transocean, 268, 259, 270

transporte público, 202

Trenchard, sir Hugh, 114

turismo espacial, 142, 114

Tversky, Amos, 46, 312

Tyndall, John, 193-6

Tzara, Tristan, 305

Uganda, 178

União Europeia, 210, 215

União Soviética, 33, 90, 250

Universidade de Harvard, 127, 230

Universidade de Utah, 127

US Steel, 18

USAID, 152

Van Helmont, Jan Baptist, 154, 177

Vaze, Prashant, 220

Venter, Craig, 139

viagem aérea, longa distância, 121

Vickers, 114

Vietnã, Guerra do, 63-5, 49-50, 75, 64, 82, 89, 91, 101, 300

Virgin Group, 143, 300

W.L.Gore, 284, 287, 294

Wal-Mart, 19, 99, 279, 294

Wallis, Barnes, 114

Wallstrom, Margot, 175

Warhol, Andy, 41

Waterman, Robert, 17, 19

Watson, James, 127

Weinstein, Jeremy, 173

Weiss, Bob, 140
Westinghouse Electric, 19
White Knight One, 142, 145
Whole Foods Market, 279, 281, 282,
    286, 288
Wikipedia, 284
Williams, Mike, 267-8
Willumstad, Robert, 240-1
WorldCom, 260
Wulf, Julie, 98

X Prize Foundation, 140
X-15, avião, 143
Xerox, 21

Yunus, Muhammad, 147-8, 149, 152,
    283

Zingales, Luigi, 260, 263
Zinman, Jonathan, 170
Zivin, Joshua Graff, 131

Este livro foi composto na tipologia Sabon
LT Std, em corpo 11/16, e impresso em papel
off-white no Sistema Cameron da Divisão
Gráfica da Distribuidora Record.